KB261569

하 산 〈下山〉
그 다음 이야기

권경술 지음

불광출판부

하산 그 다음이야기
〈下山〉

　　나름대로 괴로움을 참고 견디면서 살아가야 하는 이 사바세계(娑婆世界)의 중생(衆生)으로서 자신의 삶에 대해 '연민(憐憫)의 정'을 갖지 않는 사람은 없을 것이다. 그 연민의 정은 사람에 따라 한순간의 탄식이나 오랜 한(恨)으로 또는 노래나 시(詩), 소설 등 문학작품으로 표출되기도 하고 모종의 창작물 예컨대 예술작품이나 종교적 조형물 등등으로 전이(轉移)되어 나타나기도 한다.

　　종교의 영역은 물론 정치 경제 과학 교육의 영역에서도 연민의 정을 느낄 수 있는 사안이 많다. 성자(聖者)의 자비와 사랑은 물론 경제개발정책이나 저소득층을 위한 복지정책, 우리의 삶을 안락하게 하는 과학기술의 발달과 각종 발명 그리고 이를 위한 영재교육, 범법자에 대한 형사처벌 등에 이르기까지 국가정책은 모두 인생살이의 괴로움을 완화시키기 위한 연민의 정을 반영하고 있다. 이와 같이 우리의 삶에 있어 연민의 정은 고된 인생살이의 주름을 완화시켜주고 큰 무리없이 이 고해(苦海)를 헤쳐나가게 하는 활력소가 되고 있다.

　　그러나 산업고도화로 인간의 소외 내지 황폐화가 심화됨에 따라 이 사바세계에 더불어 살아가는 운명공동체로서 동업중생(同業衆生)인 인류는 인간성을 상실한 채 꿈을 잃고 불확실한 미래의 터널을 향해 불안한 걸음을 내딛고 있다. 이로 인하여 우리는 인간의 생존에 필요불가결한 공기나 물의 고마움을 잊고 지내듯이 이 연민의 정을 거의 느끼지 못하고 있으며 그 고마움 또한 망각하고 있는 것 같다.

그리하여 우리의 삶은 괴로움이 가중되고 이를 감내하기 어려운 지경에 다다른 듯하다. 마치 수질이나 공기가 극도로 오염되어 인간의 생존을 위협하듯이 현대인류는 정신적 긴장이 가중되어 자살 내지 퇴폐적 향락에 도취되는 계층이 늘어나고 정신질환과 새로운 질병이 증가하는 등 연민의 정을 망각한 데 따른 역기능이 노정되고 있다. 이에 인류는 생존을 위해 공해로 찌든 환경을 되살리기 위한 운동 못지 않게 인간성회복을 위한 노력이 시급히 병행되어야 할 전환기에 처해 있다.

이런 전환기에 인간성을 회복시키기 위하여는 새로운 종교의 창출이 바람직하나 그 가능성은 다소 희박해 보인다. 이에 인간성회복을 위한 첫걸음을 우선 개개인이 자신의 삶에 대한 연민의 정을 새로이 충전하고 나아가 동업중생인 인류로 하여금 이를 일깨워서 개개인의 삶과 인류공동의 삶이 '연민의 정'으로 상호관류되도록 하여야 할 것 같다. 그런 소망을 나는 이 조그마한 수필집에 담아 보았다.

이 수필집에서는 인간 본래의 모습에 가장 가까운 어린시절을 돌이켜 보고 순수한 꿈을 가꾸던 학창시절 그리고 그 꿈을 현실로 연계시키기 위한 연단의 계절에 있었던 사연 속에서 삶에 깃든 '연민의 정'을 일깨움으로써 독자와 더불어 연민의 정을 재충전하는 계기가 되었으면 한다. 나아가 '이웃 사랑'과 '더불어 사는 삶'에 깃든 연민의 정을 통해 우리 모두 동업중생으로서 거대한 연민의 정에 하나되는 감흥을 맛보고 늘상 그 감흥이 새롭게 이어지길 기원해 본다.

그리고 사연의 실서 속에 깃든 연민의 정을 함께 느끼고 싶어 나는 서툰 농사얘기를 엮고 있는지도 모른다. 언젠가는 인류 모두가 이 고해(苦海)에서 벗어나 영원한 자유를 누릴 수 있길 바라는 뜻에서 색다른 '꿈'도 함께 가꾸고 싶어 서툰 솜씨를 마다 않고 이 한 권의 책을 펴보인다. 부족된 부끄러움 또한 연민의 정이기에 나는 독자와 더불어 연민의 정으로 만나게 되길 희망한다.

1992. 8. 15

권경술 합장

차 례

동심의 나래

누구에게나 소쿠리비행기에 약한 어린시절이 있기 마련이다. 그 비행기는 한참 시간 걸어야 하루 남짓으로 끝나는 그런 여정이 안 경우가 많다. 어쩌면 우리 주변에 어린 시절 자신도 모르게 사실을 모르고 있는 사람도 적지 않은 것 같다.

제1부

엿장수 마음

엿이 먹고 싶었던 다섯 살 적 일이다. 남들처럼 고무신을 주었더니 새 신이라고 엿을 주지 않는다. 궁리 끝에 집에 돌아와 면도칼로 새 고무신 뒤축을 잘랐다. 그래도 엿을 바꿔 주질 않아서 그때의 아쉽고 유감스런 감회가 두고두고 잊혀지지 않았다.

그런데 비슷한 감회를 독일(獨逸)에서 맛보게 되었다. 교직(敎職)에 몸을 담기 전 뮌헨에서 있었던 일이다. 독일 간 김에 그 유명하다는 안경을 맞추고자 큼직한 안경점에 들러 좋아 보이는 안경테를 하나 골랐다. 그랬더니 나이든 주인이 나더러 "당신은 교수입니까, 아니면 외교관입니까, 혹시 롤스로이스를 탑니까?"하고 묻는다. 나는 아니라고 했더니 그는 두 팔을 오그리고 어깨를 추스리면서 고개를 갸우뚱한다. 무시당한 듯해서 오기로 꼭 그 안경테를 사고자 했더니 그 독일인은 계속 못마땅하다는 듯이 다른 고객을 핑계삼아 젊은 점원에게 눈짓을 하곤 자리를 뜬다.

물건 모르면 비싼 것 사라는 말이 있어서인지 고르고 보니 제일 비싼 것이었다. 지갑을 뒤져 돈이 충분한가를 확인한 후 젊은 점원에게 그 안경테로 안경을 맞추겠다고 했다. 그 친구는 나의 시력을 측정한 후 렌즈가 두꺼워서 내가 고른 안경테에 맞추면 안경이 무거워 불편할 것이라고 일러 준다.

평소 안경이 무거워서 쓰질 않고 지낸 터라 그 말은 참으로 친절하고 고맙게 여겨졌다. 그래서 그 친구더러 나에게 적합한 안경테를 골라 달라고 당부하여 별로 마음에 들지는 않지만 좀 작으만하고 싼 것으로 안경을 맞춘 적이 있다.

돈이 있어도 사회적 지위로 보아 어울리지 않는다는 이유로 내가 고른 안경테를 팔지 않으려고 했던 주인이나 렌즈의 두께와 무게를 이유로 결국 다른 것을 선택하지 않을 수 없게 한 점원은 한통속이었던 것 같다. 아무튼 돈을 가지고도 사고 싶은 안경테를 살 수 없었던 것은 충분한 교환가치가 있는 새 고무신으로도 엿을 바꾸어 먹지 못한 사연과 마찬가지로 서운한 감회를 안겨 주었다.

그러나 만약 내가 그 큼직하고 비싼 안경테로 안경을 맞추었다고 가정하면 '콧등이 아파서' 혹은 '개발에 주석편자' 마냥 주변의 웃음거리가 되어 결국 그 안경을 사용할 수 없어 되물리는 상황에 처하게 되었을 것이다. 그리고 허세를 부리려다 돈 잃고 웃음거리가 되어 이솝류의 우화를 하나 더 늘렸음직하다. 그런 관점에서 볼 때 돈벌이보다는 고객의 입장이나 편의를 우선하는 독일 안경점의 상도덕관을 높이 평가할 만하다는 생각이 든다. 생각이 이에 이르자 새 고무신을 마다한 어릴 적 엿장수의 마음을 헤아리게 된다.

추측하건대 엿을 물고 맨발로 들어갈 꼬마 녀석이 혼줄날 것을 가엾게 여겨서일 것이다. 아니면 철부지를 상대로 바람직하지 않은 거래를 하면 동네에서 쫓겨날 위험이 있어서인지도 모른다. 그러나 주된 이유는 그 당시만 하더라도 비록 가난하게 살지언정 순박하고 정직한 삶을 그 어떤 것과도 바꿀 수 없는 고귀한 가치로 알았기 때문이 아닌가 싶다.

정직한 삶에 의미를 부여하는 사람들의 상도덕보다는 거의 맹목적인 부(富)의 축적만을 추구하는 상술이 판을 치는 오늘날, 그 옛날 엿장수의 마음을 캐어 보는 것은 추억을 미화하는 이상의 실익은 없을는지 모른다. 그리고 설탕과 사탕에게 자리를 빼앗긴 '엿'이 그 설 자리를 잃자 옛 엿장수의 마음마저 깡그리 잊어 버린 건 시대의 흐름 탓이라고들 변명함직하다.

그런데 근래에 백설탕, 백미, 백색 화학조미료 등이 우리 인체에 해로운 삼독(三毒)으로 규명되어 무가당 식품, 현미 등을 선호하게 하는 계도(啓導)가 꽤나 오랫동안 지속되고 있다. 그리고 농약의 폐해를 알아 벌레먹은 채소를 고르는 주부의 얘기도 화젯거리가 된 지 오래다. 그래서 식품 공해에 대한 자각과 자연식에로의 복귀 노력으로 설탕이나 사탕보다 한 층 위에 '엿'의 본래 자리를 설정하게 될 날이 머지않아 분명 올 것으로 예견된다.

그러나 '엿'이 옛자리로 금의환향할 때 엿장수의 마음도 옛처럼 정직하고 순박한 차림으로 되돌아올 수 있을까는 의문이다. 오늘따라 이런 의문이 어린 시절 그 엿장수에 대한 유감스런 감회를 어떤 성스러운 추억으로 승화시켜 나의 그리움을 일군다.

선진국에로의 지름길 중엔 서구보다 한 수 우위의 기술개발이 중요하다. 그러나 장차 무역전쟁이 격화되면 될수록 상도덕의 우위 확보가 더욱 시급해질 것이다. 그즈음엔 우리 모두 그 옛날 엿장수 마음을 한번 더 생각하게 되지 않을까 한다.

그리하여 '엿'이 옛자리를 되찾게 되고 엿장수의 그 마음자리가 돋보일 때쯤엔 나도 산천경개를 따라 엿장사를 해야겠다고 다짐해 본다. 그땐 새 신 갖고 오는 어린 아이에겐 엿 한 가락쯤 거저

주어야지 하고 생각하니 잠시나마 각박한 세상살이를 잊고 한결 흐뭇해지는 기분이다.

—1987. 7. 1—

보리서리

여섯 살 적 일이었던가 싶다. 사촌형을 따라 소치러 나선 이른
아침, 이슬에 젖은 가랭이를 말리느라 애써 불을 피운다. 젖은 솔
잎사귀에서 매운 연기가 뭉클뭉클 인다. 눈이 따가워 눈물이 나온
다. 그래도 그 불기운에 이른 아침의 냉기가 가신다. 그리고 가랭
이도 말라온다.

떡 본 김에 제사 지낸다고 설익은 쌀보리를 꺾어 불 위에 얹는
다. 그을리며 익는 냄새가 괘한 시장기를 돋운다. 군침이 인다.

꺼질 듯한 불을 피우느라 연신 불어대는 입김에 재가 날린다.
온 얼굴에 옅은 그을음이 쌓인다. 매캐한 연기가 끌어내는 눈물로
얼굴엔 눈물자국이 생긴다. 쌀보리 익는 구수한 냄새에 취해 시커
머진 얼굴도 아랑곳없다.

제법 까실까실하게 익었음직할 즈음 불을 헤쳐 옅은 불기로 뜸
을 들인다. 불기가 가시자 형은 양 손바닥으로 부벼서 껍질을 벗
기고 한입 탁 털어 넣는다. 지켜보는 입가에 군침이 일어 꿀꺽 침
넘어가는 소리가 들린다. 좀 뜨겁긴 하지만 나도 하나를 집어 부
벼 본다.

꺼칠한 껍질의 촉감 때문에 주춤하는 순간 화닥닥하는 소리가
일고 같이 간 동네 아이들의 탄성이 터져 나온다. 놀라 일어서 보

니 우리 '소'가 저만치 뛰어 달아나고 있었다. 사촌형은 고함고함 지르며 소를 따라 뛰기 시작한다. 어디까지 도망갈 것인지 불안하게 지켜보며 발을 구르느라 손에 든 쌀보리도 잊었다.

내달리기 시작한 소는 세상 끝까지라도 갈 듯이 계속 질주한다. 고삐에 매인 자유가 쭈욱 뻗어 나간다. 뒤따라 뛰는 형의 모습이 계속 멀어진다. 집에 돌아갈 일이 걱정된다. 소를 붙들더라도 늦게 돌아가면 남의 쌀보리 구워 먹은 사연도 들통이 날 거고
…….

걱정이 알맞게 자랄 즈음 맞은편 등성이 중턱 쯤에 소가 멈춰 선다. 불행 중 다행이어서 반가운 생각이 인다. 그런데 보아하니 남의 보리밭 가운데 서서 보리를 마구 뜯어 먹는 형국이다. 남의 보리밭을 망쳐 놓았으니 일이 고약하게 되었다. 꽤나 걱정이 되어 소를 몰고 오는 형을 기다리는 시간이 초조롭다. 소가 되달아날까 봐 걱정도 되고…….

조심스레 입을 꾹 다물고 집으로 되돌아 온 그 사연이 엊그제 같은데 어언 40년이 지났다. 돌이켜보면 짐승도 주인을 닮아 남의 보리밭을 서리했는지, 아니면 남의 쌀보리를 익혀 먹는 우리의 소행을 못마땅하게 여겨 우릴 교육시키려고 남의 보리밭을 훑었는지 궁금하다. 어쨌거나 그 후론 소치러 가서 밀서리나 콩서리 등을 할 엄두도 나지 않았을 정도였으니 그날 아침의 촌극은 분명 교육적 효과가 큰 사연이었음이 분명하다. 요즈음 아이들에겐 그 정황 자체도 실감이 나지 않을 이야기지만 내게 있어 그날 아침 사연은 은연중 삶의 지표를 형성하는 중요한 소인(素因)이 되었지 않나 싶다.

－1988. 5. 5－

몸 살

여섯 살 적 일로 기억된다. 보리베기가 어찌나 신나 보였던지 중참에 빠져 있는 어른들 몰래 슬그머니 둑을 내려간다. 보리를 한 움큼 쥐고 낫을 당겨본다. 보기와는 달리 쉬 베어지지 않아 힘을 모은다.

보리가 잘리면서 한순간 몸이 약간 뒤로 기운다. 다소 힘은 들었지만 요령도 터득하며 싹둑 잘리는 재미에 끌려 몇 차례 더 베어본다. 중참을 끝낸 어른들의 헛기침에 놀라 낫을 내려놓고 둑을 오른다.

중간쯤 오르자 누군가가 "피 봐라!"고 하면서 튀듯 나에게로 다가온다. 순간 다리가 끈끈하다. 내려다본 눈길엔 피가 홍건히 비춰온다. 그때사 "아야!"하며 울음보가 터진다.

힘을 모아 당겼을 때 정강이를 스친 줄도 모를 만큼 낫은 예리했고 또 보리베기가 꽤나 신기했던 모양이다. 허리끈을 풀어 정강이 중간을 묶고선 날 듯이 뛰는 잔등에서 잠이 들 정도로 길은 멀었던 것 같다.

그 후론 낫을 들거나 보리 베는 일을 한동안 잊었다. 그러나 모든 일에 대한 호기심이 피어나는 나이여서인지 새로운 관심거리에 쉬 빠져들곤 했다.

모내기하는 들녘에선 못줄에 맞추어 바르게 심어지는 모가 부러울 정도로 획일적인 질서 속에 녹아들었고 못줄을 옮기려고 "어~이"하며 외쳐대는 화음(和音)에 빨려 시간을 앗기곤 했다. 못줄과 화음에 앗긴 넋을 찾을 땐 무료하여 못단을 던져 본다.

어른들이 "어이, 잘한다"고 입을 모은다. 그게 소쿠리비행기인 줄도 모르고 한나절 힘에 겨운 못단 던지기를 한 탓으로 사흘 정도 몸살을 앓았다. 그러나 그 몸살이 소쿠리비행기 탓인 줄은 의사(醫師)인 아버지도 모르셨지 싶다. 그 후론 한동안 모내기 철을 잊었다.

남이 하는 일은 모두 쉽게만 보이고 그래서 하고픈 안달이 나던 어린 시절이 다시금 온다면 나는 또 무엇으로 몸살을 앓게 될까 하는 궁금증이 인다. 그 순간 숙제도 잊고 장난감 자동차며 탱크를 만들고자 많은 부품의 조립에 매달리곤 하던 아들내미를 호되게 꾸짖기만 한 사연이 부끄럽게 밀려 온다.

내 어린 시절 잊혀진 사연의 변형에 불과한 아들내미의 하고픈 일거리엔 인색하리만큼 몰이해의 늪에 빠져 있었던 자신을 돌이켜 본다. 그래서 '아이는 어른의 아버지'라고 읊었을까 하고.

—1989. 1.—

소쿠리비행기

　모내기 철에 들녘 구경을 갔던 일곱 살 적 일이었다. 모심는 게 재미있어 끼어들고 싶었지만 모심는 건 고사하고 못줄 잡기도 힘이 부족했다. 보아하니 못단을 논 가운데로 던져 주는 일이 꼬마 차지 같아서 한 단 던져 보았다.

　그랬더니 "야—아, 참 잘한다!"하고 어른들이 입을 모은다. 그 바람에 멀리 던지기엔 좀 무거웠지만 계속 던지지 않을 수 없었다. 그만두고 싶을 때쯤 되면 "여—어, 잘한다!"하며 신바람을 일구어 준다. 그래서 한 사흘 정도 몸살을 했다.

　좀 자란 뒤 그때 그 칭찬이 소쿠리비행기라는 걸 알게 되었다. 칭찬에 대한 거부반응은 아마 그 사연에서 비롯된 듯 그 후론 소쿠리비행기를 타지 않으려고 제법 안간힘을 쓰곤 했다. 그런데 중1 때 어머님을 따라 놀러 간 친지집에서 모학교 교장선생님을 뵙게 되었다. 그분 말씀이 "참 잘 생겼다. 코가 조금 높았으면 더 좋겠군!"하시며 코를 쓰다듬으라 하셨다. 그 후 한동안 코 만지기에 바빴다.

　돌이켜 생각해보면 잘 생겼다는 소쿠리비행기를 탄 줄도 모르고 계속 코를 만진 탓으로 코는 높아져서 외로운 나날을 보내게 되었고 관상과 사주가 엇갈려 감정가로 하여금 고갯짓을 하게 했음직하다. 그리고 어린 시절에 심부름을 독차지한 것은 소쿠리비행기에 약했기 때문이었을 거라는 생각도 지울 수가 없다. 그래서인지 나는 남을 칭찬하는 일에 신중한 나머지 인색해진 것 같다.

누구에게나 소쿠리비행기에 약한 어린 시절은 있기 마련이다. 그 비행기는 한두 시간, 길어야 하루 남짓으로 끝나는 그런 여정이 아닌 경우가 많다. 어쩌면 우리 주변엔 어린 시절 자신도 모르게 탄 소쿠리비행기로 지금껏 인생여정을 계속 엮고 있으면서 그 사실을 모르고 있는 사람도 적지 않을 것 같다.

소쿠리비행기는 마녀의 요술지팡이처럼 어린이로 하여금 '꿈꾸는 왕자'나 '잠자는 공주'로 만드는 마력을 발휘하면서 오늘도 우리 주변을 맴돌고 있다. 한순간 웃어 넘기기 위한 단거리용 소쿠리비행기는 표를 마구 팔아도 좋다. 그러나 인생여정을 좌우할 장거리 비행기는 제작에서부터 탑승, 이륙에서 착륙에 이르기까지 어린이에겐 좀 더 신중을 기했으면 한다.

-1987. 4.-

가난이 준 맛

　나는 멸치의 참맛을 모른다. 더구나 타다 남은 잿불에 구운 멸치 두어 마리가 반 홉 가량의 간장에 우려내 준 맛은 더욱 모른다. 그러나 선친(先親)께서는 내가 맛있게 먹는 대구찜이 당신이 어릴 적에 잡수시던 그 멸치장국 맛만 못하다시며 늘상 아쉬워하셨다.

　가난한 선비의 맏아들로 태어나 많은 동생들과 가난을 함께 먹고 자란 선친께서는 역경을 딛고 의사가 되어 호의호식할 수 있는 경제적 여유가 생긴 후에도 점심을 거르신 적이 많았다. 그리고 풍요로움 속에서도 된장국을 즐기셨고, 식단이 푸짐하면 늘상 멸치장국 맛을 그리워하셨다.

　막내인 나는 어릴 적부터 선친과 겸상하여 푸짐한 식단에서 자란 탓으로 그 멸치장국 맛에 얽힌 사연을 들어야만 했다. 그러나 멸치 반찬이 식단에 오르는 일은 거의 없었고, 간장에 불려 떠다니는 멸치는 더더구나 구경할 수 없었다. 그러니 호랑이가 곶감에 밀리듯 대구찜은 얘기 속의 환상적인 멸치장국 맛에 밀려야 했다. 그리고 그 환상적인 맛은 더욱 과장되어 나의 궁금증과 은근한 기대를 돋구곤 했다.

　그러다가 6·25를 맞아 알거지가 된 피난터에서, 그리고 그후 한동안 가난했던 계절에 보리타작 마당이나 논두렁에서 맛본 간

갈치가 풍요로움을 되찾은 식단을 대할 적마다 생각나곤 했다. 철이 들어 그때 그 간갈치의 맛은 비교할 수도 재현할 수도 없는 상황 곧 '가난이 준 맛'이라는 걸 알았을 때, 나는 선친께서 그리도 읊조리시던 '멸치장국'의 참맛을 본 듯한 감회에 젖었다.

이제금 내가 간갈치를 먹어 봐도 그때 맛이 아니듯이 설령 대구찜과 겸하여 멸치장국이 식단에 오른다 한들 선친께서 그리워하시던 어린 시절의 그 맛이 되살아날 수는 없다. 그러기에 재현될 수 없는 그때 그 맛은 늘상 아쉬운 동경을 불러 일으키나 보다. 선친께서 그러하셨듯이 그 후론 대구찜을 대할 적마다 그 간갈치맛이 떠올라 대구찜은 퍼석한 느낌을 주어 옛맛을 잃게 했고 그런 회상이 나의 식성을 검소하게 한 것 같다.

오늘따라 풍요로운 식단이 음식의 맛과 삶의 멋을 반감시키고 있다는 자각이 새롭기만 하다. 그리고 이것저것 맛나게 퍼먹는 막내를 통해 나물국죽이나 꽁보리밥에 멸치장국을 선미(鮮味)로 알았던 자신의 어린시절을 회상하시느라 한순간 식사를 중단하곤 하시던 선친의 모습이 더욱 선하여 그리움을 일군다.

그러나 내일의 풍요로움을 바라보는 세대인 나의 아들내미는 소세이지나 맛살이 없는 식단을 황량하게 느끼는 듯하다. 그렇다고 선친처럼 가난이 준 맛을 나의 그 간갈치에 담아 마냥 읊을 수도 없다. 조미료가 음식의 고유한 맛을 앗아가고, 화장품이 타고난 미인을 감추어 버리듯, 푸짐한 식단은 식욕만 게걸스럽게 할 뿐 오관상념게(五觀想念偈)[1]를 잊게 한다. 그리하여 로마(Roma)가 그러했듯이 풍요로운 식단에 싸일 우리 아이들 세대에 이르러 과식과 비만으로 인한 무력증 등이 혹시 슬픈 사연을 불러 오지나 않을까 염려스럽다.

가난은 괴롭다. 가난은 분명 자랑거리가 못된다. 그러나 가난을 먹고 자란 이는 역경을 딛고 일어서는 용기와 지구력을 지니고 있음을 본다. 그러기에 가난은 그 자신은 척박한 듯하나 대지(大地)와 같이 풍요로움을 배태케 하는 무한한 모성(母性)을 지닌 것 같다. 따지고 보면 우리 민족에게 막 밀어닥치는 듯한 풍요로움도 슬픈 역사 속에 오래오래 다져진 가난이라는 모성의 소산이 아닐까 싶다.

오늘도 냉장고에 남겨 놓은 소세이지 때문에 숙젯거리가 손에 잡히지 않아 서성거리는 아들내미에게 가난이 지닌 무한한 힘은 차치하고 가난이 준 맛이라도 어떻게 제대로 전할 수 있을까 하고 번민하는 나에게 멸치장국과 간갈치는 큰 위안이 되고 있다.

'다리 밑 거지가 정승 부러워하지 않는다.'는 속담처럼 '풍요속의 빈곤'이 우리를 마냥 그늘지게만 하는 것이 아니었으면 하는 바람과 함께.

—1989. 1.—

---

1) 五觀想念偈란 스님네들이 식사할 때 함께 읊는 게송으로
　① 음식이 나에게 오기까지 얼마나 많은 공이 든 것인가를 헤아려 그들의 노고를 생각함〔計功多小量 彼來處〕
　② 자신의 덕행이 이 음식을 받을 만한가 못한가를 헤아려 생각해 봄〔忖己德行 수缺應供〕
　③ 마음을 방비하고 허물을 여의는 데는 貪·瞋·痴 三毒보다 나을 것이 없는 줄을 생각함〔防心離過 貪等爲宗〕
　④ 음식을 약으로 여겨 몸의 여윔을 치료함에 족한 줄로 생각함〔正思良藥 爲療形枯〕
　⑤ 도업(道業)을 성취하기 위하여 이 음식을 받는 줄로 생각함〔爲成道業 應受此食〕등 五種의 관문(觀門)을 이름.

꿀　맛

　중2 때로 기억된다. 배당받은 싸리꿀을 다 먹은 후 그 맛에 끌려 몰래 벽장 문을 열고 한말들이 통에 그득한 꿀을 느긋하게 한 술 떠내는 순간 막 외출하신 아버님이 급히 돌아오셨다. 현장을 목격당하자 난감하기 이를 데 없는 긴장감이 고조되어서인지 서너 살 적 사연이 뇌리를 스친다. 누군가가 몰래 꿀을 퍼 먹은 탓으로 알리바이에 궁한 형들이 호되게 매맞는 걸 지켜 본 두려움이 떠오른다.

　단 맛 다음에 쓴 맛이라더니 매맞게 되었구나 하는 체념과 더불어 여태껏 착한 어린 시절은 변명의 여지없이 맹탕이 되어 버리는 아쉬움이 고개를 든다. 성미가 불같고 자녀교육엔 엄격하기만 하신 분이라 처벌을 기다리는 침묵의 순간은 중압감을 가중한다. 고함이 터져 나오겠거니 하고 기다리는데 의외로 차분한 음성으로 "큰 그릇을 가져와서 좀 더 많이 뜨거라"고 하신다.

　처벌이 가중되는가 보다 하고 무거운 걸음으로 큰 그릇을 가져다 떨리는 손으로 꿀을 퍼내기 시작했다. 딱딱하게 굳은 싸리꿀이 그릇에 알맞게 담겨질 때까지 물끄러미 지켜 보시던 아버님께서는 고개를 두어 번 끄덕여 보이시곤 아무런 말씀없이 그냥 되나가셨다. 그리곤 그 다음 날에도 먼먼 훗날까지도 몰래 퍼낸 꿀 얘기는 하시지 않았다.

긴장된 순간의 연속이어서인지 그날의 꿀맛은 통 기억이 나질 않는다. 그리고 그 일이 있은 후로는 꿀맛을 잊어 버렸는지 몰래 꿀을 퍼낼 엄두도 내지 않았고 또 그런 적도 없었다. 그리고 몰래 즐겨 보던 만화도 멀어졌다.

훈장님의 꿀단지를 가로챈 장난스런 이야기에 담긴 슬기나 교훈은 쉬이 이해가 간다. 그러나 엄격하기만 하시던 선친(先親)께서 그날따라 불호령이나 거친 매 대신 큰 그릇에 더 많은 꿀을 퍼내게 하신 뜻은 아직도 헤아려지지 않는다. 다만 몰래 하다가 들킨 첫 시련에 대한 중압감이 너무 컸던 탓인지 그 후론 뭐든 몰래 하려는 생각이 가시어진 교육적 효과만은 분명하다.

근래 시력이 자꾸 약해지는 아들내미에게 텔레비젼을 조금만 보도록 짐짓 엄격한 어조와 표정으로 자주 나무라기만 하는 나의 교육방법이 오늘 따라 초라하게 여겨진다. 꿀단지에 얽힌 사연에서 텔레비젼을 멀리할 수 있는 교육방법을 응용해 내지 못하는 부족된 아쉬움이 선친을 더욱 그립게 하나 보다.

—1988. 4. 20—

솜 사 탕

솜사탕을 사 먹는 즐거움이 예스러워 나는 곧잘 어린아이들 틈
에 줄을 서곤 한다. 솜사탕은 분명 설탕맛이다. 그러나 사탕을 먹
는 기분과도 다르고 설탕을 한 술 입안에 우물거릴 때의 맛과도
다르다.

부풀어 있으되 부풀린 걸 알기 때문에 환상적인 멋을 더할 뿐
거짓스럽지 않다. 먹는 둥 마는 둥, 먹은 둥 만 둥 해도 속은 기
분이 들지 않아 좋다. 딸아이랑 덥석 나누어도 푸짐해서 좋고 어
느 누가 장난삼아 더 많이 가져간들 서운하지도 않아 웃을 수 있
어 좋다.

텅빈 공간엔 선녀(仙女)를 나르는 구름이 피어오르듯 하는 신
비스러움이 있어 차례를 기다리나 지루한 줄 모른다. 피어나는 구
름 속에서 밋밋한 나무막대는 단장을 시작한다. 환상적인 무도회
마냥 빙글빙글 돌다 보면 왕자님을 기다리는 화사한 꿈에 취한
무희(舞姬)가 된 듯 사뿐히 구름을 헤치고 나선다.

은밀한 입맞춤에서 무희의 달콤한 여정(旅程)은 시작되고 자신
을 다 바치는 사랑으로 일생을 엮는다. 왕자님의 입맞춤이 멎는
순간 꿈도 사랑도 한갓 덧없음을 보여주듯 무희의 춤은 막을 내
린다. 밋밋한 나무막대로 되돌아온 슬픔을 빨리 감추고 싶을 뿐이

다.

　솜사탕, 그 환상적 분장술, 그리고 허(虛)와 실(實)을 나투어 무(無)에서 유(有)로, 유에서 무로 제행무상(諸行無常)을 연출하며 시원(始原)에 반본(返本)하는 성실성 등 무엇 하나 흠잡을 게 없다. 그래서인지 신비스러움에 취해 있는 한 코흘리개랑 한 줄에 꿰어 있으되 부끄럽지 않다. 멋적은 줄도 모르거니와 그러할 이유도 없다.

　그러기에 솜사탕은 추억과 동심이 감겨드는 환상의 타래! 아이는 크디큰 사탕으로 즐기고 어른은 아련한 추억에 잠겨든다. 혀 끝에 감도는 맛깔 속에 잊혀진 희망이 풀려 나오고 화사한 꿈으로 빛깔있는 행복을 다시 짜낸다. 축제의 열기가 무르익은 뜨락엔 아이의 마음을 앗아 씨없는 서러움을 감추고 동심을 부풀려 잊혀진 세월에 되안겨 주나 보다.

　사랑, 그 달콤하나 실체를 알 수 없는 환상적인 멋! 그리고 끝내 아쉬운 이별로 이어지는 여정, 이는 솜사탕과 흡사하다. 솜사탕을 든 연인(戀人)들이 부러워 보이는 건 사랑의 달콤한 맛과 솜사탕의 환상적인 멋이 상승작용을 하기 때문이리라. 오늘따라 하이얀 솜사탕이고 싶다.

－1989. 1.－

강변 이야기

　빨랫터에 간 엄마를 기다리는 시간은 지루하고 초조하다. 사립문을 향한 시선은 담을 넘어가고 마음은 벌써 강가에 가 있다.

　딸아인 한 걸음 두 걸음 어느 결엔가 마중을 간다. 저만치에서도 엄마는 반갑다. 걸음이 빨라진다. 뛰어 안길 듯이 매달린다. 반기는 마음이야 엄마가 더하겠지만 그래도 걱정스레 나무란다.

　"너 혼자 이렇게 멀리 나오면 할머님 걱정하실텐데……."

　이 다음엔 나오지 않겠다는 약속도 수차 어긴 터라 딸아이는 한순간 고개를 떨구고 말을 잊는다.

　엄마가 손을 잡아 준다. 딸아이의 치어다보는 눈길이 마냥 곱다. 시린 손이 함께 따스해 온다.

　"엄마, 엄마, 있잖아……." 갑자기 수다스럽게 말머리를 열며 즐거움에 겨운 딸아이는 이야기보따리를 푼다. 할머니 흉내내기랑 호랑이 잡는 아빠에 대한 불만이며 이 모두가 '난 엄마 편이야, 난 엄마 편이란 말이야.'하고 의기양양한 듯 기쁨이 넘친다.

　엄마는 "아, 그래." 그 한 마디뿐이어도 딸아이는 마냥 즐겁게 조잘댄다. 마치 '여긴 우리뿐이야. 괜히 우악스런 아빠의 표정도, 할머니의 그 시어머니입네 하는 권위도 없는, 그래서 뭐든 자유롭고 진실한 시간이야. 우리 세상이란 말이야.'하고 외쳐대는 것만 같다.

　엄마는 강변 빨랫터로 나설 때 시원스런 해방감으로 고된 시집살이를 한순간 잊는다. 빨래 방망이질에 온갖 구차한 스트레스도 충분히 해소된다. 빨래를 힘겹게 짜서 털 땐 저녁준비가 걱정일 뿐 지난 사연은 흐르는 물에 실려간다.

　딸아인 그걸 모른다. 그래서 엄마는 무심한 듯 "아, 그래." 하건만 딸아인 신바람이 나 쉴 줄 모르고 조잘댄다. 엄마는 안다. 딸아이가 얼마나 끔찍이 자기를 사랑하고 있는가를.

　엄마는 묘한 전율로 마음이 죄어 온다. 그리곤 온 세상과 바꿀 수 없는 행복감이 넘친다. 딸아이의 손을 꼬옥 쥔다. "그래 그래, 넌 내 딸이야." 내려다 보는 엄마의 눈길에 윤기가 돈다.

　달빛 그윽한 뜨락엔 이야기가 마구 내린다. 누나도 형도 모두 이야기꾼이 된다. 어린 시절 강변 이야기 듣노라면 세탁기가 원망스럽기도 하다. 이야기 보따리를 묶어두게 하는 텔레비젼도 오늘만은 일찍 잠들어 주었으면 싶다.

－1989. 1.－

물 보 석

한 벌 옷은 불편하고 두 벌은 귀찮아하는 성미인 나는 아이들의 옷도 느슨한 걸 사 주고 세월을 좀 잊고 살려는 편이다. 그런데 이 가을엔 아이들이 무척 자랐나 보다. 고운 옷 사 주자시는 할머님을 뫼시고 딸아이랑 모처럼 국제시장을 누볐다. 싼 맛에 지갑 비는 줄 모른다더니 공교롭게도 내 수중엔 동전 한 닢 남은 게 없었고, 함께 간 친구는 단골답게 외상액만 늘렸다.

그런데도 돌아오는 길목에 자리한 도회 속의 야시장 풍물은 일행의 동심을 불러 일으키기에 충분했다. 보고 싶은 것, 갖고 싶은 것, 먹고 싶은 것이 갑자기 많아졌고 모두 새롭기만 했다. 친구가 주머니를 뒤져 본다. 고속도로 통행료를 제외하면 이천원 남짓이 모두다. 눈요기로 끝내야 할 처지이나 어린 딸아이가 그걸 이해할 수 있을지 마음 조일 즈음에 아이의 시선이 물보석 코너에 머문다. 긴장의 순간 '7개 100원'이라는 가격표시가 그렇게 반가울 수 없다. 친구더러 "100원만."하고 손을 내밀자 그는 어느덧 물보석을 고르는 어린애가 되어 있었다.

우리가 산 건 그 물보석 100원어치, 호두과자 한 봉지, 솜사탕 하나, 팝콘 두 봉지뿐이었지만 야시장을 다 사버린 것 같은 감흥이 일었다. 호두과자는 유난히 달콤했고, 하이얀 솜사탕을 잡수시는 할머님은 한순간 자신의 어린 시절에 잠기신 듯했다. 딸아이는 어느 결엔가 잠들어 있었고, 어둠을 지키는 고속순찰대원의 신호등은 환상적 동심의 나래가 된 듯 딸아이의 편안한 꿈길을 나의 어린 시절로 곧바로 이어 준다.

고장난 막차의 수리가 난망해지자 걸어가기로 한 동네 어른들을 놓칠세라, 삼십 리 자갈길을 뛰어 따라갔던 열 살 적. 흘러내릴 듯한 밤하늘의 별은 유난히도 초롱초롱하게 기억되고 발목을 끌어당기듯 미끄러지는 자갈, 그리고 자박거리는 발걸음, 뒤지면 적막과 어둠 속에 영원히 갇혀 버릴 것만 같은 두려움, 그래서 빨라질 수밖에 없었던 나의 걸음은 지금 이 고속도로를 질주하는 차보다 빨랐던 것같이 여겨진다.

고요를 더해주는 별들의 노래와 걸음 따라 자박거리는 자갈소리를 배음(背音)으로 누군가가 풀어 놓은 '어사 박문수' 이야기는 보따리가 풀릴수록 미끄러지는 발목의 고통도 잊게 할 만큼 나의 호기심을 사로잡았다. 언제 삼십 리 길을 다 왔는지 아쉬움이 남던 어린 시절 그 밤이, 오늘 이 밤과 맞이어져 있음을 딸아이는 언제쯤 알게 될까. 삼십 리 자갈길을 앗아버린 듯 이어 준 이야기 보따리의 묘용(妙用)을 힘겹게 달리는 이 자동차에게 일깨워 줄 수 있는 날은 또 언제쯤일까.

밤과 밤이 맞닿고 딸아이의 밤 속에 내 어린 시절의 밤이 되살아나게 하는 이 상념은 나의 전생과 금생 그리고 나의 사후세계를 하나로 엮을 신비의 마술사이런가! 밤을 뚫고 지나가는 이 여정 속에 밤은 이어지고 물보석을 품은 아이의 꿈은 한껏 무르익겠지…….

만원짜리 옷보다 100원어치의 물보석에 자리한 동심(童心)에서

꿈은 엮어지고, 그 꿈은 영겁의 침묵을 일깨워 주고 있으니 100원의
용처와 효용이 셈할 수 없는 값으로 살아나게 하는 이 밤의 여정
은 언제부터 그리고 무엇을 위해 예비된 것일까? 무시이래(無始
以來)로 이어진 인과(因果)의 신비로운 고리를 따라 도는 이 알
수 없는 여정 속에 태고적 적정과 야릇한 감흥이 함께 하고 있음
을 통해 시공(時空)도 그 비빌을 마냥 감출 수만은 없다는 걸 알
았다.

그리고 깊어가는 밤, 쉼없이 달리는 차의 관성에 편승하여 시원
(始原)에 반본(返本)하는 순간 차소리도, 차도 일순 행방이 묘연
해지고 '나' 또한 따로 없으니 본래무일물(本來無一物)의 소식도
새롭다.

동심에 취해 저녁마저 굶은 딸아이는 이른 새벽 놀란듯이 일어
나 물보석을 찾는다. 밤새껏 동심의 꿈을 엮어 준 물보석이 현실
에서 꿈으로, 꿈에서 다시 현실로 이어지는 감동적 순간이자, 나
의 어린 시절의 밤여정이 딸아이의 꿈에서 뛰쳐나온 순간이기도
했다.

딸아이는 신나게 조잘댄다. 어제의 나들이 그리고 물보석에 동
화된 자신의 세계를. 그래서 오늘은 유치원에서도 참 즐거울 것이
다.

-1986. 10. 11-

배움의 뜨락

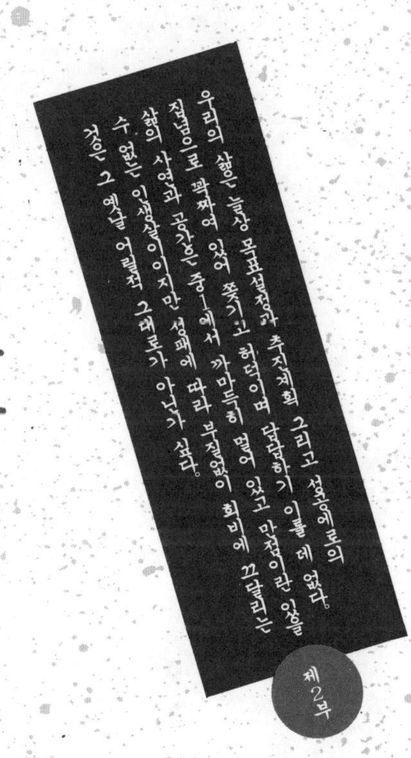

우리의 삶은 늘상 목표설정과 추진계획 그리고 성취에로의 집념으로 꽉짜여 있어 쫓기고 허덕이며 답답하기 이를 데 없다. 삶의 사연과 곡가은 중1에서 까맣득히 멀어 있고 막연이란 있을 수 없는 인생살이이지만 성패에 따라 부질없이 회비에 끄달리는 것은 그 옛날 어릴적 그대로가 아닌가 싶다.

제2부

성숙의 문턱

  담임선생님이 마냥 두렵기만 하던 국민학교 5학년 때의 일이
다. 선생님은 소란스럽거나 청소불량, 성적부진 등을 이유로 자주
벌을 주시곤 했다. 그런데 그 벌이라는 게 시골학교에서 흔히 겪
는 회초리질이나 꿀밤, 따귀, 토끼뜀, 꿇어앉혀 팔들기 등과 같이
누구나 한두 번쯤 쉬이 경험하는 그런 것이 아니었다. 교단 앞에
나가 옷을 홀랑 벗는 게 벌이었다. 수치감을 자극시켜 처벌(處罰)
의 효과를 높이려는 것이었는지 모르지만 꼬마친구들 앞에서 억
지로 옷을 벗기란 참으로 주저되는 일이어서 머뭇거린다.

  선생님의 고함이 터져 나오고 교실은 쥐죽은 듯이 고요에 싸인
다. 그럴수록 매를 맞는 게 차라리 편하다는 생각이 들어 못들은
체하고 버틴다. 담임선생님의 역정과 회초리 놀림이 격앙된다. 꼬
마친구들은 자못 단체기합으로 비화될까 봐 긴장된 분위기다. 그
긴장감이 묘한 압력으로 터질 듯하다.

  파도치듯 어수선한 몸놀림들이 인다. 다들 빨리 옷을 벗으라는
무언의 함성 같아 체념하듯 옷을 벗기 시작한다. 꼬마친구들이 안
도의 한숨을 쉰다. 교실안은 다시 고요를 되찾아 안정된다. 이왕
벗기 시작한 옷, 처벌을 빨리 받는 편이 오히려 득책이다 싶어 손
놀림이 빨라진다. 발가벗은 부끄러움에 비친 발끝이 오그라든다.

무어라 꾸짖어대는 선생님의 말씀은 하나도 귀에 들어오지 않는다. 오직 옷을 다시 입게 될 순간만을 기다리는 초조로움만 증폭된다. 옷을 입으라는 말씀이 참으로 고마웠을 터인데 옷을 벗은 기억만 생생할 뿐 그 뒷사연은 통 기억이 나질 않는다. 어떤 심정으로 옷을 다시 입었는지 그리고 내 자리로 어떻게 되돌아왔으며 그때의 수치감이 어떤 감정으로 연결되고 또 내 행동에 어떤 변화를 주었는지는 더더욱 기억이 나질 않는다.

분명해진 건 두번째로 옷을 벗게 된 때에는 한결 자연스러웠고 그뒤부터는 매맞는 것보다 옷 벗는 게 더 낫다는 생각이 든 것이다. 부끄러운 몸놀림이 없어지고 고개도 바로 들고 요즈음 흔한 마네킹처럼 무표정하게 시간을 메꾸는데 익숙해진다. 처벌의 기대효과가 의문시되자 담임선생님은 줄반장들도 옷 벗기에 동참시켜 단체기합을 통해 교실분위기를 잡아가려고 하셨다.

그것도 두어 차례 계속되자 줄반장들은 숙달된 조교처럼 경쟁이라도 하듯이 서둘러 옷을 벗고 보라는 듯이 좀은 장난끼로 키득거리면서 재미있어할 정도였다. 대신 벌을 받는 줄반장들이나 이를 지켜보는 꼬마친구들에게나 옷 벗기기는 이미 처벌로서의 의의나 효과가 없어진 셈이다. 그래서인지 옷 벗기는 처벌은 한동안 뜸해졌다. 그러자 장난끼 심한 꼬마친구들의 극성은 한껏 고조되어 난장판이 되었다.

그러던 어느 비오는 가을날이었던가 싶다. 담임선생님은 줄반장급 이상을 모두 불러내어 또 옷 벗기는 처벌을 가했다. 대수롭지 않게 우루루 몰려나가 보라는 듯이 벗어 제낀다. 옷을 다 벗고 나니 날씨 탓인지 서늘해서 서로의 체온이 느껴질 만큼 가까이들 모여든다. 그러자 담임선생님께서는 교실 앞문을 확 여시면서 모두 교실 밖으로 나가라고 호통을 치신다.

문쪽 친구가 뒤쪽 친구에게 밀려 문밖으로 나선다. 뒤따라 모두 추방당하니 그제서야 난감한 생각이 들어 다들 걱정스런 표정이 된다. 서서히 추워지기도 하거니와 이웃 교실의 꼬마친구들 보기가 난감하다. 꼬마들의 초조로운 기다림에 밀리기라도 했는지 수업을 마치는 종이 울린다. 처벌도 끝나는 시각이거니 해서 안도의 표정이 살짝 피어 오른다.

그 순간 이웃 교실의 문이 열리고 우루루 꼬마친구들이 몰려 나온다. 그것도 여학생들이 말이다. 우린 무슨 약속이나 한듯이 엉덩이를 바깥으로 돌리고 동그랗게 다닥다닥 모여 들었다. 그 쬐그만 고추를 보이는 게 부끄러워서였겠지. 여학생들은 고개를 떨구고 멀리 떨어져 걷는다. 올된 그러나 설익은 사춘기의 문이 마악 열려 있었나 보다.

교실 안은 쥐죽은 듯 조용하나 교실 밖엔 쉬는 시간을 즐기는 꼬마친구들의 의아스런 눈초리와 장난기어린 몸놀림 속에 소란스러움이 귀에 쟁쟁해 온다. 이젠 수업을 시작하는 종이 빨리 울리기만을 기다리는 초조로움으로 우린 지쳐가고 있었다.

비오는 가을날 처량한 가운데 전개된 당혹스러운 그 사건이 있은 후 어찌된 영문인지 우린 갑자기 성숙된 듯 교실 분위기는 늘상 안정되었고 선생님도 더 이상 옷 벗기는 벌을 주시지는 않으셨다. 돌이켜보면 난장판을 주도하던 꼬마친구들 그리고 선생님도 이웃 교실의 그 여학생들을 의식했기 때문이 아니었을까 싶다.

어언 35년이나 지난 지금껏 그때 일이 잊혀지지 않는 것으로 보아 꽤나 당혹스럽고 가련한 상황이었던 것 같다. 원형으로 몸을 죄며 부끄러움으로 안절부절 못하던 벌거숭이 친구들의 얼굴은 하나도 기억되질 않지만 오직 한 생각으로 모처럼 단결된 모습을 보인 그 사연이 문득 그리워진다. 많은 사람 앞에서 옷을 홀랑 벗어도 큰 허물이 되지 않던 그 어린 시절이 그래로 좋았다는 생각과 함께.

—1988. 4. 24—

효   과

　중1 때의 일이었다. 수업 마치는 종이 울릴 때까지 따귀를 맞은 적이 있다. 'lady'의 발음을 제대로 하지 못해서였다. ' l '과 ' r '의 발음 차이와 요령을 선생님은 충분히 설명해 주셨을테지만 반수 정도가 따귀를 맞고 교탁 앞으로 집결했다.

　교탁 왼쪽 편에 모인 급우 중 한 학생이 교단 위로 불려 나간다. 발음을 바르게 하면 제자리로 되돌아가고 틀리면 따귀를 다시 한 대 맞고 교탁 오른 쪽에서 대기하게 한다. 손가락을 한껏 넓게 펴서 사정없이 따귀를 치고는 그 관성으로 밀치면 맞은편 구석에 쓰러지듯 밀린다. 보기도 딱하거니와 내 차례가 다가오므로 잔뜩 긴장하여 귀를 모은다.

　한 학생이 '얼 레이디'라고 발음한 듯한데 제자리로 당당하게 돌아간다. 차례를 기다리며 연습을 해 본다. 별 것 아닌데 싶어 차례를 기다리는 게 지루할 즈음 날카로운 음성으로 나를 불러들인다. 교단에 오른다. 자신있게 '얼 레이디' 하는 순간 마치 가는 회초리로 종아리를 맞을 때와 같은 짜릿한 전율이 온 뺨에 흐른다. 그리곤 뒷걸음치듯 밀려 맞은편 구석에 쓰러진다.

　다시 귀를 모은다. '글 레이디'라고 발음한 듯한 학생이 제자리로 돌아간다. 그래서 이번엔 '글 레이디'하고 좀 가늘어진 발음을 해 본다. 선생님의 얼굴이 일그러지면서 내 턱을 채올리는 왼손에 힘이 모인 듯한 순간 또 왼쪽 뺨이 확확거린다. 주의를 집중할수록 lady의 발음은 도무지 뭐가뭔지 분간이 되질 않는다.

몇 차례 이쪽저쪽 오가다보니 나와 '조모'군 둘만 남았는데 마주 오가며 계속 맞으니 서로의 발음이 아무런 도움이 되지 않아 체념한 듯 맞기만 했다. 따귀를 맞을수록 감각은 무디어져서 맞을 만하나 선생님은 더욱 화가 나서 세차게 내리친다.

맞는 데 익숙해지자 쥐죽은 듯이 고요한 교실 분위기가 느껴진다. 무언의 성원, 안타까움, 그리고 핀잔이 좌악 밀려온다. 미안한 생각, 부끄러운 생각이 왈칵 인다. 그래도 lady의 발음은 계속 틀리기만 한다. 발음을 익혀서 바르게 하겠다는 생각은 들지 않고 관성으로 맞고 또 맞을 뿐이었다.

수업 마치는 종이 울리자 그날의 타작은 일단락났지만 함께 따귀를 맞은 친구는 중학교를 졸업할 때까지도 맞은 자국이 내 눈엔 선명히 드러나 보였다. 중1, 삶의 묘미를 맛보기 시작한 듯 마악 피어오르는 꽃망울. 그 여린 꽃망울을 짓이겨야 할 만큼 lady의 발음이 그리도 중요했었는지 지금도 의문이다. 그 난타극이 있은 후 영어시간은 두려움이 앞서는 부담스러운 수업이 되었다. 외우기, 써오기, 읽기, 종아리 맞기, 그리고 부진한 영어성적 등 모두 괴로운 사연이 되어 책가방은 무겁고 학교길은 마냥 멀기만 했다.

그런 세월 속에서도 영어를 만점 받은 사건(?)이 생겼다. 하필 나 혼자였을까만 영어선생님은 외고 다니신다. "권 아무개를 봐라! 영어는 맞아야 는다."고. 한 시간 내내 맞은 사연도 서러운데 교실마다 그 효과론을 전개하면서 따귀친 사연을 자랑삼아 합리화하고 그래서 계속 때리겠다는 말씀이다. 나 때문에 다른 친구들이 매를 맞아야 한다니 난 도대체 뭐가 되는 걸까? 입학후 첫 중간고사 땐 마침 영어시험이 없어서 전체 1등을 하기도 했는데, 따귀 세례에 젖은 그 영어 때문에 자질부족으로 개망신을 당한 셈이다.

 '영어는 맞아야 는다.'는 얘기가 친구들의 원망 속에서 내 주변을 돌기 시작한 후 영어는 나에게서 더욱 멀어졌고 그 효과는 지금껏 지속되고 있다. lady는 어쩌면 나의 학업을 어둡게 한 갈림길이 되었나 보다. 한 교사의 획일적인 독선 때문에 30여 년이 지난 지금껏 외국어에 대한 짙은 콤플렉스의 터널에 갇힌 채 회상에 젖는 나 자신을 통해 내가 서 온 교단을 되돌아보며 학습의 효과보다는 사도(師道)의 효과를 생각하게 된다. lady의 사연이 떠오를 적마다 더욱 진하게.

―1988. 4. 30―

공 명(共 鳴)

　돌이켜보면 내 삶엔 유난히 부끄러운 사연이 많았던 것 같다. 이따금 자연스럽게 떠오르는 옛 사연은 한동안 나를 추억에 붙들어 맨다. 추억에 내재된 묘한 힘에 이끌려 끝내 부끄러움을 주체할 수 없어 딩굴다 말고 곧바로 앉아 두 손을 모은다.

　가능하다면 그 옛날로 달려가 내 심경을 털어놓고 사죄하고 싶다. 여린 마음이나마 간절한 염력(念力)되어 옛 사연을 다림질해 주었으면 하는 소망이 인다. 열린 가슴에 잔잔하게 이어지는 무안하고 미안한 사연들이 있기에 나는 삶의 감동을 새롭게 맛보는지도 모른다.

　학창 시절의 일이다. 다들 '도' 할 제 유독 나만 '미'라고 할 정도로 나는 계명에 어두웠다. 그래서 스스로 음치라고 단정하고 가급적 음악시간엔 입을 열지 않거나 조심스럽게 따라 흥얼거렸다. 그런데 어떤 연유에서인지 선생님께서 나더러 노래를 불러보라고 하신다. 까짓것 싶어 딴에는 재주껏 불렀다.

　선생님은 다소 놀란 듯이 목소리가 참 좋다시며 좀 천천히 다시 불러보라신다. 의외의 말씀이라 칭찬이라기보다 소쿠리비행기에 가까운 놀림일 거라는 생각이 스친다. 그래서 앞서보다 더 빠르게 불렀다. 선생님은 어이없는 나의 반항적 행동에 아무런 나무

람도 하지 않으시고 그저 웃으셨다.

그 당시엔 별로 기분이 좋지 않아서 선생님의 입장이나 진의(眞意) 따윈 생각지도 않았다. 약간은 아쉽고 또 후회스러운 조바심이 없진 않았지만 음악선생님께서 워낙 후덕(厚德)하신 터라 그날 일에 대해선 그 후로도 아무 말씀도 아니하셨다. 그리고 내 딴에는 선생님이 나를 놀린 거나 내가 선생님 말씀을 거역한 거나 그게 그거려니 하고 그 일도 이내 잊었다. 어언 30년 전 일이다.

오늘따라 그때 일이 부끄럽고 죄송스럽게 밀려온다. 선생님께서 아무런 말씀도 아니하시고 웃으시던 상황 또한 생생하다. 그 상황은 자식의 허물에 관대한 부모의 심경을 헤아리게 한다. '스스로 철들 날이 있겠지……'하시며 아쉬워하는 부모의 심경이 염력(念力)되어 먼 훗날 문득 파장이 맞을 즈음엔 증폭되어 청개구리 같은 사연으로 되살아나듯이 어쩌면 선생님은 그 너그러운 웃음속에 그런 염파(念波)를 실어놓으셨던가 보다.

내 비록 지금껏 '음치'의 너울을 벗진 못했지만 그날의 사연이 미안하고 또 무안해서 그 옛날로 돌아갈 수만 있다면 천천히 곱상하게 그때 그 노래를 다시 불러드리고 싶다. 그리고 부족된 삶의 편린을 이제사 챙기는 늦됨을 용서받고 싶다. 웃음의 의미와 묘미가 확연해진 이즈음에 선생님의 그 웃음이 던져준 파장이 느즈막하게 나에게 공명(共鳴)된 사연을 말씀드리고 그 옛날의 웃음을 다시금 보고 싶다.

그리고 교육의 효과는 '매질'에만 있지않고 너그러운 웃음속에도 있다는 사연을 통해 나는 사도(師道)의 방편(方便)에 이제사 눈을 뜨게 되나 보다.

—1991. 6. 17—

만 점

　중1 때의 일로 기억된다. 도회의 중학생에게 인기 없는 과목중에 하나가 '농업'일 것이다. 그래서인지 '농업' 담당선생님은 곧잘 영화얘기도 마다하지 않으시고 홍미롭게 수업을 이끌어갔다. 농업에 대해 무엇을 배웠는지 전혀 기억이 없지만 '쾌걸 조로'의 칼솜씨며 서부영화의 총잡이에 얽힌 얘기는 지금도 생생하게 떠오를 정도로 수업은 홍미 위주였던 것 같다.

　그래도 소정의 교과과정은 제대로 이수하였던지 시험을 치루었다. 문제가 대체로 쉬웠으나 줄긋기 문제 하나가 아리숭하여 고심 끝에 운에 맡기기로 하고 연필 굴리기를 하였다. 어느 시험이나 다 그러하지만 끝나기가 무섭게 애써 다 잊어 버리려는 게 나의 습성이어서 언제 시험을 치루었는지 잊고 지낸 어느 날 농업 선생님은 만점 받은 학생을 발표하시겠다며 약간 뜸을 들인다. 연필 굴리기를 했기 때문에 기대를 하지 않고 있었는데 의외로 '나'를 호명한다. 운이 좋았던 모양이다.

　의외의 결과에 약간 들떠서인지 농업 선생님처럼 영화의 한 장면을 옮겨 보여주듯 다분히 극적인 몸짓으로 쓰윽 으시대며 이런 때 재는 거라며 일어서서 환성을 질렀다. 별로 의미없는 과목이어서 만점을 받아 보았자 그 또한 그저 그런 일에 불과하다. 그럼에도 연극하듯 휘저었던 것은 선생님의 수업분위기에 편승한 흉내 내기가 어느 정도 자연스럽게 성숙된 탓이었지 싶다. 꼴불견의 환호에 대해 선생님은 갑자기 근엄한 어조로 "만점 받았다고 으시대서야 되나!"하시며 나를 나무라신다.

의외의 만점에 들뜨고 예기치 못한 꾸지람에 침울해질 수밖에 없었던 그날 이후 농업시간에 얽힌 추억거리는 하나도 기억이 없다. 그러나 조그만한 이룸에 들떠서는 안 된다는 선생님의 말씀과 멋적었던 그 날의 상황은 여지껏 생생하다. 하지만 그 날 이후에도 나의 삶은 조그만한 성취와 실패의 연속이었고 그에 따라 늘상 감정의 기복이 심했던 것 같다.

변화무쌍한 날씨처럼 우리네 삶 자체가 무상(無常)하기 이를 데 없고 인생만사가 새옹화복(塞翁禍福) 같아서 성패(成敗)에 결코 연연할 게 못됨은 주지하는 바다. 그러나 우리의 삶은 늘상 목표설정과 추진계획 그리고 성공에로의 집념으로 꽉 짜여 있어 쫓기고 허덕이며 답답하기 이를 데 없다. 삶의 사연과 공간은 중1에서 까마득히 멀어 있고 만점이란 있을 수 없는 인생살이지만 성패(成敗)에 따라 부질없이 희비(喜悲)에 끄달리는 것은 그 옛날 어릴 적 그대로가 아닌가 싶다.

돌이켜보면 삶의 질(質)은 중1에서 한 치도 발전한 게 없는데 어른이 되었다는 착각으로 중3짜리 아들내미를 어린애 삼아 인생사를 논하고 있는 자신을 발견하게 된다. 부끄럽고 부끄러운 일이 아닐 수 없다. 오늘따라 중1 그 무렵이 그리운 것은 우리네 인생에서 그때만큼 순진한 행복감이 쫘악 널려 있는 기간은 없기 때문이 아닌가 한다. 그립고 그리운 시절이여!

-1991. 6. 24-

그리운 옛날

중3 때의 일이다. 학년초에 교감 선생님께서 3학년 학생을 모두 집합시켜 고교진학에 대한 안내 말씀을 하셨다. 기억이 확실친 않지만 진학의 의의와 중요성 그리고 수험준비에 대한 학교측의 방침과 학생들의 대응자세 등을 말씀하셨던 것 같다. 다들 알고 있음직한 말씀이어서 별다른 감흥은 없었다.

그런데 긴 말씀을 매듭지으시며 교감 선생님은 학생들에게 학교측에 건의할 사항은 없는지 물으셨다. 그러자 갑자기 온 강당이 술렁거리는 어수선한 분위기에 휩싸인다. 무슨 건의사항이 있는가 보다 싶어 뒤돌아보니 급우들이 웅성거리며 반장인 나더러 말씀드리라고 눈짓, 손짓까지 한다. 내용인즉 국어 선생님을 바꾸어 달라는 거다.

국어 선생님의 억양이 독특해서 말씀을 알아듣기 힘이 드는데 그나마 말씀 또한 빨라서 강의내용을 파악하기 힘들었기 때문이다. 내가 망설이고 있으려니 웅성거림이 드세져서 교감 선생님은 알아들을 수 없다시며 건의사항이 무엇인지 좀 분명히 들으시고자 조용히들 하라고 말씀하신다. 한순간 조용해진 틈을 타서 내가 국어 선생님을 바꾸어 달라고 말씀을 드렸다. 그랬더니 교감 선생님은 깜짝 놀라시며 당황한 표정으로 그 무슨 얘기냐고 다시 확인하신다. 그래서 이유를 설명드렸다. 학생들도 맞장구를 치며 동감임을 분명히 했다.

그러자 교감 선생님은 얼굴이 벌겋게 상기될 정도로 화가 나신 것 같았다. 그 당시로는 선생님의 교체는 감히 생각지도 못한 그리고 전례가 없는 일이었던가 보다. 교감 선생님께서는 국어 선생님의 좋은 점을 일일이 열거하시며 학생들의 건의가 잘못된 것임을 힘주어 말씀하시고 교체 불가를 단호히 선언하셨다. 뿐만 아니라 학생들이 선생님의 교체를 요구한 행위는 있을 수 없는 일이라며 군사부일체론(君師父一體論)을 들어 엄히 나무라셨다.

그 순간 나는 학우의 대변자였지만 마치 내가 주동자인 악동(惡童)으로 비친 것 같다는 묘한 예감이 들어 입이 굳어졌고 더 이상 말씀을 드리지 못했다. 별다른 생각없이 가벼운 마음으로 불편을 호소한 것에 불과한데 호되 꾸지람을 듣게 되니 학생들도 멍하니 있다. 불쾌한 감정을 거침없이 토로하신 교감 선생님의 훈화로 건의사항은 온데 간데 없어지고 그날의 진학안내는 멋적게 끝났다.

교실로 돌아오며 학생들은 헛탕친 사연에 대한 불만을 토로했지만 국어 선생님의 교체는 불가능하겠구나 싶어 체념하는 것 같았다. 체념은 상황에 따라 큰 힘을 지녔는지 그날 이후 우리는 독특한 억양과 빠른 말씀에 서서히 귀가 열려 국어 선생님의 강의를 알아들을 수 있게 되었다. 그렇게 되니 국어 선생님에 대한 불평도 자연 사라지고 교감 선생님의 말씀마따나 아주 훌륭하신 선생님으로 알게 되었다. 말씀이 빠르신 것은 곧 그만큼 열강을 하신다는 뜻이기도 했으니 말이다. 그래서 국어 선생님 교체 건의에 얽힌 그날의 사연도 다들 잊어버릴 만큼 한 달여의 시간이 흘렀다.

그러던 어느 날 국어 선생님께서 나에게 조용히 물어보실 게 있으시다며 따로 보자고 하셨다. 담임 선생님이신지라 반장에게 특별히 하실 말씀이 있나 보다 하고 별다른 생각없이 선생님을 독대하게 되었다. 그 빠른 억양이 그날따라 이상하리만치 착 가라앉은 더듬거림으로 엮어내신 말씀인즉 "학생들이 나를 반대했다는데……반장은 알고 있는가?"

그 순간 피가 역류하는 듯한 전율이 흐르며 바짝 긴장된 자신을 주체하기 힘들었다. 그게 언젯적 일인데 지금에서 아시게 되었을까 하는 궁금증이 인다. 그리고 나를 따로 보시자고 한 이유는 아마도 그 사건의 주동자를 '나'로 파악하시고 알면서 물어보시는 게 아닐까 하는 의문이 스친다.

일종의 위기상황임에 틀림없다. 위기상황에 대처하는 가장 훌륭한 방법은 정직하게 '진실'을 밝히는 거라는 명확한 판단이 선다. 악동으로 찍힌 게 틀림없다는 위기의식이 오히려 머리를 단순하게 한 것인지도 모른다. 그래서인지 나도 착 가라앉은 목소리로 그 사건의 경위를 사실대로 말씀드렸다. 내가 바로 문제의 발언을 또렷하게 읊은 악동임을 분명히 했다. 그리고 이제는 선생님의 강의를 알아들을 수 있을 정도로 다들 귀가 열려서 아무런 불편도 어떤 불평도 없음을 또한 말씀드렸다.

한동안 놀랍다는 표정으로 나를 빤히 보시며 선생님은 좀체로 내 얘기가 미덥지 않으신지 이해할 수 없다는 고개짓을 하셨다. 그건 믿는 도끼에 발등 찍힌다는 속담이 그대로 재현된 상황이어서 더욱 그러하였을 것 같다. 학생들이 담임인 자기에게는 아무 얘기 않고 많은 학생들 앞에서 교감 선생님께 자신을 험담한 거라든지, 반장이 앞장서서 일을 저질러 놓고 자기에게는 한 마디 말도 해주지 않은 거하며 따지고 보면 온통 괘씸하기 짝이 없는 사연이 아닐 수 없다.

선생님은 어이없다는 표정으로 한동안 아무 말씀이 없다. 침묵이 서서히 무겁게 느껴진다. 그제서야 그간의 사연에 대해 죄송한 마음이 고개를 들기 시작했다. 사후에라도 오해 없도록 미리 말씀드려야 하는 건데 왜 그냥 세월만 보냈는지 기억조차 나질 않았다. 교감 선생님께서 하도 엄격하게 말씀하셔서 그 사건 자체를 거론하는 것조차 큰 허물로 여겨져서였는지도 모른다. 아니 담임 선생님께 직접 말씀드리게 되면 혼줄날 게 뻔했기 때문에 다들 입을 꼭 다물기로 했음직하다.

체벌을 자주 받아본 터라 차라리 따귀라도 두어 대 맞고 빨리 마무리되었으면 싶을 정도로 침묵의 무게가 밀려온다. 곧 터질 것 같은 긴장감과 모종의 처벌을 기다리는 초조로움이 아우성치듯 한다. 그러나 담임 선생님은 별다른 감정의 변화를 보이지 않으신다. 두툼한 안경테, 빡빡한 수염, 대추빛 안색. 이 모두 위압적 요소이지만 오늘따라 어딘가 좀 안 됐다는 아쉬움과 미안한 생각을 불러준다.

침묵의 시간은 짧았겠지만 온갖 생각이 스쳐 일기엔 충분했던가 보다. 기다림에 지쳐 약간 느슨해진 침묵을 깨고 선생님께선 "그래, 알겠다! 가 보거라."하시며 맥빠진 음성을 천천히 내밀듯 흘리신다. 죄송스럽고 허전한 아쉬움이 긴장으로 조여든 가슴을 무너뜨리는 것 같아 나는 한동안 그 자리에 멍하니 서 있었다. 선생님께서 먼저 걸음을 돌리실 때까지 도저히 내 발걸음이 떨어질 것 같지 않았다.

돌이켜보면 열정적(熱情的)인 강의 탓으로 자연히 빨라진 언어 습관과 독특한 억양이 빚어낸 사연치고는 너무나 가혹한 시련이었지 싶다. 교사로서의 열성(熱誠)을 하마트면 무너뜨릴 뻔한 옛 사연에서 선생님은 어떻게 새로운 힘을 찾아 내셨을까 궁금하다. 어쩌면 교육자로서의 사명감이 교직을 열성적으로 붙들게 해주었는지도 모른다. 그날 이후 선생님의 수업엔 이렇다 할 동요가 엿보이지 않았기에 말이다.

오늘따라 "죄송합니다."하는 말씀을 힘주어 미리 읊조리지 못한 아쉬움이 증폭된다. 그리고 허전하게 밀려오는 아쉬움은 선생님께 정중히 사과드리고 싶은 간절함으로 바뀌어 내 가슴을 휘감아 돈다. 옛날이 그래서 그립고 소중한 건가 보다.

-1992. 3. 14-

인 생 살 이

●

"엄마, 아빠는 숙제 없어서 좋겠다"며 국민학교 3학년생 딸아이는 부러워한다. 엄마는 연구수업을 치룬 피로감으로, 아빠는 풍치의 고통을 감추느라고 다른 때보다 일찍 누워 있는데 그 사연을 모르는지 꽤나 탐탁치 않은 모양이다.

"애야, 우린 인생살이 때문에 힘들어……."하고 엄마는 변명조로 가볍게 응답한다. 그랬더니 딸아인 "인생살이는 나도 하고 옆집 다섯살 짜리 진우도 하고 있어요!"하며 어린애답지 않은 응수를 한다. 인생살이가 무슨 말인지 몰라서 그냥 넘어갈 줄 알았는데 이웃집 꼬마까지 들먹이면서 인생살이를 같이 겨루어 보자는 듯하다. 아니면 예상대로 인생살이를 몰라서 그런 얘기를 하는지 한순간 어리둥절해서 벌떡 일어나 앉는다. 책상머리에 앉아 뒤돌아보는 딸아이는 당당하다.

딸아인 말한다. "나도 옆 짝지 때문에 괴롭다고요……."

국민학생의 괴로움도 분명 인생살이의 한 모서리다. 나도 어릴 적 괴로운 사연때문에 혼자 고민한 적이 한두 번이 아니었다. 책상 위에 그어 놓은 38선 그리고 즐겁게 나누어 먹은 '엿'과 꼭 같은 엿을 물어 내놓으라고 계속 떼를 쓰는 친구 등등. 그 당혹감은 그 당시로서는 견디기 어려운 고통이었다. 그걸 나는 까마득히 잊고 있음을 딸아이의 항변으로 비로소 알게 되었다.

어려움을 참고 견디며 살아가야 하는 사바세계(娑婆世界)의 중생(衆生)은 모두 제나름의 고민과 고통이 있기 마련이다. 그러나 자신의 괴로움은 크게 느끼고 남의 고통은 가볍게 여겨 잊고 있음을 절감하게 된다.

말문이 막혀서 멍하니 앉아 있으니 딸아이도 잠잠하다. 안스러운 생각이 들어 "그래 무슨 숙제가 그리 힘드니?" 하고 물어 본다. "아아뇨, 괜찮아요……."하며 딸아인 금세 명랑하다. 제 딴엔 힘들게 숙제를 하고 있는데 좀 거들어 줌직한 부모가 누워 있으니 숙제할 기분이 나지 않았던가 보다. 하여 딸아이가 숙제를 하는 동안 다시 누울 수도 없어 앉았으려니 나의 어린 시절의 사연이 피어오른다.

국민학교 2학년 때였지 싶다. 담임선생님이 착한 일을 하는 어린이에게 매번 빠알간 카드를 1장 주시면서 그걸 평점거리로 삼아 아이들을 이끌어 간 적이 있었다. 나는 그 딱지를 탈 사연이 없었다. 그렇다고 다른 아이들도 한동안 착한 사연이 익숙하지 않아서 그 딱지를 누가 먼저 타게 되나 하고 은연중 경쟁심이 무르익고 있었다.

그러던 어느 날 수업시간에 아름다운 '금강산' 얘기가 아이들의 궁금증을 북돋우게 되었다. 가본 어린이는 아무도 없다. 또 6·25 동란 중이어서 가볼 수도 없다. 담임선생님도 가보지 못한 터라 이야기는 더욱 미화되기 마련이어서 궁금증 또한 고조되었던 것 같다.

그러나 나는 금강산에 관한 얘길 자주 들었고 집에는 금강산 사진도 꽤나 많아서 대수롭지 않게 여기고 있었다. 그래서 다음날

사진 한 장을 골라서 담임선생님께 보여 드렸다. 그랬더니 선생님
은 무척 반기면서 아이들에게 그 금강산 사진을 보여 주시며 사
진 제공자인 나에게 칭찬세례와 함께 그 선망의 딱지를 한 장 주
셨다.

　보여 드리기 위한 것이어서 아무에게도 얘기 않고 몰래 가져온
것인데 그 딱지와 교환되는 것인 줄은 미처 생각지도 못했다. 딱
지를 받은 이상 그 사진을 돌려 달라는 말이 나오질 않았으니 말
이다. 그렇다고 딱지를 내놓으면서 사진을 돌려 달라고 하기엔 딱
지는 이제 겨우 한 장이고 금강산 사진은 집에 많이 있었다. 값이
나 가치로 따져 결코 교환될 수 없는 거래(去來)가 '착한 어린이'
라는 칭찬을 덤으로 시작된 것이다.

　그 날 이후 내 수중에 딱지는 늘어가고 집에 있는 금강산 사진
은 줄어들게 되었다. 그 무슨 면죄부나 천당행 표(票)도 아닌 선
행(善行)딱지에 매료되어 그 거래(去來)는 한두 차례 더 이어졌
지 싶다. 그러나 피차 한 번으로 끝냈어야 할 거래는 훔쳐 온 사
연이 선행(善行)으로 둔갑되면서 서서히 불안한 생각이 누적되었
던가 보다. 언젠가는 '사진 소동'이 날 것만 같은 예감과 불안이
늘상 나를 휩싸고 있었다. 그래서 딱지가 싫어지고 공연한 짓을
했다는 후회가 증폭되어 한동안 학교 가기가 부담스러웠다.

　그 말 못할 고민으로 꽤나 오랫동안 나를 죄어 온 어릴 적 사
연이 딸아이의 고민과 뒤엉켜 오늘 따라 상념의 나래를 펴게 한
다. 어느 새 그 지겨운 치통도 잊고 추억의 숲으로 나들이가 이어
진다. 딸아이의 인생살이가 나의 동심을 일깨우는 '추억의 숲'을
풍요롭게 해준 이 밤이 마냥 이어졌으면 하는 바람과 함께.

—1989. 6. 29—

〔후기〕'만도린·기타·발라라이카' 연주를 듣고 난 딸아이가 담임선생님 드리고 싶다며 연주녹음 테이프를 하나 사달라고 한다. 혹시 선행(善行)딱지와 교환되는 사연은 아닐까 하는 망상이 스칠 정도로 옛 사연은 어떤 피해의식으로 지금껏 잠재되어 있었나 보다. 교육이 얼마나 어렵고 소중한 것인가를 깨닫게 한다.

—1990. 4—

따라 기뻐함

아들내미가 중학에 입학하던 날, 봄비는 때를 가리지 않고 계속 내리고 있었다. 질펀한 운동장을 가로질러 뛰는 아이들은 마냥 즐거운 모양이다. 저 즐거움을 짓누를 외국어. 그리고 무거워질 책가방도 오늘만은 그들에겐 미지의 세계다. 고생문이 훤하다 싶어 안쓰러운데도 새 책을 안아들일 가방이 새 것이어서인지 약간 굽어뵈는 어깨엔 신바람이 실린 듯하다.

학급편성표는 상세한 모습으로 친절하게 아이들을 맞는다. 그러나 깨알같은 글씨가 안경 너머로 집힐 때까지 지리한 숨박꼭질이 이어진다. 제 이름 찾은 아이의 탄성이 부럽다. 합격자 명단을 훑는 상황도 아닌데 아들내미 이름이 통 보이질 않아 초조롭다. 아이들이 받치고 있는 우산사이로 이름찾기에 여념이 없는데 안내방송은 빨리 교실에 들어가라고 독촉한다.

"애야! 교무실에 가서 네가 몇 반인지 확인하렴."하며 아일 떠민다.

좀 얼띤 표정으로 계단을 오르는 아이의 뒷모습에서 부모의 마음이 피어오른다. 애련한 심정으로 고개를 돌린 순간 어머니의 손을 쥔 아이가 현관을 들어선다. 소아마비를 앓았던가 보다. 걸음이 퍽이나 불편해 보인다. 저런 불편한 몸으로 입시지옥의 첫 문을 들어서다니…… 그 아이에 대한 측은한 생각으로 얼띤 아들내미를 잊는다.

곱상하고 단아한 여인의 손에 이끌린 그 아이는 그래도 마냥 즐겁다. 어머니의 시선은 그 아이의 즐거운 표정에 이끌려 환한 기쁨이 넘쳐 있다. 부모의 마음은 저런 것인가 보다.

남의 아이나 자기 아이를 쳐다보는 남의 시선은 아랑곳 없이 자기 자식에로 향한 즐거움에 겨운 시선. 그 시선을 통해 나 자신을 돌아본다.

"……공동 1등이래요……. 선서 같은 걸 싫어하는 아인데…… 시키면 어떡하지요……."하며 반은 걱정 반은 자랑스러운 기쁨에 겨워 있는 아내에게 "그렇게 여럿 틀리고도 1등이라니 거참 문제 있군."하며 못마땅한 어투로 달가워하지 않는 나와는 너무나 대조적인 그 어머니를 통해 어버이로서 한없이 부족된 나 자신을 돌이켜 본다.

학업성적에 큰 의미를 부여하지 않는 나의 교육관은 차치하고, 남의 기쁨을 따라 함께 기뻐할 줄 모르는 자신의 부족됨이 오늘따라 증폭되어 온다.

'사촌이 논을 사면 배 아파하던 사람'을 탓하던 시절은 이미 옛날 얘기다. 우리의 경제적 여건이 급성장의 나래를 타고 있어 너나 없이 '가진 것'을 어떻게 '나누는 기쁨'으로 연계시킬 것인가를 서로 깨우쳐 가며 함께 기뻐할 수 있는, 그리고 따라 기뻐할 수 있는 여건을 조성해 가야 할 때인 것 같다. 그런 관점에서 볼 때 그 아이의 기쁨을 따라 기뻐할 줄 아는 그 어머니는 한없는 행복감으로 충만된 삶 곧 성공적인 인생 여정을 엮고 있는 것 같아 마냥 부럽다.

　나도 조그마한 일에서부터 남의 기쁨을 따라 함께 기뻐하는 삶을 영위했으면 하는 바람이 인다. 텅빈 교정 곳곳에 고인 빗물을 밟으며 홀로 되돌아 나오는 나의 발걸음도 그런 바람을 한순간 탄 듯 가볍다. 아들내미가 입학하던 날 보현보살(普賢菩薩)의 '따라 기뻐하는 공덕을 절감하며 나도 즐거운 교훈에 재입문한 신입생이 된 기분이다.

—1989. 3. 4—

우 산

　세상에 믿지 못할 게 봄날씨라더니 오후엔 갑자기 봄비가 세차게 내렸다. 아이들 생각에 우산을 챙겨들고 교문앞에 이르니 부모마음은 한 촌인지라 교정 안팎은 학부모로 그득하다. 정작 학교까진 갔으나 교실로 가야 하는 건지 밖에서 마냥 기다려야 할 건지 망설여진다. 학습분위기를 생각해서이기도 하고 또 학교에까지 우산을 챙겨다 주는 것이 과연 교육적인가 하는 의문이 일순 일었기 때문이기도 하다.

　내 어릴 적 기억으로는 내 몫의 우산이 따로 없었고 또 비가 온다고 학교까지 우산을 챙겨다 주는 경우도 없었다. 그건 그럴 형편이 되질 못한 여건 탓도 있었지만 어려운 상황에 대처할 능력을 길러 주어야 한다는 그 당시 부모님들의 공통된 교육관에서였던 것 같다. 그 무렵엔 6·25동란을 치루고 경제부흥에 안간힘을 기울이던 즈음이어서 아이들에게도 비나 눈 따윈 아무런 불편거리가 아니었다. 그러나 요즈음은 경제적 여유 덕분인지 한 자녀에게 끌려다니기 쉬운 세태 탓인지 우산을 가져다 주거나 자가용으로 대기하는 경우를 예사로 대하게 된다.

　나는 어떤 사연으로 아이들 우산을 들고 학교 안을 서성대는지 확연치 않으나 마냥 기다릴 수 없어 복도로 들어선다. 마침 청소시간이어서 왁자지껄하다. 요즈음의 중3 학생들의 체격에 비해 교실이 퍽이나 좁아진 것 같아 답답해 보인다. 낯익은 아이가 아들내미 이름을 부르는 순간 아이들의 시선이 쭈욱 몰려 온다. 우산을 받는 아들내미의 표정이 다소 멋적어 보인다. 일 년 사이에 부쩍 자란 탓인지 어린애 취급받는 것 같아 약간은 쑥스러워서인지도 모른다.

그날 저녁 아들내미는 "오늘 담임선생님 만나 보셨습니까?"하고 묻는다.

"아아니…… 왜?"

"아이들이 궁금해서 물어보던데요. 학교까지 오셨으니 찾아뵙고 가셨을 거라고들 해서……."

"특별히 할 얘기도 없고 해서 그냥 왔는데……."

"청소시간이라서 담임선생님이 교실에 계셨거든요."

그 순간 악자지껄한 아이들 틈에 청소감독까지 해야 하는 교직자를 생각하니 안스러워진다. 내 어릴 적 사연에도 교육현장이 치마바람에 휩싸였던 역겨움이 생생해서 가급적 학생들 앞에선 선생님을 만나지 않아야 한다는 생각에 사로잡혀 있었는데……, 요즈음 아이들에겐 그런 찌듦이 없고 오히려 예의를 지켜야 한다고 일깨우고 있으니 낡은 상념에 쌓인 자신이 부끄러워진다.

예고없이 비가 오는 날 아이 담임선생님께도 우산을 하나 갖다 드려야겠다는 생각이 그 부끄러움을 안아들인다. 아내더러 새 우산을 하나 준비해 달라며 그 사유를 얘기하니 모처럼 열린 마음이 상통하는 것 같아 기꺼워하는 표정이다. 새 우산이 준비되면 느닷없이 비올 날이 기다려질 게다. 느닷없이 비올 날을 기다리는 한, 금년 '스승의 날'엔 즐거울 수 있을 것 같다.

－1991. 5. 2－

상 장(賞 狀)

　너줄하게 뒹굴고 있는 상장(賞狀)이 거추장스럽게 보여 예쁘장한 화일(file)을 하나 챙겨서 아들내미에게 건네주며 정리하도록 종용한다. 화일이 좋아서인지 가지런한 멋에 끌려서인지 즐거운 표정으로 정리하는 걸 보니 화일의 쓸모가 돋보인다. 국민학교에서 중학에 이르기까지 이것저것 많기도 한지라 화일 내피(內皮)가 모자라서 하나 더 챙겨달라는 요구가 다소 짜증스럽기도 하다. 문방구를 두어 군데 들러도 같은 게 없어서 내가 사용하고 있는 화일을 비워서 준다. 그러니 마구 펼쳐 놓고 사는 내 주변은 더욱 어수선해진다.

　세월이 지나면 저렇게 많은 상장도 다 쓸모없는 것인 줄 알게될 터인데 그 때쯤엔 모종의 허망감을 맛보게 되겠거니 하는 생각이 스친다. 고작 학업성적에 끌려다닐 수밖에 없는 아들내미가 측은해 보인다. 한정된 삶에서 의미있는 일이 과연 무엇이며 그나마 의미있는 일에 전념하는 선택된 삶을 누리는 사람은 몇이나 될까 하는 궁금증이 인다.

　중3이라고 집에 오는 시각은 점점 늦어지고 나가는 시각은 더 일러지겠지. 그리고 고등학교에 가선 또 그런 날들을 지겹게 헤아려야 하겠지……. 대학진학이 과연 의미있는 삶을 향한 과정인

지, 그리고 그런 삶을 보장해주는 것이라면 아무리 고생스럽더라
도 별반 아쉬움이 없겠지……. 그러나 내 경험으로는 대학을 다
녔다고 해서 그리고 출세를 했다고 해서 그게 모두 의미있는 삶
으로 이어지는 것 같지 않아서 내심 안타까워한 적이 한두 번이
아니다.

어쩌면 아들내미가 타오는 저 상장들이 그를 한정된 틀에 서서
히 가두는 족쇄가 되고 있는지도 모를 일이다. 그런 생각이 들어
서인지 나는 아들내미의 상장에 대해선 별다른 관심을 보이지 않
는다. 아들내미도 나의 그런 눈치를 알아차렸는지 상장을 새로 타
와도 나에게 보여주지도 않는다.

그러던 어느 날 아들내미가 새로 타온 상장을 슬그머니 화일에
넣고 있는 뒷모습을 우연히 보게 되었다. 아들내미도 상장엔 무심
히길 내심 바라던 바라 뒷모습이 약간은 쓸쓸해보이긴 해도 그게
먼 훗날 자신을 위해 더 좋을 거라고 생각되어 못본 체한다.

아들애가 어른이 된 후 얘기거리가 궁하면 약간은 허전한 오늘
저녁나절의 심경을 추억거리로 삼아 얘기하게 되겠지. 그땐 칭찬
에 들뜨거나 약해지지 말았으면 하는 나의 소망 때문에 그리고
상장이 요구한 바가 삶의 족쇄가 되어서는 안 되겠기에 무관심한
듯이 했노라고 얘기할 걸 생각하니 한결 마음은 편해진다.

그런데 평소 말이 없던 아내가 오늘따라 갑자기 심각하고 침울
한 목소리로 말문을 연다.

"얘기 들었어요?"

"아니, 무언데?"

"재원이 학교 학생이 교통사고로 병원에 실려갔대요. 뇌진탕이
라 아마 죽었을 거래요!"

"같은 반 아인가?"

"아니요, 1학년인가 봐요."

"어쩌다 그랬대?"

"자전거를 타고 집으로 가다가 훼밀리에 받혔대요. 글쎄, 그놈의 차가 원체 힘이 세지 않아요……."

"저런 저런 학교 근처에선 조심해야 하는데……. 운전대를 잡지 않아도 되는 사람은 행복하다니까……."

충격적인 사건의 의미를 찾느라 한동안 무거운 침묵이 번진다. 아련한 슬픔이 그 침묵을 넘어 밀려온다. 아내가 침묵을 깬다.

"그런데 땅바닥에 뒹군 그 아이의 책가방에서 상장이 반쯤 나와 있더래요. 오늘 상장을 받았나 봐요. 중학교에 들어와서 처음 타는 상장일텐데……."

순간 그 아이와 자식을 잃은 부모가 확 떠오른다. 상장을 탄 기쁨 그리고 부모와 더불어 기쁨을 나눌 기대로 부푼 그 아이를 생각하니 나누지 못한 기쁨이 커다란 아쉬움으로 증폭된다. 어쩌면 기쁨이 실린 책가방도 빨리 집으로 가자고 졸랐지 싶다. 기뻐하시는 부모님을 보고 싶은 즐거움에 가린 시야를 그 억센 차는 또 무슨 사연이 있었기에 무참히 덮쳐야 했을까?

그 아이의 못다 나눈 기쁨이 슬픔으로 증폭되어 나를 밀어붙인다. 할진대 그 아이를 잃은 부모는 오죽하랴! 자식이라는 이유 하나만으로도 슬프고 슬퍼 죽을 지경일 터인데 상장을 타올 정도로 기쁨을 주는 자식일진대 더더욱 가슴이 무너져내리는 허탈감이 일지 싶다.

나는 할 말을 잊었고 아내도 말이 없다. '아들 딸 구별 말고 하나만 낳아 잘 기르자'는 표어가 오늘따라 위태롭게 여겨진다. 그

나이에 다시 자녀를 가질 수 있겠으며, 가지고 싶을까 하는 의문도 인다. 세상살이에 얽힌 온갖 망상이 뒤섞여 인상무상(人生無常)을 일깨운다.

생사(生死)가 호흡지간(呼吸之間)이고 일생이 지난 밤 꿈과 다를 바 없건만 자녀에로 향한 끝없는 연민의 정은 모든 부모에게 지워진 생생한 멍에일테지. 스스로 기꺼이 질머진 멍에인지라 자녀의 요구사항 앞에선 빚진 죄인(罪人)마냥 두렵고 피할 수도 없어 밤낮을 가리지 않고 뒷바라지를 하건만 고단한 줄 모르니 참으로 신기하기 이를 데 없다.

세상살이는 서로서로 도우며 산다. 그 도움에 대해 제때 보답하기란 어렵다. 그런 의미에서 모두들 서로 빚을 지고 사는 셈이다. 그러니 이 빚 저 빚 많기도 하다. 그 빚을 갚느라고 인생살이의 고뇜을 살 이겨나가는 듯하다. 그레서 흔히 '빚 힘으로 산다'는 말이 있나 보다.

그런데 세상의 부모들은 이 빚 저 빚 중 뭐니뭐니 해도 자식 빚을 제일 소중히 여긴다. 즉 자식 뒷바라지의 빚 힘으로 어려움을 이겨내며 살아가는 게 대부분의 인생이라는 말이다. 그런 빚장이가 교통사고로 죽었으니 그 아이의 부모는 무엇으로 이 고된 삶을 지탱하며 삶의 보람이 무너져내리는 공허감을 무엇으로 메울런지 퍽이나 걱정된다.

언젠가는 다 죽게 마련인데 죽음은 나이순이 아니어서 부모자식간에도 순서가 없다. 그러나 자식 잃은 슬픔을 지켜보노라면 누구나 자식보다 먼저 죽길 바랄 것이다. 그런 희망은 이따금 외면당하기도 한다. 그러기에 죽음의 실체를 파악하여 그걸 극복하고자 한 노력의 편린들이 인류 역사상 여러 방면에 걸쳐 널려 있음을 본다. '미이라' '장생법(長生法)' 그리고 '구원과 영생(永生)' '생사본무(生死本無)' 등등이 그러하다.

비록 2천 년이란 긴긴 기다림의 세월이 짐이 되긴 하지만 근래 걸프전(戰)을 계기로 최후의 심판이나 천지개벽 등에 뒤이어 찾아들 영생에 대한 기대를 불려주기도 한다. '미이라'는 영생이나 환생(還生)에 대한 희망의 표현일 뿐 죽음을 극복하는 방법은 되지 못하므로 큰 관심을 끌지 못한다. '장생법'은 요가나 호흡법에 대한 관심이 급증됨을 보아 새롭게 발굴될 전망이나 죽음 자체를 극복할 수준에 도달하더라도 인구증가 등 부수적인 여러 문제점이 있어 보인다. 선(禪)을 통한 생사본무(生死本無)의 터득은 여러 사람이 성공한 바여서 기대를 걸어봄직하다.

아무튼 대학 수학능력을 길러주기 위한 학업성취도에 상응하는 상장보다도 인생의 근원적 문제해결에 기여하는 공로에 상응하는 상장이 개발되고 이런 상장을 타는 인생대학원생이 많이 배출되었으면 한다. 그런 의미에서 아들내미의 상장은 화일 속에 매장될 수밖에 없겠거니 생각하니 오늘의 교육과 우리의 삶이 아쉬움 투성이로 밀려 온다.

부디 새로운 성자(聖者)가 출현하여 이 아쉬움을 털어 주었으면 하고 기원해본다. 애오라지 자식 잃은 어미의 슬픔을 달래주시던 부처님의 방편(方便)만이라도 보편화되었으면 하는 소망과 함께.

－1991. 6. 4－

진 학 동 기

과학고등학교에 입학한 아들애가 감탄조로 "애들이요, 포부가 대단하던데요!"하고 밑도 끝도 없이 한 마디 한다.

"그게 무슨 말이냐?"하고 묻자, "선생님께서요, 수업시간에 학생들에게 진학동기를 물어 보셨거든요. 그런데 노벨상을 받고자 한다는 학생도 있고 대부분 위대한 과학자가 되겠다고들 하던데요."하고 부러운 듯이 얘길 한다.

"그래, 닌 무어라고 말씀드렸느냐?"

"저는요, 음악을 좋아해서 음향공학을 공부하고 싶다고 말씀드렸어요. 그랬더니, 전망이 있을 거라고 하시던데요."

과학고등학교로 진학한 동기가 불분명한 아들애가 한 달 사이에 관심분야가 생겼다니 이해가 되질 않아 물어본다.

"음향공학이라니, 그 참 처음 들어본다. 그런 분야가 있다는 건 어떻게 알았느냐?"

"라디오에서 제품 선전할 때 음향공학이라는 말을 들었거든요."

"그래 그 분야에 대해 계속 관심을 갖게 되겠느냐?"

"………"

"넌 과학고등학교에 진학할 때 특정 분야에 관심을 가졌던 게 아닌 걸로 아는데 용케도 재치있게 대답을 잘 한 것 같다. 아무렴, 너의 관심분야가 점차 명확해지겠지 뭐!" 아들애와의 얘기는 이 정도에서 끝났다.

그러나 생각할수록 순발력이 있었다는 게 기특하게 여겨져서 한동안 주변 사람과의 얘기거리로 삼았다. 듣자하니 음향공학이 첨단분야라고들 한다. 엉겁결에 내뱉은 관심분야치고는 적중한 셈이다.

아들애의 우스개 같은 이야기가 한차례 화제가 된 후 열흘쯤 지나서 아들애의 담임선생님으로부터 전화가 왔다. 내용요지는 아들애와의 개별면담결과 진학동기가 불분명하고 앞으로의 계획 또한 없는 것으로 보아 부정적인 사고를 하는 건 아닌가 하는 지적이었다.

내가 알고 있는 바와 선생님의 지적을 종합해보건대, 아들애는 중2 때부터 '공부를 왜 해야 하느냐?'는 의문을 갖게 되었는데 지금까지도 명쾌한 해답을 얻지못한 채 마지못해 시간표에 끌려다니며 땜질식 공부를 하고 있고, 대중교통수단을 이용한 통학이 몹시 불편하게 여겨져서 기숙사가 있는 과학고등학교로 진학했다는 거다. 적성이나 장래 진로에 대한 숙고(熟考)보다는 우선 학교 다니기 편해야 한다는 생각이 아들애를 사로잡았던 것 같다. 그리고 육식(肉食)을 제한하는 우리집 식단보다는 다양한 기숙사 메뉴도 아들애를 유혹했음직하다.

부모로서 자식의 적성이나 장래의 진로를 제대로 고려하지 않고, 수학(數學)이 다소 약하니까 합격가능성이 희박할 것으로 알고 시험을 치루도록 내버려 두는 것이 후일 원망을 사지 않을 거라고 생각했다. 그리고 낙방의 고통이 '왜 공부를 해야 하는가?'하는 값싼 의문을 해결해주는데 도움이 될 거라는 얕은 생각으로 방관했다. 그러나 예상과는 달리 합격했고 그래서인지 여지껏 값싼 의문을 계속하고 있는 셈이다. 설마가 사람 죽인다더니 고등학생이 되면 적성과 전공영역이 다소 명확해지겠거니 하고 미루어 둔 게 과학고등학교라는 복병을 만나 화근이 되고 있는 거다.

아들애의 성격상 한의학과나 법학과에 진학했으면 해서, 수차 의중을 떠 봤지만 아들애는 전공학과가 문제가 아니고 하기 싫은 공부를 어떻게 하면 수월하게 할 수 있을까에 더 관심이 많았던 모양이다. 일이 거북스럽게 전개될 것 같아서 걱정스럽다. 대학에 진학할 자녀를 둔 학부모의 심경과 고통을 나도 체험하게 되나보다. 집 떠나 보낸 서운함보다 진로 변경 가능성과 이로 인한 혼선이 몰고올 고통이 염려된다.

우선 먹기는 곶감이 달다고 학교 다니기 편한 것만 생각하고 있었던 아들애의 심경을 파악하지 못한 아쉬움이 크다. 아쉬움은 연민의 징이 되어 애연한 생각이 인다. 공부하기 싫은 주제에 입시학원 같은 과학고등학교에 진학했으니 꼴찌를 면하려면 갈등 또한 클 것만 같다.

돌이켜보면 아들애는 국민학교에서부터 중학교 졸업 때까지 5개월여를 제외하고는 집 근처에 학교가 있어서 늘상 걸어 다녔다. 그게 아들애의 진학동기에 중대한 영향을 끼치게 된 것 같다. 약간의 멀미끼와 대중 교통수단을 이용하는 급우들의 등하교에 따른 고통을 알고 있었을 아들애의 여린 심경이 이해가 되나 한없이 나약해진 것은 아닌지 걱정스럽다.

맹자(孟子)의 어머니가 세 번이나 이사를 한 사연의 연장선상에서 그리고 도시락 두 개 챙겨서 아침 6시에 집을 나서서 저녁

12시에 귀가하는 고3의 일과를 생각할 때 아들애의 진학은 잘 된 것인지도 모른다고 자위를 한다. 그러면서도 혹여 편리하고자 하는 약은 생각에 사로잡혀 있을지도 모른다는 염려 때문에 아쉬움 또한 증폭된다.

전공하고 싶은 분야가 이공계일 경우는 과학고등학교 진학이 더없이 바람직하지만 자신의 적성과 진로를 스스로 적정하게 판단하기에는 좀 어리기 때문에 당분간 지켜볼 수밖에 없겠다. 요즈음엔 왜 공부를 해야 하느냐는 질문은 하지 않지만 사소한 의문이 인생의 근본에 대한 의문으로 전환될 수 있는 나이여서 은근히 걱정된다.

출가(出家)의 속앓이를 경험한 나로서도 적절한 대안이 없어 무위(無爲)의 시절인연에 맡기고 있는 셈이다. '미룬다는 것은 포기한다는 것이다.'라는 서양속담이 마음에 걸리긴 하지만.

―1992. 4. 21―

프 리 미 엄

　내가 부산(釜山)으로 전학을 가게 된 것은 6·25동란으로 이산가족이 된 지 만 3년이 지난 국민학교 4학년 2학기가 거의 끝날 무렵이었다. 지리한 겨울방학이 끝나고도 한 달이나 지나서야 겨우 전학수속을 할 정도로 분주한 피난 시절이었던 것 같다. 낯선 학교에 들어서는 첫날의 서먹함은 한 때의 일인지라 오랫동안 집에서 외롭게 지내는 것보다 훨씬 즐거울 것이기에 전학날은 참으로 기다려지기도 했다.

　피난 시절의 교실이 대부분 그러했듯이 내가 들어선 교실 또한 가건물이어서 흙냄새가 물씬하고 어둡기까지 했다.

　담임선생님의 전학소개와 나의 인사는 모종의 긴장감을 일구고 있었지만 새로운 친구를 맞는다는 즐거움과 기대감이 한껏 부풀어 있던 터라 별로 부담스럽지 않았다. 나의 전학으로 학생수는 74명으로 늘어났고 나의 출석번호는 자연 맨 끝번인 74번이고 빈 자리가 내 차지라고 담임선생님은 친절히 일깨워 주셨다.

　인사가 끝난 터라 빈 자리로 들어가려는 나를 선생님은 불러 세우신다. 약간 당황해서 머뭇거리는 나에게 “이남(以南)엔 몇 개의 도(道)가 있지?”하고 물으신다. ‘대한민국엔 14개의 도가 있다.’는 기억은 뇌리를 스치나 그 중 이남엔 몇 개의 도(道)가 있는지는 생각지도 못한 질문이어서 멍하니 있으니 온 교실이 '와' 하는 함성으로 왁자지껄하다. 시골뜨기에 대한 평가가 명확하게 나타난 것이다. 웃음거리가 된 '무식'이 얼굴을 붉게 물들인다.

시골학교이긴 했지만 그래도 성적은 좋은 편이어서 이렇게 부끄러운 상황에 처한 적은 없었는지라 입안이 말라드는 느낌이 인다. 긴장이 되나보다. 만회의 기회를 주시기 위함인지 성적평가를 제대로 하여 참고하시기 위함인지 선생님은 칠판에 산수문제를 내시며 풀어보라신다. 나눗셈 문제였다. 시골학교에선 아직 곱셈도 배워주지 않았던 터라 내가 나눗셈을 알 리 없었다.

칠판만 멍하니 보고 있노라니 온 교실이 떠나갈 듯한 함성과 책상 두드리는 소리가 어우러져 소란스럽기 이를 데 없다. 얼굴이 더욱 붉게 타오른다. 새로온 74번의 석차는 74등으로 확정된 셈이다. 73등의 쾌재가 얼마나 시원스러웠을까 하는 생각이 한동안 지워지지 않을 정도로 그 사연은 내 어린 시절에 있어 참으로 감내하기 어려운 순간이었다.

낯선 지역에서 그것도 마악 시작된 국민학교의 학업성적 꼴찌는 모든 걸 꼴찌로 엮어주기 마련이었다. 우유 타먹는 순서도 꼴찌요, 골목대장 노릇의 연장인 싸움질도 꼴찌여서 뭐 하나 신날게 없는 생활이 시작된 거다.

부끄럽기 그지없지만 시골뜨기에 꼴찌인지라 풀죽어 지내니 그렇게 불편할 것도 없었다. 쳐다볼 수 없는 상황에서 체념이란 참으로 편안한 반려요, 안내자인 셈이다.

그리고 그 누구에게도 경쟁대상이 되지않는 천덕꾸러기 꼴찌는 어쩌면 동정의 대상은 될지언정 굳이 깔아뭉개면서 갖고 놀 그런 대상도 못되었던지 '꼴찌의 자리'에 맞게 처신한 나를 특별히 괴롭히는 친구도 없어서 오히려 편했던 것 같다. 난로에서 제일 먼 자리 그리고 양동이 밑바닥에서 식어버린 우유가 내 차지였지만 그건 꼴찌로선 불평거리일 수 없었고 결코 스트레스를 받을 일도 아니었다.

한 달 남짓 꼴찌생활에 익숙해질 즈음 4학년도 끝나고 5학년이 되었다. 꼴찌의 행진은 5학년 1학기 성적평가가 시작되면서부터 양상을 달리했다. 1학기말 성적은 1등이었다. 74등 꼴찌가 한학기 동안 끝에서 끝까지 달렸다니 믿기지 아니하였던지 엄격하시던 아버님은 다소 놀랍다는 표정으로 "촌놈이 1등이라니……." 하시며 성적표를 확인하신다. 그날 이후 성적표를 받는 날은 성적에 상응하는 상(賞)이 있었다. 칭찬과 만화 1권이 고작이긴 했지만.

그러나 무엇보다도 학업성적 1등은 곧 학급내의 모든 서열을 1 등으로 뒤바꿔 놓는 미력을 지닌 게 신기했다. 반장이 되는가 하면, 싸움질 못하는 내가 싸움도 마치 1등인 양 자연스럽게 분위기가 형성되어 불편한 게 없어진 상황이 되었다. 그러나 꼴찌에 익숙해진 몸놀림이 하루 아침에 바뀔 수는 없어서인지 꼴찌다운 자세는 점차 양보의 미덕으로 승화되고 있었다.

그러는 가운데 학업성적은 암암리에 모종의 프리미엄을 계속 나에게 덤으로 주었다. 게다가 중학입시는 국민학교 성적에 의한 무시험전형으로 방침이 정해진 터라 학급내 성적이 계속 좋은 나는 여유가 생겨서인지 '장기'를 배웠고 대부분의 시간을 장기에 매달렸다. 공부는 하는 둥 마는 둥 대충 그리고 건성으로 학업에 임하고 있었다. 그래도 성적은 1등이었다.

돌이켜보면 학습계획이나 요령에 무관심한 나머지 무계획적인 학창생활을 하게 된 원인은 바로 꼴찌행진의 급변으로 시작된 타성에서 비롯된 듯하다. 35년이나 지난 지금껏 기억되는 그 사연이 지닌 역작용(逆作用)이 무엇인지도 제대로 챙겨본 적이 없음도 너무 쉬이 '극에서 극으로' 치달린 때문이 아닌가 생각된다.

일부 학교 우등생이 사회 낙제생이 되는 이유를 나는 이제금 알만한 것 같다. 학교 내에서 통하는 학업성적의 프리미엄 중 대부분은 사회생활에서는 통하지 않는 사실을 잊고 처신하기 때문이 아닌가 한다. 이는 그간의 학교교육이 지·덕·체(知·德·體)의 겸비를 목표로 삼고 있으나 실제는 지·체(知·體) 내지 지(知) 위주의 교육 즉 입시교육에 묶여 덕(德)이 무시된 탓으로 보인다.

더욱이 대학입학시험에 합격하면 마치 지덕체를 모두 겸비한 대학생으로 곧장 받아들이는 풍토 역시 학업성적에 대한 엉뚱한 프리미엄에 우리 모두 둔감(鈍感)한 탓이 아닌가 한다. 전문지식을 축적한 박사(博士)가 되거나 전문지식 위주의 연구 및 전달을 전담한 대학교수가 되면 지식에 상응한 덕(德)을 갖춘 사람 마냥 사회적 대우가 달라지고 있음도 또한 모종의 프리미엄 같아 보인다.

아무튼 그 프리미엄 때문에 모두들 대학에 진학하고자 하고 학부모들의 열성 또한 드세어서 수험생 못지않는 과열경쟁을 치루고 있는 듯하다.

입시과목 위주의 교육이 지닌 문제점은 꽤 오래전부터 논의되었지만 그 해결 전망은 없어보이고 그 연장선상의 문제청소년 증가에 대한 대책 또한 미흡한 상태다. 학교교육이 이런 상태로 계속된다면 우리 사회의 앞날이 밝지 않을 것이라는 우려도 자주 듣게 된다.

고학력자의 지능적 범죄와 부도덕한 행위가 증가하여 큰 사회적문제로 부각될 즈음엔 우리사회의 도덕성 회복을 위한 대책은 더더욱 어려울 것이다. 부도덕한 일부 고학력자가 국가정책을 좌우할 수 있는 위치에 자리잡고 부도덕한 판단을 능사(能事)로 삼을 수 있기 때문이다.

그리고 학교엔 학업성적에 상응하는 프리미엄이 있듯이 사회에는 사회적 지위(地位)에 따른 프리미엄이 다양하다. 예컨대 어느 기업의 실무자인 총무부장의 경우 주어진 업무에 상응하는 보수 외에 채용·전보·승진 등 그 업무수행과정에 모종의 프리미엄이 예상된다.

하물며 대통령의 경우 헌법과 법률 등으로 정한 권한을 행사하는 과정에서 그 권한행사의 적법성보다 도덕성 여하에 따라 프리미엄의 종류와 폭(幅)은 예상하기 힘들 정도다. 그래서 정실인사(情實人事)나 권력형 부조리·부패 등도 그 깊이와 폭을 예상하기 힘들 정도로 다양할 것 같다.

그런데 사회적 지위를 확보하기 위한 경쟁에 학력과 학업성적이 큰 변수가 되기 때문에 자연히 학업성적은 학교안에서도 모종의 프리미엄을 미리 형성하게 하는 것이다. 즉 성적이 좋은 학생이 장차 프리미엄이 많은 사회적 지위를 확보할 가능성이 많기 때문에 후일 그 프리미엄의 후광에 편승하고자 하는 심리 때문에 역으로 거슬러 학창시절부터 예상되는 프리미엄을 미리 맛보게 된다는 얘기다.

이런 상황에서 입시경쟁의 과열 그리고 그 과정의 하나인 과외수업을 누가 감히 막을 수 있을 것인가! 기대할 수 없는 일이다. 이를 막으면 음성화되어 더욱 거짓스러울 뿐이다.

사회적 지위에 따른 모종의 프리미엄은 극히 자연스러운 것인지도 모른다. 그러나 그것이 도덕성을 결여할 때 그 부작용은 심각하다. 이것이 문제다. 역대 정치권력의 부패상을 연상해보면 쉬이 납득이 갈 것이다.

근래 공직자에 대한 특별 사정(司正)과정에서 노정되고 있는 비리와 부정은 빙산일각(氷山一角)일 뿐 그 근저의 발본색원(拔本塞源)은 역대 정권(政權)마다 늘상 엄포로 끝나왔다. 그런 의미에서 우리 사회가 혹시 도덕성이 결여되기 쉬운 프리미엄에 깊이 길들여지고 맛들여져 있지나 않은지 돌이켜 볼 일이다.

입시(入試) 위주의 교육이 지닌 문제점과 그 연장선상의 도덕성이 결여된 프리미엄이 몰고 올 파국을 지금부터라도 진정시키려면 학교교육은 덕(德)을 바탕으로 한 지(知)와 체(體) 즉 지·덕·체가 조화를 이룬 교육이 되도록 획기적인 교육개혁이 요청된다 하겠다.

이는 화염병과 최루탄을 줄이는 길이기도 하고 세종대학과 같은 학내소요나 참교육(?)을 내세운 전교조 문제를 근본적으로 해결하는 방안이기도 하다. 아울러 범죄·과소비·퇴폐풍조·부정·비리·부패 등등 온갖 사회적 부조리를 예방하고 퇴치함은 물론 우리 사회의 도덕성 회복을 위한 지름길임도 유념해야 한다.

덕치(德治)에로의 정치 발전 또한 예서 시작될 수 있음도 첨언한다.

—1990. 7. 9—

짝 사 랑

　30여 년 전 중3 때 일로 기억된다. 난생 처음 보는 커다란 책을 지니고 가는 여학생이 눈길을 끌어간다. 나보다 공부를 훨씬 잘하는 학생인가 보다 하는 생각이 일어 일순 풀이 죽는다. 그리고 부러운 생각으로 그녀의 뒷모습을 한동안 지켜본다.

　누굴까 하는 궁금증이 여러날 이어진다. 다시 마주칠 즈음엔 그녀의 얼굴을 유심히 본다. 의외로 예쁘다는 생각에 숨이 약간 막혀온다. 공부도 잘하고 예쁘기도 한 그녀를 마주칠 수 있는 기대와 설레임이 증폭된다.

　그러던 어느 날 피아노 소리가 울려나오는 골목길을 지나치면서 호기심에 찬 눈길을 던진 순간 건반을 두드리는 그 여학생을 보았다. 피아노가 드물었던 시절이라 선망의 눈길이 가슴을 죄어온다. 예능에 자질이 없는 나로서는 그녀가 공부만 잘하는 게 아니라 피아노도 잘 치나 보다 하는 생각이 더욱 그녀를 우러러보게 한다. 무어라고 말을 해야겠는데 마주치면 입이 열리지 않는다. 그런 상황은 언젠가는 또 마주치겠거니 하는 설레임과 말 못하는 답답한 아쉬움으로 이어진 채 꽤나 오랜 세월이 흘렀다.

　그녀에 대한 그리움은 환상의 나래질을 하며 나의 이상적인 여인상을 그리게 한다. 환상속의 이상적인 여인과 그녀가 뒤엉켜 현실 속의 그녀로 향한 그리움을 더욱 부채질한다. 그럴수록 그녀는 나와는 너무나 동떨어진 우러러뵈는 존재여서 그리움은 두터워지고 말문은 더욱 막혀서 짝사랑의 고뇌에 시달려야 했다. 홀로 그리워하는 허전함을 메꾸려고 스스로 그리는 이상적인 여인상 때문에 현실 속의 그녀에게 도저히 접근할 수 없었던 안타까운 세월은 그녀가 갖고 있던 커다란 책이 피아노 교본이었음을 알게 될 때까지 이어졌다.

사랑은 착오에서 싹튼다더니 피아노 교본에 기가 꺾여 오랫동안 환상의 나래에 실려 보낸 세월을 생각하며 부끄럽고 억울하기 그지없어 다시는 어리석은 짝사랑을 하지 않을 거라고 자책의 다짐을 여러 번 했다.

모든 것은 마음의 지은 바[一切唯心造]라더니 착오에 기인한 환상의 나래에 실려 안타까운 그리움과 말 못 하는 답답함으로 홀로 애태운 사연은 사랑과 인식의 첫 출발 치고는 멋적어 때때로 쓸쓸히 웃곤 했다. 그러나 안에서 새는 바가지는 밖에서도 샌다고 나의 짝사랑병은 대학 1학년 때 도졌다.

이번에는 같은 학년의 미대생에게로 향한 그리움이었다. 그림에 재주가 없는 나보다는 그림을 잘 그릴 거라는 것 이외에는 그리움을 일구어 낼 사연은 없었다. 미대생 중에 여학생이 그녀 혼자가 아니었고 예전처럼 착오를 불러 일으킬 요인도 없었다. 그저 숙세(宿世)의 연(緣)으로 인한 맹목적인 것이었는지 모른다.

서울의 봄은 신입생들의 활달한 호기(豪氣)에 밀려 잠을 깬다던데 동숭동 대학가에 찾아온 봄탓이라기엔 첫 짝사랑의 고통이 아직도 생생했다. 먼 발치로나마 그녀의 결함을 찾아 그녀를 잊고자 안간힘을 쓰면서도 문득 그리움이 밀려오고 우연한 마주침에 놀라 멍하니 바라보는 바보노릇을 세월만 가라고 스스로 달랬다.

첫 짝사랑은 그리움이 환상적 나래를 펴면서 이상적인 여인상을 창출해 낸 나머지 현실의 그녀를 이상적 여인으로 착각하게 하였다면 이번엔 그리움을 스스로 부정하고자 그녀의 현실을 애써 비하하려고 하였다. 그야말로 극에서 극으로 치달린 나머지 실현 가능성이 많았던 사랑마저 짝사랑으로 팽개쳐야 했던가 보다. 돌이켜보면 설익은 짝사랑에 대한 피해의식 때문에 사랑마저 기피하고 포기한 사연 또한 부끄럽고 억울하기 그지없다.

오늘따라 개나리가 곱기도 하다. 산마루로 향한 시선엔 화사한 단장을 뽐내는 진달래가 함성을 지른다. 그 옛날의 얘기를 다 토해내라고 아우성친다. 환상의 나래에 다시금 실려가고픈 그리움이 피어오른다. 갑자기 훤히 넓혀진 의식 속에 짝사랑의 사연이 자리를 잡고 잊혀진 얼굴을 둘러싼 궁금증이 벚꽃망울로 이어진다.

짝사랑의 괴로움 그리고 못 이룬 사랑의 아쉬움도 아득한 세월의 삭임으로 아련하기만 하다. 그 아련함 속으로 속연(俗緣)에 얽힌 괴로운 사연들과 피로감이 녹아든다. 잔잔한 감동속에 삶의 싱그러움이 살며시 피어오른다. 되돌아갈 수 없는 청순함을 일깨우는 짝사랑의 사연이 순수한 아름다움으로 밀려온다. 생각하기조차 부끄럽고 괴로운 짝사랑의 사연 속에 사추기(思秋期)를 다리미질하는, 잔잔하나 끈끈한 맑음이 고인다. 짝사랑도 사랑이라고 외쳐대는 것 같아 뒤돌아 본 순간 봄도 따라 웃는 듯 마냥 고운 숨결이 인다.

−1989. 4. 15−

어느 교정에서

목련이 봄맞이를 시작한 즈음이다. 새로운 희망이 꽃망울처럼 무한한 가능성을 마악 펼쳐 보이려는 벅찬 순간들로 설레임을 고조시킨다. 목련을 완상하는 여고생들의 모습 또한 목련과 다르지 않아 바라보는 이로 하여금 옛날을 회상하게 한다. 저 아이들의 꿈과 맞닿아 있던 시절의 희망이 새로운 꽃망울로 다가오는 환상에 사로잡혀 꿈꾸듯 목련을 바라본다.

그 환상의 뜨락을 비집고 한 여인이 지친 걸음으로 교정을 들어선다. 교무실에 다다라 한순간 망설인다. 심호흡을 하고선 딸아이의 담임선생님을 찾는다. 딸아이가 학업을 계속할 수 없는 사정을 얘기한다. 입학한 지 한 달도 채 안 된 딸아이의 자퇴(自退)사연이 안타깝기만 하다. 나이에 비해 훨씬 늙어 뵈는 여인의 지친 얼굴에 드리운 짙은 우수가 무겁다.

담임선생님은 간절한 어조로 음성을 낮춘다. "학비 때문이라면 학교측에서 달리 방안을 강구해보겠습니다. 하오니 다시 한번 생각해보시지요."

여인은 눈을 감으며 옅은 한숨을 조용히 쉰다. 그리곤 이슬이 맺혀 흐려진 시선을 떨구며 울먹이는 음성으로 "선생님의 뜻은 고마우나 딸아인 먼 도시로 가서 이미 취업을 하여 출근하고 있습니다. 병들어 늙고 가난한 홀어미가 뒷바라지하는 게 무척 안스러웠던 모양입니다."하곤 말을 잇지 못한다.

　담임선생님도 옅은 한숨을 쉴 뿐 한동안 할 말을 잊는다. 안타까운 숨결과 무거운 침묵이 교무실을 메운다. 창밖엔 밀려오는 봄빛마저 머뭇거리는 것 같다.

　남의 농사일 거들고 땅 빌어 채전 일구어 겨우 밥이나 먹는데 그나마 병들어 눕게 되었으니 딸아이의 마음이 오죽했으랴! 그 딸아이가 취직을 했다 하니 담임선생님은 "그애 취직해서 돈을 벌면 실업학교라도 다시 다닐 수 있을 터이니 너무 상심하지 마십시오. 언젠가 웃으며 다시 만날 날이 있을 겁니다."하며 위로의 말을 건넨다. 가볍게 입술을 깨물며 "고맙습니다, 선생님!"하고 힘없이 흘려 보내는 말을 겨우 맺고 그 여인은 교무실을 나선다.

　지친 걸음을 조심스러이 이어가는 그 여인의 발걸음이 교문에 다다라 아쉬운 듯 뒤돌아 본다. 고개를 떨구며 돌아서는 그 여인은 하염없이 울며울며 가고 있는 게 분명했다. 화사한 봄맞이로 분주한 몸놀림을 하던 목련 한 송이가 채 피지도 못하고 꽃망울째 힘없이 떨어져나간 듯하여 봄을 기리는 나의 가슴을 텅 비게 한다.

—1992. 4. 10—

　〔후기〕 교직을 천직으로 삼는 아내가 탄식조로 들려준 얘기를 글로 옮겨 보았다. 이 얘기를 통해 과소비와 호화·사치의 자제를 촉구하는 구호가 남발되고 있는가 하면 학비가 없어서 학업을 중단하는 이웃이 있음을 본다. 각 종교(宗敎)가 자비와 이웃사랑을 그처럼 외쳐대건만 한갓 듣기 좋을 뿐 그 실현은 아마득해 보인

다. 함께 즐거운 사연으로 모두 웃으며 살 수 있었으면 하는 아쉬
움이 인다. 그리고 언제쯤에나 그런 세상이 될지 기다려진다.

—1992. 4. 12—

객 기(客氣)

　밑도 끝도 없이 우쭐거리던 대학 1학년 때의 일이다. 학과 선택에 대한 회의로 갈등이 일곤 있었지만 그래도 입시(入試) 부담에서 해방된 자유를 만끽하던 즈음이다. 다들 열심히 공부하는 수업시간에 슬그머니 나와 혼자 운동장을 거닐어 보기도 하고 막걸리를 마시고 넓다란 대학구내에서 고함도 질러 보기도 한다. 내버려진 방일(放逸)을 자유로 착각한 행동은 한번 해본다는 이상의 의미가 없었던지 즐겁지도 않았고 곧 싫증이 났다.

　무한정의 자유를 만끽할 수 있을 것 같았던 대학의 봄은 별 게 아니고 이렇다 할 흥미거리가 없어서 교실로 되돌아오는 쑴스러움에 비애를 느끼게 되었나 보다. 모종의 불만에 싸여 거친 방황이 시작된 셈이다. 방일과 자유의 경계를 드나드는 호방함을 높이 사려는 객기(客氣)로 이곳저곳 하릴없이 기웃거린다. 그래서 객기와 공허감만 불려지고 있었던가 보다.

　그러던 어느 날 외딴 구석에 자리한 구내 이발소에서도 그 객기가 고개를 내민 사건이 생겼다. 면도사 아가씨의 실수로 면도날이 스친 거다. 따갑고 쓰린 순간 짜증을 벌컥 낸다. 아가씨가 당황하자 주인 아저씨가 걱정스런 표정으로 다가서며 죄송하다고 대신 사과를 한다. 그래도 내 표정은 험악할 대로 험악했던가 보다. 그 무렵엔 내 옆차기 솜씨가 같은 또래 유단자들도 선망할 정도였고 몸놀림 또한 꽤나 날렵해서 곧장 밀어부칠 것 같은 위압감을 주었는지도 모른다.

주인 아저씨도 당황한 듯 몸놀림이 조심스럽게 비쳐온다. 면도사 아가씨는 기어드는 목소리로 죄송하다며 굳은 표정으로 조용히 바깥으로 나간다. 순간 연민의 정이 인다. 다소 위압적인 음성이긴 하나 "약이나 좀 발라 봅시다."하며 무거운 분위기를 약간 푼다. 그제서야 서랍을 뒤진다. 약이 없는지 잔일을 거들어 주는 젊은이가 약국으로 달려간다.

기다리는 시간이 짜증스럽다. 침묵의 무게가 다소간 느껴진다. 일손을 놓고 기다릴 수도 없는지라 주인 아저씨는 민망한 표정으로 다른 이의 머리카락을 자른다. 가위소리가 침묵을 안아 들인다.

이발비를 사양하며 연고를 손에 쥐어 주는 주인 아저씨의 표정은 참으로 미안하다는 말 그대로였다. 그때사 있을 수 있는 실수에 대해 내가 너무 지나친 반응을 보인 것 같다는 아쉬움이 인다. 그 아쉬움이 미안한 생각으로 이어진다.

서푼 짜리 주먹을 믿고 그 조그만한 공간에 턱 버티어 선 채 험악한 분위기나 일구려고 운동한 꼴이 된 좀스러움이 인다. 면도사의 실수는 용서될 수 없다는 듯이 짐짓 굳은 표정을 짓고 있으나 마음속엔 온통 부끄러움으로 아우성이다.

두고 사용하라며 연고를 돌려주고 이발소를 나서는 걸음엔 맥이 풀린 듯하다. 문밖엔 면도사 아가씨가 아직도 자신의 실수에 대한 당혹감과 자책감으로 표정이 굳어 있다. 그 애처로운 모습을 애써 못본 체하며 면도사의 실수는 용서될 수 없다는 듯이 곧은 걸음으로 그녀를 지나쳐 걷는다.

기어드는 목소리로 죄송하다는 그녀의 음성이 모기소리마냥 가늘게 귓전에 전달된다. 내 마음속엔 연민의 정과 부끄러움이 교차되어 허우적거리는 자신의 모습이 역력하다. 그러나 못들은 체 고개를 바로세우고 내친 걸음걸이로 그냥 그녀 곁을 멀리 떠나간다. 그녀로 하여금 영영 미안한 생각에 얽매이기라도 하라는 듯이.

그런 일이 있은 지 얼마 후 객기(客氣)로 방황하던 캠퍼스를 한 학기도 채우지 못한 채 다른 대학으로 옮겼기에 그녀를 다시 대할 기회는 없었다. 그날 이후 어언 30년의 세월이 흐른 이즈음까지 그날의 사연이 간간이 떠오를 제면 그때 그녀를 위로해주지 못한 아쉬움이 증폭되곤 하여 부끄럽기 그지없다.

그날 일로 그녀가 얼마나 속이 상했을까를 생각하면 나는 어쩌면 그렇게도 여유가 없는 악동(惡童)이었는지 스스로 의아해한다. 대학생이 된 게 뭐가 그리 대단하다고……. 그리고 그녀의 실수가 도저히 용서될 수 없는 사연도 아닌데 왜 그렇게 악동처럼 끝마무리를 했는지 이해가 되질 않는다.

그 옛날로 되돌아갈 수만 있다면 그녀에게 용서를 빌고 싶다. 지성인(知性人)이라는 대학생의 소갈머리가 그녀에게 얼마나 역겹게 비칠까를 한순간이라도 생각했더라면 아마도 오늘과 같은 후회와 자책감으로 아쉬움을 토로하지 않아도 되었을텐데…….

'환갑(還甲)이 되어도 철이 들 것 같지 않다.'는 농담은 나에게는 해당되지 않는 말로 예사롭게 흘려들었지만 지금 생각하니 그건 나를 깨우치기 위한 말씀이구나 싶다. 지난 사연 중에는 아직도 부끄러움을 미처 깨닫지 못한 사연이 더 많을 터이기에 말이다.

어쩌면 그녀는 잊었을지도 모르는 아마득한 옛 사연이긴 하나 이글로써나마 그녀의 용서를 빌고 싶다. 그리고 가급적 환갑이 되기 전에 부끄러운 사연을 모두 깨달아 참회할 수 있기를 바라는 마음 간절하다.

―1991. 6. 19―

운수 좋은 날

　교직에 첫발을 들인 후 번다하게 여긴 사항 중 하나는 출결확인이었다. 학생들의 이름을 주욱 외어서 결석자만 확인하면 편리할 터인데 게을러서 그게 잘 되질 않았다. 그렇다고 한두 명 결석자 때문에 출석자 이름을 모두 부르기도 번다한 노릇이었다. 그래서 내키는 대로 몇몇을 불러 확인 후 용케 한 명이라도 찾아내면 그것으로 만족하고 출결확인을 끝낸다.

　그리곤 약간 멋석은 듯하여 한 마디 변명조로 덧붙인다. "사노라면 운수 좋은 날도 있기 마련이다. 이 학과에도 오늘 운수 좋은 학생이 있겠다. 그지!" 하며 확인되지 않은 결석자를 운수 덕으로 돌린다. 그리고 옛날 얘기 한 토막을 편다.

　대학 3학년 때 일이다. 졸업생 환송회를 마치고 어울려 다니다가 야간통행금지 위반으로 경찰서 보호실에서 하룻밤을 지내게 되었다. 난장판 같은 보호실엔 머무는 사연도 각양이다. 우린 학생이고 또 숫자가 많아서인지 대표자 한 사람이 조사에 응했다.

　이튿날 즉결심판에 회부하고자 담당 경찰이 개개인을 대조 확인하는데 심판대상자 명단엔 7명이 기재되어 있으나 실제인원은 9명이었다. 그래서 그 경찰이 두 학생에게 "당신들은 뭐요?"하고 의아해서 퉁명스럽게 묻는다.

한 친구가 "아, 우린 친구들 면회 왔습니다."하고 태연하게 답한다.

그러자 그 경찰은 "여보시오! 면회를 왔으면 밖에서 기다려야지 여기까지 들어오면 어떻게 해, 빨리 나가시오!"하고 한심하다는 듯이 나가라고 손짓을 한다. 두 친구는 제법 미안한 표정을 지으며 우리에겐 나중에 보자며 작별 인사를 한다.

생각지도 못한 일이어서인지 재치있는 임기응변에 다들 아무 말 없이 지켜만 본다. 그 길로 경찰서를 나선 두 친구는 아침 해장을 하며 실컷 웃었겠고 다른 7명은 아침도 굶고 마포까지 가서 판사 앞에 달갑지 않게 숨을 죽여야 했다.

그 날 이후 '사노라면 더러 운수 좋은 날도 있기 마련이다.'라는 생각이 두고두고 잊혀지지 않았다. 그래서 출결확인을 대충하는 날은 '운수 좋은 사나이' 얘기를 깔고 웃어 넘긴다.

출석성적 평정만 없다면 그게 한결 마음 편하고 또 제법 시원스런 선생으로 통함직하다. 그러나 늘상 웃어 넘길 수는 없다. 요행으로 운수를 믿고 장기 결석하는 학생을 제때 찾을 수 없기 때문이다. 아무튼 결석한 학생은 강의를 듣지 못하고 또 출석성적을 제대로 얻지 못하는 이중(二重)의 손해를 본다. 어떻게 보면 출석성적 평정은 다소 가혹한 착상인지도 모른다.

오늘따라 운수 좋은 날을 깔고 웃어넘기는 것보다 출결확인을 하지 않아도 결석하는 학생이 없을 정도로 박진감 넘치고 참신한 강의를 할 수 있었으면 하는 아쉬움과 소망이 교차된다.

-1991. 5. 4-

과 욕(過 欲)

　국가기술자격법에 의한 기능사1급 자격을 소지한 학생들이 학내 행사인 축제준비를 하느라고 밤을 도와 연등 만드는 것을 지켜 본 적이 있다. 기능사1급 자격소지자에겐 극히 단순한 작업이어서 쉬이 싫증을 느낄 터인데도 무엇에 홀린 듯 작업에 심취하는 모습에서 종교의 묘미와 저력을 절감했다. 하도 분위기가 좋아서 지도교수인 나도 연등을 만들며 산사(山寺)의 추억담과 경전 속의 말씀을 엮느라 밤 늦은 걸 잊었다. 단순 작업을 통한 몰입삼매(沒入三昧)의 즐거움을 맛본 셈이다.

　즐거운 감흥에 들뜬 나머지 작업이 끝날 즈음 내년부터는 기능사1급 자격소지자에게 걸맞는 작품을 만들어 보도록 종용하였다. 학생들도 기뻐하는 눈치다. 기능(技能)을 종교적 경지로 심화시켜 공예품을 만들 수 있는 신기(神技)를 터득하면 얼마나 좋으랴 하는 기대와 긍지를 일구어 주고 싶은 나의 뜻을 이해했기 때문이리라.

　그런데 그게 욕심같이 쉽질 않았다. 두 주일 정도 시간을 갖고 준비하는 축제에 출품하기엔 역부족이었다. 결국 남보기 좋으라고 덩치만 커다란 공작물을 만든 것으로 자족(自足)할 수밖에 없었다. 기대한 것만큼 고생한 보람이 없었고 지난해에 모두 어우러져 맛본 작업삼매와도 거리가 멀었다.

법열(法悅)은 가까이 지극히 단순한 것에 있는데 과욕을 부린 탓으로 진정한 멋과 맛을 모두 잃어 버리고 허세만 부린 꼴이 되었다. 그리고 신기를 터득하는 것은 종교적 경지의 심화와 기능의 성숙이 어우러져야만 가능하기 때문에 상당한 햇수가 필요하다는 걸 절감하게 되었다. 결국 돋보이고자 한 욕심이 지극히 단순한 진리를 잊고 허우적거린 어리석음을 연출했고 그 연출은 후회스러운 아쉬움만을 안겨준 셈이다.

오늘따라 함께 어우러져 연등을 만들던 밤이 새삼 그리워진다. 시간과 공간을 잊고 작업에 빠져든 묘미 또한 그립다. 그런 그리움이 학생들의 마음에 인(印)을 치면 언젠가는 그들의 신기로 나타날 것이기에 나는 설익은 공예품에의 기대를 버리고 그들의 마음에 인을 칠 추억거리를 심어주며 충분히 기다리는 여유를 음미해 본다.

대량생산 체제하의 공산품이 새로운 부가가치를 창출하는 공예품으로 탈바꿈되어 제3의 물결을 타고 세계시장을 석권하는 날까지 그 그리움이 끈끈히 이어지길 바라면서 이제는 다시금 그들과 연등이나 만들어야겠다고 생각하니 한결 마음이 흐뭇해지고 느긋한 여유가 밀려오는 것만 같아 즐겁다. 그래서 다시 챙겨본 '격려사'(1983. 5. 창원기능대학 축제에 즈음한)가 마음에 와 닿는다. 아래에 옮겨본다.

격 려 사

학창에 법등(法燈)을 밝힘은 세세생생 불연(佛緣)을 맺자함이니 밤을 도와 연등을 만들며 축제를 준비하는 학생들의 정성은 가히 빈자일등(貧者一燈)과 견줄 만하다.

　이 성스러운 밤에 부처님께서 사바세계에 오신 뜻과 깨우쳐 주신 진리와 그 가르침을 따라 수행하는 이들의 공덕을 기리노라면 밤도 숨 죽여 연등의 숨결에 귀를 모은다. 그 숨결을 타고 영원에 대한 그리움이 고개를 들면 불(佛)·보살(菩薩)과 같은 서원이 각자의 마음에 피어 올라 화합과 열락으로 사바세계도 그 자리를 잃어 버린다.

　이 추억에 간직된 법열이 학창을 떠나 번다한 세연 속에서도 늘상 하루 하루가 새로운〔一日新又一日新〕 즐거움으로 무한히 이어져서 오늘의 축제가 곧 여러분의 희망찬 미래라는 꿈을 모두에게 안겨 주길 기원한다.

　늘상 새롭게 느껴지는 겨려사가 되었으면 하는 바람이 오늘도 인다.

－1988. 2. 17－

행복한 고민

　강의를 매번 새롭게 하기란 힘들고 꼭 같은 내용을 반복하노라면 단순 작업만큼이나 무료함을 느끼게 된다. 이 가을엔 교직도 그렇게 선택된 직업은 아니라는 생각이 들어 새로운 출구를 모색하는 사색의 나들이가 잦아졌다. 그래서인지 예년과 달리 삼보[1]사찰(三寶寺刹)[2] 순례를 희망하는 학생수가 많다고 좋아하는 불교학생회장을 덤덤히 지켜본다.

　관광철이라 겨우 마련한 45인승 버스에는 당초 신청한 47명의 학생 중 30명만 출발을 기다리고 있어 수년간 계속해온 삼보사찰 순례도 어쩌면 바보스러운 일이 아닌가 하여 멋적은 웃음을 지어본다. 타대학 여학생의 동참을 기뻐하기보다는 기다리는 시간이 번거롭게 여겨지고, 단조로운 고속도로보다 아기자기하다는 국도를 택해 준 운전기사의 호의도 마음에 와 닿질 않는다.

　그러나 다소의 준비 부족, 예기치 않은 상황이 안겨 준 당혹감 등에도 불구하고 그 이상의 번다한 생각이 일지 않는 것으로 보아 나들이는 사람을 단순하게 해주나 보다. 목적지에 가까워질수록 지도교수라는 자신의 위치에 충실해진다. 멀리 가야산의 모습이 보일 즈음엔 출가를 열망했던 가람(伽藍) 특유의 어떤 힘에 끌려 회상에 젖기도 한다.

대학을 막 졸업하고 출가한 친구를 통해 나 자신의 출가 열망도 점검할 겸 한동안 머문 해인사의 가을은 무엇 하나 부족된 게 없었고 나의 열망을 새롭게 했다. 단풍, 낙엽, 밤을 깊게 울리는 도토리 떨어지는 소리 그 하나하나가 인생무상과 영원에 대한 그리움을 심화시켰다. 게다가 '뜻에 맞는 도반을 만난다는 건 도(道)를 거의 다 이룬 것이나 같다.'고 하며 은근히 출가를 권유하는 친구에게 끌리고 있었다.

그러나 정작 마음에 와 닿는 스승을 헤아릴 수 없었다. 아쉬운 마음으로 떠나올 즈음 뒤돌아 본 가야산은 그리움을 안겨 주었고 스승을 정하여 출가한 친구가 그렇게 부러울 수가 없어 하산(下山)은 심란하기 그지없었다.

버스에 올라 출발을 기다리며 이 생각 저 생각에 끌려 다니는데 안내양은 느닷없이 "에~에, 아저씨 스님이지요?"하고 힘주어 말하곤 웃는다. 버스 안을 살펴보아도 스님은 한 분도 없다. 자랄 대로 자란 더벅머리를 쓸어 보이며 나는 그참 이상하다는 표정을 지어본다. 그녀는 자기를 속일 수 없다는 확신에 찬 듯 웃으며 재미있어 한다. 더벅머리도 너절한 잠바차림도 그녀에겐 아무런 설득력이 없었다.

수수께끼같은 그 한 마디는 20년이 지난 이즈음도 나를 사로잡고 있는 것 같다. 그때 산으로 되올라가 출가(出家) 승려가 되었더라면 지금쯤 내 인생은 또 어떤 여정을 엮어가고 있을까 하는 회귀의 상념에 젖는 동안 차는 해인사에 와 있었다.

도량신(道場神)은 옛일을 허물하지 않으며 반기듯 끌어들이나 더욱 속된 모습으로 돌아온 나의 키는 자꾸만 작아지는 듯하다. 초라해지는 자신을 숨기기라도 하듯 대웅전에 엎드린다. 불상을 우러러 뵙는 동안 출가를 열망하던 옛 사연이 피어난다. 대웅(大雄)의 기개를 배우고자 턱없이 부풀어 있었던 나의 학창시절로 되돌아간 듯 심호흡을 하며 어깨를 한껏 벌린 채 돌계단을 내려서는 걸음에 힘이 솟는다.

어둠이 깔리는 산사의 뜨락엔 사찰(寺刹)의 예절을 익히는 학생들의 조심스런 걸음이 모여든다. 처음 절간에 들른 학생들에겐 가급적 편안하고 푸근한 나들이로 기억되었으면 하는 나의 바람이 뜨락을 싼다. 그래도 서툰 걸음이 많아 지도교수로서 부끄러움이 인다.

스님의 법문(法門)을 듣는 태도도 산만하다. 관광회원을 모집한 것 같아 후회스러운 생각이 스친다. 평범한 세간 이야기로 시작된 법문이 어느결엔가 무위법(無爲法)으로 접어든다. 바스락거리던 소리가 서서히 끊어지고 숨결도 밤을 따라 깊어만 간다. 예정된 시각을 가리키자 아쉬운 빛이 역력히 느껴진다.

갑자기 알고재비들이 툭툭 터져 나온다. 질문이 진지하다. 스님의 답변은 보다 근원적인 의문을 일깨우고 몇몇 학생들은 그 의문에 꿰인 듯 스님을 따라 방문을 나선다. 혹시 머리 깎는 건 아닌지 걱정된다. 관광객같은 녀석들이 저렇게 진지해지다니 부처님의 가르침은 참으로 위대하구나 하고 찬탄이 저절로 나온다. 나의 좌절된 출가의 열망이 다시금 부끄럽게 여겨진다.

밤은 깊어가고 가지런히 누운 학생들을 지켜보며 흐뭇해하는 자신의 모습에서 선생의 위치를 되찾는다. 그리고 그 옛날 하산(下山) 후 멀어져 간 산사의 밤을 이 학생들의 열성 때문에 되찾게 되니 새로운 발심에 취한다. 그래서 이네들은 나의 도반(道伴)인 양 미쁨이 인다.

　이튿날 산사의 짧은 밤을 새다시피 장시간 법문을 들은 몇몇 학생들이 해인사를 함께 떠나올 젠 안도감과 아쉬움이 교차되는 걸 느꼈다. 그들이 만약 출가하겠다고 버티었다면 내심 감동하면서도 그들의 부모님께 출가의 공덕을 설명해야 할 지도교수로서의 책임감 때문에 한순간 당황했을지도 모른다.

　그런 감동과 당혹감을 맛보지 못한 채 우리는 구례 화엄사로 향하고 있었다. 한가로운 88고속도로 주변의 경관 속에 되살아나는 해인사의 하룻밤 추억은 단조로운 고속주행의 지루함을 앗아 간다. 관광객 속에 뒤엉킨 화엄사의 한낮은 사찰의 건물구조를 살펴보는 절구경으로 끝났다. 웅장한 건물, 맑은 가을하늘, 신선한 산사의 공기 그리고 가을볕을 뒤로한 채 하동 쌍계사를 거쳐 칠불사에 당도하니 여정이 끝나가는 아쉬움이 뒤따라 다닌다는 걸 알았다.

　저녁 공양시간은 이르고 저녁을 지어 먹고 떠나자니 너무 늦을 것 같아 주지스님의 베풂을 마다할 수밖에 없어 다음 기회에 하룻밤 묵어 가기로 하였다. 이 험한 길을 따라 그처럼 높은 곳에 고찰을 복원한 통광 스님의 원력이 돋보인다. 전설적인 아자방(亞字房)도 복원되었으니 가락국시대의 옛 사연처럼 일곱 도인이 출현하여 현대위기를 극복해 줄 혜명을 밝혀 주었으면 하는 바람이 인다. 전설적 인물에 끌려 하룻밤이라도 묵어가고 싶은 영원에로 향한 그리움도 풋풋하다. 그러나 출발시각에 쫓겨 아쉬움을 떨구어 둔 채 남해 고속도로를 타고 귀가길을 서둔다.

　옅게 어둠이 깔려 온다. 일박이일(一泊二日)의 여정을 마무리해야 할 시각이다. 자연스럽게 소감을 나누며 서로의 느낌을 통해 자신의 부족됨을 채우는 순서가 진행된다.

첫 사찰 나들이에서 받은 신선한 충격을 말하는 신입회원의 떨림이 나의 가슴에 와 닿는다. 스님과 밤새워 캐 본 인간과 우주의 비밀을 나름대로 옮겨 보려고 애쓰는 학생들의 열의가 가상하게 밀려온다. 다들 진솔하게 소감을 털어놓는다. 학교수업에서 접하지 못한 색다른 세계가 신기하게 펼쳐진다. 다음 여정에 대한 기대가 지레 부푼다.

그 진솔함과 새로운 바람을 듣는 동안 지도교수라는 행복감과 책임감에 싸인다. 교직이 선택된 직업이 아니라는 생각은 행복에 겨운 사치스런 몸부림이었음을 절감한다. 만나자 이별하듯 학생들의 아쉬운 작별인사를 받는 동안 나는 생생하게 교직으로 되돌아와 있었다. 가르친다는 것은 배우는 것이라는 깨우침과 함께. 그래서 학생들과의 내일의 만남은 더욱 신선한 충격을 나에게 퍼부어 줄 것만 같은 전율로 한동안 그 자리에 머물러 있었다.

-1988. 3. 22-

---

1) 三寶 : 佛·法·僧
2) 三寶寺刹 ① 佛寶사찰 : (양산)通度寺 ② 法寶사찰 : (합천)海印寺 ③ 僧寶사찰 : (순천)松廣寺

지식은 책이나 구전(口傳)으로 얼마든지 전수 가능하다. 지혜로운
사유도 기록에 의하든 구전으로든 감탄하며 즐길 수 있다. 그러나
정작 춘란추국(春蘭秋菊)하듯 부담을 주지 않고 때와 상황에 맞는
지혜는 지혜로운 사유를 담은 책이나 이야기에서도 끌어낼 수
없다.

연단의 계절

제3부

하 산(下 山)

　　호롱불을 밝혀 들고 문행자(文行者)와 나는 하산을 하고 있었다. 눈길을 스쳐오는 밤바람이 유난히 차가웠고 희미한 등불에 의지한 조심스런 하산은 미끄러움을 더했다. 이따금 골짜기를 내달리는 세찬 바람소리는 다음 순간 적막을 고조시키고 그 적막감에 밀려 어느 결엔가 얘기가 터질 듯이 바람을 탄다.

　　"수도(修道)하려고 출가한 스님네들이 공부할 생각은 아니하고 그래 반찬 나쁘다고 타령이니 그게 어인 일입니까?"하고 나는 탄식조로 말문을 연다.

　　문행자는 "그게 다 중생심(衆生心)입니다. 개의치 마십시오!"하며 나를 달랜다.

　　스님네들의 반찬타령이 중생심이라면 그 투정을 지금껏 마음에 담아온 나의 탄식 또한 중생심이란 말씀이겠지 하는 생각이 스친다. 순간 부끄러움이 일어 들뜬 마음이 가라앉는다.

　　오늘따라 출가(出家)하고픈 열망으로 산사(山寺)를 찾았건만 나를 이끌어 주실 은사(恩師)스님은 계시질 않고 그래도 손님이라고 따로 챙겨준 내 밥그릇엔 쉰밥과 찬밥이 반반인데 대중방에 자리한 스님네들은 반찬타령만 풍성하다. 염불엔 맘이 없고 잿밥에만 맘이 있다더니 밥이나 잘 먹자고 출가한 것일까 하는 아쉬움이 인다. 그 순간 모처럼 어려운 결단을 매듭지어 주실 은사스님을 기다리는 초조로움이 짜증스러움으로 바뀌고 이런 구성원의 집단 속으로 출가하는 의미에 한순간 회의가 인다.

출가를 위한 그간의 강렬한 발돋움이 무너져 내리는 안타까움은 슬며시 하산을 촉구한다. 안타까움과 짜증이 뒤엉킨 탓으로 문행자에게 던진 질문은 극히 퉁명스럽고 비양대는 어투였으리라. 그런데 그게 다 중생심이란다. 숯이 검정 나무란다더니 대중스님들의 반찬타령을 탓한 부끄러움이 침묵 속으로 파고든다. 다행스럽게도 어두운 밤길이 무안으로 움츠러드는 나를 감싼다.

놀려 주기라도 하는지 골바람이 두어 차례 나를 두들기듯 지나간다. 그 바람에 눈길에 미끄러져 두어 길 굴러간다. 춤추던 호롱불이 꺼진다. 어두워진 시야에 하이얀 눈빛이 밝아져 온다. 호롱불이 비춰 주는 공간만을 지켜보느라 좁아졌던 시야가 확 넓혀진다.

고개를 들어본다. 세찬 바람에 맑게 씻긴 밤하늘이 곱기도 하다. 흘러내리는 별빛에 동화된 눈[雪]님이 밤길을 더욱 밝힌다. 갑자기 동행자가 늘어난 기분이다. 격의 없이 친숙해진 밤길 그리고 밤하늘, 뭇별, 눈빛[雪光], 골바람…… 한밤의 정적 속에 고요히 모여든 이들 동행자(同行者)는 문행자의 다음 얘기를 듣고자 아우성을 치는 것만 같다.

"문행자는 무슨 일로 이렇게 늦은 밤에 하산을 합니까?"

그는 말이 없다. 무거운 침묵이 흐르자 골바람이 세차게 독촉한다.

문행자는 걸음을 조금 늦추면서 "저는 어머님과의 약속을 지키기 위해서 고향집으로 가려고 하산합니다."라고 착 가라앉은 음성을 흘려 보낸다.

"무슨 약속인지요?"

"홀로 계시는 어머님께서 출가를 승락하실 즈음 '네가 꼭 출가를 하고자 한다면 계(戒)를 받기 전에 다시 한번 보았으면 한다.'고 말씀하시기에 그렇게 하기로 약속했습니다. 계를 받을 날이 가까웠으니 어머님을 뵈러 가야지요."

"그 일로 하산하는 데에도 은사스님의 승락을 받아야 합니까?"

"은사스님께서는 제가 귀가하면 되돌아오기 어려울 것이고, 또 어머님과의 그 약속을 지키는 것은 은애(恩愛)의 집착을 떨쳐야 할 출가자로서는 바람직하지 못하다고 귀가(歸家)를 만류하셨습니다."

"그런데 어떻게 하산을 하십니까?"

"은사스님께 재삼 양해를 구했습니다. 속가(俗家)의 어머님과의 조그만한 약속도 지키지 못하는 주제에 어찌 250가지의 계율(戒律)을 지키겠다고 감히 부처님께 약속드릴 수 있겠습니까? 하오니 계를 받기에 앞서 속연(俗緣)을 잘 마무리짓고 출가 수행자로서 떳떳이 생활하기 위해 잠깐 속가에 다녀오고자 함이지 은애에 연연해서가 아니옵니다 라고 말씀드렸습니다. 그랬더니 은사스님께서는 '그럴테지!' 하시며 반승락을 하셨습니다."

바로 서고자 하는 예비수행자의 하산 사연이 가슴에 와 닿는다. 오늘 하루도 행자로서의 맡은 바 직분을 다하느라고 마지막 밤차로 귀가하는 그의 마음 씀씀이는 분명 중생심은 아닐테지!

다시 만나는 기쁨에 이어 더욱 진한 이별의 슬픔을 문행자의 어머님은 어떻게 감당하실지 궁금해진다. 눈물이 고여 온다. 중생심으로 찌든 나의 사연이 마냥 부끄럽다. 그 부끄러움 탓인지 더 물어 볼 말을 잊고 그새 익숙해진 밤길을 쫓기듯 내려오면서 더욱 떳떳하게 여겨지는 문행자의 하산길이 그렇게 부러울 수가 없다.

골바람도 깊은 생각에 잠겼는지 노래를 잊었고 별들도 잠잠하기만 하다. 둘만을 승객으로 맞아 서울역으로 향하는 시내버스에서도 우린 말을 잊었다. 하산은 함께 했지만 행선지도 목적도 서로 다른 그와 나는 어언 20여 년이 지난 지금껏 서로의 소식을 모르고 있다.

중생심으로 휘둘린 나머지 출가의 발돋움을 허물고 하산을 한 그밤 이후 나는 출가의 그리움을 파먹기만 하는 세월에 묻혔다. 그래서 그날의 하산은 나에겐 마지막 하산이 되어 버렸다.

그리고 문행자에게도 그날의 하산은 마지막 하산이었을 것이다. 왜냐하면 그의 출가 의지는 중생심을 여의었고 떳떳한 수행인이 되고자 속연을 마무리할 줄 아는 지혜와 여유를 가졌기에 그의 어머님의 사연이야 어떠했던 그는 은사스님과의 약속대로 분명 산사로 되돌아갔을 것이고 그 후론 하산할 사연도 그럴 필요도 없었을 터이기 때문이다.

문행자의 애기에 끌려 하산의 관성을 되돌릴 만큼 지혜롭지도 못했고, 또 중생심에 휘둘린 하산을 부끄러워할 줄도 몰랐던 나의 어리석음을 문행자는 무엇이라고 일깨워 줄는지 궁금하다. 이젠 훌륭한 성직자가 되었음직한 그와 함께 다시금 호롱불을 밝혀 들고 옛 길을 더듬고 싶다. 그리고 그날 밤같은 신선한 감동이 문행자와 같은 마지막 하산의 기회를 나에게도 안겨 주었으면 하는 바람으로 이 밤도 깊어만 간다.

—1988. 2. 16—

노 을

영원에 대한 그리움에 이끌려 출가 승려가 되고자 산사(山寺)와 대덕(大德)스님을 찾아 다니던 계절의 일이다.

탈속(脫俗)의 열망에 비례하여 속연(俗緣)도 더 강해만져서 방황의 늪은 깊어가고 단숨에 넘을 것 같았던 출가의 문턱은 자꾸 높아만 보였다. 긴긴 기다림의 세월을 삭이면서 속연이 여려지질 바랐으나 허사였다. 게다가 박복하고 미련한 소치로 산사에서 새어 나온 중생심(衆生心)에 한순간 휘말려 모처럼의 호기도 놓치고 말았다.

깊은 밤 세찬 골바람을 타고 하산(下山)한 날 영원에 대한 그리움이 무너져 내린 공간을 메울 길 없어 뜬 눈으로 밤을 지새웠다. 먼동이 터올 새벽부터 어디론가 마냥 걸어가고 싶은 충동은 눈망울을 더욱 초롱하게 했고 번잡한 서울을 벗어나고자 한강을 건널 즈음엔 영하 11℃의 첫 추위가 강바람을 매섭게 다루고 있었다.

피치 못할 속연에 대한 분노와 원망의 불길 그리고 영원에 대한 그리움을 마구 삼키려는 듯 세찬 역풍은 순간순간 한강교를 가로막곤 했다. 그러나 참담히 무너져 내린 그리움을 되찾으려는 안간힘은 바람을 안은 채 서울을 벗어나게 했다.

104

인천(仁川)으로 이어지는 국도엔 그 무렵만 해도 차량이 뜸해서 외로운 걸음이 제격이었다. 이따금 지나가는 차창 너머로 태워 주려는 친절한 눈길이 굉음(轟音)에 실려오지만 고개를 저으며 눈길을 아래로 떨군다.

시린 발끝이 곱아졌다간 녹고, 그리곤 다시 곱아질 정도로 걸음걸이는 순간순간 뒤끓는 내면의 갈등에 상응하여 빨라졌다간 느려지곤 한다. 그 지리한 걸음 속에서도 고무끈이 느슨해진 양말이 걸음 따라 조금씩 발가락 쪽으로 몰리듯 생각은 골똘한 구석을 향해 침잠하기 시작했던가 보다. 어린시절 별을 헤아리며 깊은 밤 고요한 적정에 휩싸이던 때처럼……

걸음이 잘 내키지 않아 넘어질 뻔한 순간 신발 앞쪽으로 두툼히 몰린 양말의 부피에 눌려 터진 발가락의 통증이 심하게 느껴진다. 얼마나 걸었는지 낯선 거리엔 해가 서녘을 향해 바쁜 걸음을 하고 있었다. 한동안 관성으로 망연히 걸었던가 보다.

끈을 풀어 조심스러이 신을 벗었다. 맨발에 더운 열기가 인다. 싸늘한 땅바닥이 시원하게 느껴진다. 맨발로 걷는 게 더 편안하여 걸음직하다. 몇 걸음이나 나아갔을까……. 걸음을 잊고 나도 잊었던가 보다. 추위도 배고픔도 잊은 채 고요한 침잠의 시간이 또 얼마나 지났는지……

한순간 까닭 모를 기쁨이 툭 터져오르며 긴 한숨으로 펴진 가슴엔 저녁 노을이 마냥 곱다. 그리도 분분하게 뒤끓던 원망과 분노의 열기는 어디로 갔는지 그리고 영원에 대한 그리움마저도 종적이 묘연하다. 오직 가던 길을 걸을 뿐 평온하고 아늑한 가슴엔 아무런 말도 없다. 싸전 앞 멍석에 그득히 쌓인 쌀은 더욱 하얗게 보였고, 인천의 야경은 밝기도 했다.

깨우쳐 주심에 이끌려 자주 발길이 머물렀던 보각선원(普覺禪院)엔 그날 따라 유난히 밤도 깊었지만 선사(禪師)는 도(道)가 가사(袈裟)에 있지 않으매 굳이 출가를 권하시지도 않았듯이 그 밤엔 산사(山寺)도 선사도 내겐 아무런 걸림이 되질 않았다.

20여 년이 지난 오늘따라 그 노을이고 싶다.

-1989. 1. 24-

인 수 봉

나는 막내라는 이유로 어릴 적에는 선친(先親)의 귀여움을 많이 받았다고 전해듣곤 한다. 그러나 어릴 적 사연이어서 이렇다 할 기억거리가 거의 없다. 내 기억엔 개막내가 될지도 모른다는 염려 때문에 사사건건 무척 엄격하셨던 것 같다. 예컨대 왕복 교통비를 주시면서 아껴쓰라고 하실 정도여서 필요한 물건이라도 가급적이면 외면(外面)하고 지내기가 일쑤였다.

그러다 보니 어떤 물건에 대해서건 특별히 갖고 싶은 충동이 거의 없었던 것 같다. 지금까지도 그런 타성에 젖어 있어서인지 꼭 필요함직한 물건이라도 가급적 후일로 미루곤 한다. 그래서인지 사진기나 만년필까지도 누군가가 선물로 주어서 갖게 되었지 직접 사질 않았을 정도로 물건에 관한 한 지극히 소극적인 사람이 되었다.

그런 내 일생에서도 꼭 갖고 싶다는 충동을 강렬히 느낀 물건이 하나 있었다. 대학 1학년 때였던 것으로 기억된다. 서울 지리에 조금 익숙해지면서 학우들과 우이동 백운대에 가보기로 했다. 우이동에 다다르자 우뚝 솟은 봉우리가 그렇게 좋아보일 수가 없었다. 난생 처음 본 인수봉을 갖고 싶은 강렬한 충동을 느낀 나머지 한동안 넋을 잃고 바라보고 있었다.

무엇에 끌려서인지 막연하나 처음 느껴보는 소유욕구를 나는 이해할 수 없었다. 가져야 할 필요성이나 실익이 전혀 없는 물건이기에 더욱 그러했다. 설령 내 소유라고 하여도 그 커다란 인수봉을 손아귀에 쥐고 만지작거릴 수도 없거니와 오르내리는 사람에게 입장료를 받는 돈벌이 따위는 아예 관심도 없었다. 기껏 먼 발치에서 우러러보는 즐거움이 있을 뿐 소유 자체는 실로 무의미하였기에 말이다. 아무튼 그 인수봉이 갖고 싶어서 틈틈이 백운대를 오르곤 했다.

그런 세월이 한 5년쯤 흘러서야 내가 인수봉을 갖고 싶어하는 이유를 분명히 알게 되었다. 그건 인수봉의 윤곽이 내겐 커다란 불상(佛像)으로 비쳐졌기 때문이다. 그렇다. 인수봉을 통째로 다듬어 불상을 조성하면 ①우선 그 끝자락에 위치한 청와대(靑瓦台)의 주인공은 후덕(厚德)하고 인자(仁慈)한 사람으로 바뀌어 나라와 국민을 위해 보살(菩薩)처럼 헌신할 것이고 ②다음으로 거대한 불상(佛像)이 '큰 바위 얼굴'되어 이를 바라보는 모든 사람은 스스로 부처님과 같이 되어야겠다는 서원(誓願)을 은연중 발(發)하게 될 것이며 ③세계 최대의 불상이 될 것이므로 국제적 관광명소가 됨은 물론 세계인의 마음에도 '큰 바위 얼굴'이 되어 불심(佛心) 가득한 평화로운 세계를 건설하는 지름길이 될 것 같은 생각이 확연히 떠올랐다. 그 순간 표현할 수 없는 법열(法悅)이 온 몸에 넘쳐 흘러 시간가는 줄 모르고 한동안 그 자리에서 인수봉을 우러러보고 있었다.

내 인생에 처음으로 지극한 소유욕구를 일깨운 인수봉을 불상(佛像)으로 조성하는 일은 머언 꿈속 사연이 될 정도로 나의 운명과 세월은 소시민적 일상(日常)에서 한 발도 내딛지 못한 채 어언 25년이나 흘렀다. 어쩌면 나의 꿈을 한 편의 글에 담아 다음 세대에게 넘겨 주어야 할 정도로 세속의 파고(波高)에 떠밀린 채 허우적대고 있는 나는 벌써 무기력한 나이가 되었는지도 모른다.

바라건대 잿밥에 눈이 먼 사람에 의해서가 아니라 염불(念佛)에 뜻이 있는 이의 주관하에 사부대중(四部大衆)이 인수봉을 불상(佛像)으로 조성하려는 '나'의 꿈을 '우리'의 꿈으로 삼아 주었으면 한다. 그리하여 우선 온당한 대통령감이라도 이 땅에 출현하시어 남북이 평화롭게 통일을 이루고 나아가 세계평화와 인류 모두가 함께 성불(成佛)할 날이 성큼 한 발 앞당겨졌으면 한다.

인수봉을 온통 불상(佛像)으로 조성하는 날이 오면 나의 소유욕 또한 한갓 속된 소유욕이 아니라 부처님 은혜를 회향(廻向)하고자 한 서원(誓願)이었음을 누군가가 힘주어 말해줄 것만 같다. 아니, 인수봉 그대로가 거대한 불상으로 우리 모두에게 비쳐진다면 굳이 석공(石工)의 다듬는 노고를 기다릴 필요가 없겠다. 그리고 문중(門中)이나 신도의 세(勢)를 과시하기 위해 은사(恩師)의 공덕비나 토굴에 연연하는 어리석고 거짓스러운 작태도 사라질 것 같다.

이글로나마 나의 꿈을 밝히니 무한한 기쁨이 새롭게 용솟음친다. 그날까지 인수봉을 '큰 바위 얼굴' 삼아 여생을 보내고 싶다.

—1992. 4. 12—

인술(仁術)과 방편(方便)

　방학 땐 더러 아버님의 일손을 덜어드리는 재미가 있었다. 약을 썰기도 하고 처방대로 약을 짓기도 하여 기다리는 환자들의 초조로움을 덜어 주는 기쁨도 맛보았다.

　그러던 어느날 형색이 초췌하기 이를 데 없는 환자가 들어선다. 그간 어깨 너머로 봐온 내 경험에 비추어 중환자임에 틀림없다. 명의(名醫)로 소문이 자자하던 아버님도 오랫동안 생각에 잠기신다. 침묵이 긴장감을 산포시 내비칠 즈음 "어려운 병일세!"하시곤 아쉽다는 듯 말씀이 없다. 환자는 기대감이 무너져 내리는 안타까움으로 탄식마저 가냘프다.

　한동안 무거운 침묵이 흐른다. 환자가 애원하는 투로 "선생님! ……"하며 아버지를 바라볼 뿐 말을 잇지 못한다. 한참 후 "꼭 살고 싶은가?"하고 물으시자, "네……."하며 반기는 환자의 음성과 표정은 자못 진지하다.

　저렇게 중병(重病)일까 싶어 나는 자신도 모르게 꽤나 긴장되어 있었다. "시키는 대로 한다면 약을 줄 터이고……."하시며 두어 차례 다짐을 받은 후 처방을 내어 주신다. 참으로 고맙기도 한 순간이어서 약 짓기가 여간 조심스럽지 않아 처방전을 짚어가며 약을 재삼 확인하여 성의를 다했다.

그런데 놀랍게도 약값이 너무 비싸다. 환자의 초췌한 형색은 그간의 투병으로 인한 고통 못지않게 가난으로 찌들고 있음을 역력히 엿볼 수 있었다. 저처럼 가난한 사람에겐 공짜로 약을 지어 주지는 못할망정 다른 사람보다 비싸게 받아서야 어디 인술을 펴는 의사라 할 수 있겠는가 하는 역겨움이 인다.

살 수 있다는 희망이 비싼 약봉지에 짓눌려 보인다. 한순간 당혹한 표정을 짓던 환자는 아무 말 없이 조심스러이 약봉지를 받아 든다. 측은하기 이를 데 없다. 오늘처럼 재미없는 날은 일찍이 없었다.

의사란 결국 허가낸 도둑이란 말인가. 그것도 명색이 명의로 소문이 자자한 나의 아버지마저도……. 화가 치밀기 시작한다. 참다 못하여 볼멘 소리로 가난한 사람에게 약값을 많이 받는 이유를 따져 물었다.

아버지께서는 태연하게 고개를 끄덕이시며, "그 환자는 게을러서 병이 더욱 깊어진 거야. 게으르면 가난해질 수밖에 없지……. 약값이 싸면 약을 성의껏 먹지 않을 사람이야. 병은 더욱 치료하기 어렵게 되고……. 약값이 비싸야 약단지 곁에 붙어 앉아 성의껏 다릴 터이고 또한 성의껏 먹겠지. 그렇게 부지런 떨다 보면 병이 빨리 낫고, 게으름도 치유되어 열심히 생활하게 되겠지…….

낸들 어찌 가련한 생각이 들지 않겠나! 그러나 의사가 인정에 끌리다 보면 병을 그르치고 환자를 더욱 고통스럽게 하기 쉽지. 그러니 의사란 병과 약만 알아서는 명의가 될 수 없어. 환자의 심상(心狀)까지 꿰뚫어 봐야 해. 그리고 적절한 방편에도 능해야 하지……."하시며 넌즈시 나의 표정을 살피신다.

다소 구차한 변명 같아 기분이 좋아지지는 않았지만 반론을 펼 만한 여유가 없어서 고개만 끄덕였다. 다만 그 환자가 쾌유하여 덤으로 치룬 약값을 되받아가게 되길 바라는 심정만 간절했다. 그 후론 방학도, 약짓는 일도 별로 즐겁지 않았다. 명의다운 방편을 수긍하지 않아서가 아니라 가난한 사람에겐 좀 색다른 방편이 구사되어야 하지 않을까 하는 아쉬움이 나의 마음속에 자리해 있었기 때문이리라.

이런 사연이 있은 지 수년 후 나도 중환자 취급을 받게 된 일이 생겼다. 충격적인 사건으로 인생에 대한 깊은 회의에 휩싸여 꿈을 잃고 긴긴 방황의 늪에 빠져 헤아나질 못하던 계절에 나도 모르게 병이 깊어진 것이다.

삶의 보람과 의미가 무너져 내린 공간엔 자포자기와 게으름 그리고 죽음에 대한 막연한 동경이 자라고 있었다. 이따금 제2한강교를 찾아 삶과 죽음의 갈림길 같은 강바닥을 응시했지만 강은 나를 맞이할 만한 흡인력이 없어 보였다. 그러나 황혼녘을 향해 달리는 태양을 따라 마냥 가고 싶은 충동은 장엄한 낙조(落照) 곧 죽음에 대한 동경을 더욱 부채질했다.

그런가하면 인적이 드문 쓸쓸한 교각에서 바라보는 저녁 노을은 귀소본능을 일깨웠고 입태이전(入胎以前)의 불가사의한 본자리로 돌아가고 싶은 그리움을 잔뜩 부추겨 주었다. 그래서인지 따라갈 수 없는 태양의 장엄한 낙조를 기리는 것보다는 스스로 생의 신비를 캐보는 것이 득책으로 생각되었다. 이는 죽는다고 해서 내가 지금 번민하고 있는 문제가 해결될 것 같지도 않았고 이 생[今生]의 고민보따리를 저승까지 구차하게 가지고 가고 싶지도 않았기 때문이었다.

인생의 근본을 바로 알아본 후에 죽어도 늦지 않으리라 생각되니 제2한강교에서 새로 태어난 기쁨이 저녁 노을을 안아들이기 시작했다. 그리고 입태이전의 신비를 알면 곧 사후의 세계에 대한 궁금증도 해결될 것 같아서 새로운 기대와 희망이 나를 붙들어 세워주고 있었다.

그러나 오랜 방황의 타성으로 깊어진 병을 지탱하기엔 인생의 새로운 기대와 희망은 아직 여렸다. 체중은 40킬로그램 남짓했고 바람이 좀 세게 불면 날려가는 기분이 들 정도여서, 부끄럽긴 하나 아버님이 계신 부산(釜山)으로 향했다.

막내라는 애련한 사연 때문인지 꾸지람은 없었지만 이렇다 할 배려도 없었다. 병에 대해 물어 보시지도 않고 측은한 내색도 하시지 않는 나날은 지겨우리만치 답답하기만 했다. 생의 신비를 캐고 싶은 그리움은 약이라도 먹고 기운을 차리고 싶은 소망을 싹 틔우긴 하나 약을 쥔 아버님은 말씀이 없으셨다.

약에 대한 기대를 버리고 자구책을 마련해야겠다는 몸부림으로 음성과 표정이 짜증스러운 광기를 띠기 시작했다. 이를 악물고 진땀을 흘리면서 등산을 하려고 나서 보기도 했다.

그즈음에 이르러서야 아버님께서는 나를 불러 비장한 어조로 말씀을 하신다. "내가 의사지만 네가 금년 여름을 넘길 수 있을는지 장담할 수 없다. 애비로서 어찌 너를 모른다고만 할 수 있겠느냐! 처방은 해 줄 터이니 네가 알아서 하거라."하시며 처방전을 밀어 주신다.

자애로운 어버이라기보다는 냉정한 의사로 내 앞에 자리하신 아버님께서는 이 여름에 내가 죽을 것 같다는 말씀을 담담하게 하신다. 입태이전의 신비 그 영원한 그리움을 두고 죽어야 한다니 아쉽고 안타까운 회한의 그림자가 짙게 밀려온다.

'오·헨리'의 작품 「경찰과 찬송가」의 주인공 '소오피'가 떠오른다. 범죄를 저질러서라도 교도소에서 따뜻하게 겨울을 보내겠다는 생각을 뉘우치고 새롭게 태어나는 순간 경찰에 붙들리듯, 죽으려던 생각을 바꾸어 새로운 기대에 부풀어 있는 내가 죽게 된다니 참으로 어처구니 없는 가련한 인생이련가!

절박한 상황이 삶에 대한 강렬한 의지를 한순간 맹렬히 자극한 듯 척추에서 갑자기 더운 기운이 확 인다. 전신에 퍼져나가는 전율이 느껴진다. 뭔가 달라질 수밖에 없는 변화의 조짐이 뚜렷해진다.

그날 이후 나는 약을 직접 달이고 힘겨운 등산을 해 가면서 때맞춰 약을 먹었다. 갑자기 부지런해진 거다. 영원에 대한 그리움과 더불어 삶에 대한 집념이 더욱 강해졌다. 그 길고도 힘든 여름이 지나자 나는 분명 살았구나 하는 확연한 기쁨을 맛보았고 이제는 생의 신비에 대한 새로운 꿈을 더욱 구체화할 수 있다는 기대감으로 설레고 있었다.

돌이켜 보면 선친(先親)께서는 자식에게까지 애련한 감정을 억제하고 의사로서의 본분을 다할 만큼 천직(天職)에 충실하셨던 것 같다. 앞서 초췌한 중환자를 자극한 방편을 나에게도 구사하신 걸 알았을 때 그 옛날의 아쉬운 감정이 다소 완화되었다.

그리고 사냥터에서 함정에 빠진 친구에게 화살을 쏘아 증오심을 자극하여 생에 대한 의지를 북돋우고 공포감을 극복하게 한 고사(古事)나, 도움을 청하고자 사찰(寺刹)로 기어든 부상한 검객(劍客)을 못 본 체하여 스스로 치료케 함으로써 회복을 앞당긴 사례를 통해 선친이 구사한 방편의 참뜻을 간파했을 땐 나도 모르게 고개를 끄덕이며 감탄했다. 아버지는 투병으로 얼룩진 나의 어린 시절은 물론 꿈을 잃고 죽음을 찬미하던 계절에 인생의 꿈을 되찾게 해 주시는 등 여러 차례 생명을 부여해 준 은인(恩人)

이라는 생각이 오늘따라 부모의 열 가지 큰 은혜〔十種大恩〕[1]를 되뇌이게 한다.

투병의 어두운 그림자가 다소 걷히고, 영원에 대한 그리움에 끌려 집을 나서려고 할 즈음 건네주신 쪽지의 내용은 지금껏 내겐 큰 등불이 되고 있다. 그 쪽지엔 "슬프다. 무엇이 슬픈고? 몸이 죽는 게 슬프다. 슬프고 슬프다. 무엇이 그리도 슬픈고? 마음이 죽는 게 더욱 슬프다."라고 적혀 있었다.

−1987. 9. 28−

---

1) 부모님의 열 가지 큰 은혜는 ① 잉태하여 지켜주신 은혜〔懷耽守護恩〕 ② 낳을 때 고통을 받으신 은혜〔臨産受苦恩〕 ③ 자식을 낳고 모든 근심을 잊어버리시는 은혜〔生子忘憂恩〕 ④ 쓴 것은 삼키시고 단 것은 뱉아서 먹여주신 은혜〔咽苦吐甘恩〕 ⑤ 아이는 마른 자리에 누이시고 자기는 젖은 자리로 나아가신 은혜〔廻乾就濕恩〕 ⑥ 젖을 먹여 길러주신 은혜〔乳哺養育恩〕 ⑦ 깨끗하지 않은 것을 씻어주신 은혜〔洗濯不淨恩〕 ⑧ 자식이 멀리 떠나가면 생각하고 염려하시는 은혜〔遠行憶念恩〕 ⑨ 자식을 위해서라면 나쁜 일도 마다 아니하시는 은혜〔爲造惡業恩〕 ⑩ 끝없이 자식을 사랑하시는 은혜〔究竟憐愍恩〕 등임〔父母恩重經에서 발췌〕

산 불

단풍구경이 절정을 이룬 마지막 주말을 소란스럽게 엮던 인파가 막차와 함께 종적을 감춘 산사(山寺)엔 갑자기 정적이 깔린다. 그리고 그 정적은 시시각각 두터워진다. 어느덧 밤은 깊어 고요를 더하는데 산사를 울리는 종소리가 화급하다. 엉겁결에 옷을 추스리며 방문을 열고 나선다. 차가운 늦가을 바람이 얼굴에 깔린 옅은 졸음기를 마저 쓸어간다. 산사(山寺)의 일상에 아직 익숙치 못한 객(客)인지라 어리둥설하여 한동안 멍청히 서 있다.

절간 식구들이 이것 저것 챙겨들고 나서는 방향으로 시선을 돌리니 스산한 밤바람을 타고 능선을 따라 불꽃이 타오르는 모습이 눈에 확 들어온다. 그제서야 나뭇잎 타는 소리가 들려온다. 바람을 타고 무서운 속도로 치달려오는 불길은 묘한 전율을 안겨준다. 불꽃에 비치는 능선 아래는 온통 칠흑 같은 커다란 어둠 덩어리일 뿐 윤곽마저 잡기 어렵다. 불꽃이 밝혀주는 얼마간의 높이 위도 또한 어둠덩어리다. 달도 별도 구름 속에서 잠들었나 보다.

어둠과 어둠 사이로 내달리는 불꽃은 전장(戰場)을 치달리는 병사들의 발빠른 돌진을 연상케 한다. 전장의 한복판에 덩그러니 던져진 것 같은 공포가 어둠과 뒤엉켜온다. 소문으로만 듣던 산불, 그것도 한밤중에 맞이한 생소함 탓인지 겁없이 닥치는 대로 불씨를 털어 버리려고 설친다. 땀이 배이고 몸이 풀려서인지 첫 순간에 느낀 전율이나 어둠을 가르는 불꽃의 신비로움은 종적이 묘연하다.

많은 사람이 일시에 숙달된 솜씨로 매달린 덕분인지 생각보다 일찍 산불은 진화되었다. 다소 싱겁게 끝난 때문인지 처음 경험해 본 산불의 신선한 충격도 다음 순간엔 줄여진 수면시간을 어떻게 채울 것인가 하는 게으른 일상으로 퇴색된다. 투덜거리며 잠자리로 돌아가는 길바닥엔 발걸음 소리가 무겁게 깔린다. 수고했다는 인사가 이젠 잠자리에 들어도 좋다는 자장가로 들릴 만큼 짧은 듯한 시간에 다들 혼신의 힘을 기울였음직하다.

잠자리에 들면 곧장 꿈나라를 헤맬 것 같았지만 어둠을 가로질러 춤추듯 내달리던 불꽃의 행진이 떠올라 쉬이 잠을 이룰 수 없었다. 처음 본 산불의 모습과 긴장된 분위기가 새로운 전율을 내게 안겨주었기 때문이지 싶다. 한동안 그 전율을 타고 어릴적 사연이 피어 오른다. 이른 새벽녘이었다. 졸음에 겨워 눈을 부비며 이웃 친지의 손에 이끌려 열차에서 내리는 순간 싸늘한 밤공기가 볼을 스치던 플랫홈엔 어두컴컴한 전등이 아물거려 낯설고 외딴 미지의 세계에 온 긴장감이 옅은 전율을 느끼게 했다.

그리곤 몇 해를 뛰어 넘어 일곱살적 6·25가 펼쳐진다. 하필이면 인민군 점령지역으로 피난을 가게 되어 따발총 앞에 움추러든 어른들의 모습을 보고 의아해 한 사연과 내 눈 높이로 세차게 오줌을 내리갈기던 장총잡이 빨치산의 옆모습이 생생히 떠오른다. 평소와 다른 낯선 상황이 일구어낸 긴장과 전율이 오늘밤 산불이 안겨준 전율과 맥이 닿았나 보다.

제법 초롱초롱한 기억에 쫓겨가던 잠이 피로 탓인지 어느결엔가 가깝게 밀려온다. 마악 잠이 들려는 즈음 다시 소란스런 움직임이 인다. 또 무슨 사연인가 하는 궁금증에 끌려 방 밖으로 나선다. 산불이 다시금 춤을 추고 있다. 밤 바람이 불꽃 아래 잠든 불씨를 깨웠나 보다. 이젠 밤새우게 됐다며 원망과 분노가 실린 발걸음으로 다들 산불을 향해 내달린다.

어둠 속에서 잿더미에 꼭꼭 숨은 불씨마저 다 찾아내기란 불가하기에 이젠 날이 새길 바라는 심정이 앞선다. 달콤하게 찾아온 졸음을 팽개친 아쉬움과 지리하게 다시 시작한 불끄기가 어쩌면 신세타령을 자아냄직할 정도로 시간이 흘렀다. 갑자기 낙엽지는 듯한 소리가 좌악 퍼진다. 순간 움찔 놀라 불끄던 손을 멈춘다. 산사(山寺)엔 때이른 첫눈이 세차게 내리기 시작한 거다. 다들 환호성을 지른다. 산불을 대신 꺼줄 구원병이 임무교대차 대거 몰려온 셈이다.

다시 돌아온 잠자리는 두 다리 쭈욱 뻗고 세상만사를 잊을 만큼 갑자기 태평스러운 안온함이 감돈다. 얼마나 깊이 잠들었던지 산사(山寺)의 밤은 한결 더 깊고 고요한 새벽을 맞이했던 것 같다.

한나절이 지난 즈음 큰절 스님네로부터 간밤에 산불이 난 사연이 전해졌다.

"글쎄 이 사바세계는 괴로움을 참고 견디며 살아가야 하기에 인생살이가 다 고달파서 고해(苦海)라 한다고 알아듣게끔 설명했는데도 별스럽지 않은 고민거리로 죽겠다고 극약을 먹다니 원……. 그래 죽자고 약을 먹었으면 조용히 죽을 것이지 속이 아프다고 고함깨나 지른 모양이나 산은 깊고 어두워서 어디가 어딘지 알 수가 있었겠어……. 사람이 통 오질 않으니 성냥불을 그어댄

모양이야. 밤새도록 온 산중을 북새통으로 만들고, 그래 불 끈다
고 모여들 가보니 고통에 겨운 신음소리가 어찌나 큰지 원…….”

“아니 저런, 그래 어떻게 되었어?” 성급한 스님이 숨 넘어가듯
묻는다. “대구로 급히 실어 날랐지요.……뭐, 생명은 건진 모양인
데 위(胃)가 녹아서 살아 가자면 꽤나 고생하겠다더구만요!”

“하, 그래도 살았다니 천만다행이군…….”

간밤에 고생한 사연을 다들 잊고 어중간한 자살극의 주인공에
대한 연민의 정이 좌악 번진다. 산중(山中) 인심은 이래서 좋은
가 보다.

돌이켜보면 마음 속에 번지고 있는 탐진치(貪瞋痴) 삼독(三毒)
의 불 이른바 심화(心火)를 끄고자 출가(出家) 수행하는 스님네
들에게 젊은 객기로 방황하던 한 속인(俗人)의 자살극으로 빚어
진 산불을 끄게 한 것은 분명 비경제적였지 싶다. 청춘을 불태워
순도 높은 마음의 등불을 밝혀 육진(六塵) 경계에 탐착하는 마음
의 불〔心火〕을 잠재우고자 한 수행인에게 산불〔山火〕을 끄게 한
것은 어쩌면 큰 죄업인지도 모른다. 산불을 끄면서 마음속의 불길
을 함께 다스린 스님이 있었다면 모르되.

어언 25년 전의 일이나 그 밤의 고요와 바람 그리고 산불이 다
시금 되살아난 듯하다. 눈(雪)이 마악 내리는 순간에 좌악 번지
는 소리 또한 생생하다. 이러할진대 과연 시공(時空)이 존재하는
것인가 하는 의문과 벗하여 이 밤도 깊어간다.

−1992. 6. 29−

가늘어진 숨결

출가(出家)의 문턱을 향해 조심스러운 발돋움을 하며 대학생수도원(大學生修道院)에 머물던 즈음의 일이다. 혼자라는 홀가분한 행복감이 이따금 외로움을 살포시 안아들이기 알맞은 어느 가을, 비구니[女僧]들만 사시는 청계암에 밤떨이 운력(運力)을 도우러 갔다.

모처럼의 나들이는 호기심 반, 운력 후의 특식에 대한 궁금증 반으로 걸음도 가벼웠다. 마치 들길을 거니는 기분으로 성큼 다다른 청계암 뜨락엔 가을볕이 한창 속삭이듯 쏟아지고 있었다. 그러나 북향(北向)을 하고 있는 암자 뒷자락엔 벌써 겨울이 차갑게 다가오고 있는 듯했고 일손이 모자라서인지 퇴락된 암자는 쓸쓸함을 더했다.

나즈막한 산등성이를 사이에 두고 너무나 동떨어져 산 사연이 기이할 만큼 서로를 몰라 수인사하기 바쁜 원생(院生)들을 노(老)스님은 정중히 맞는다. 그러나 갑자기 남정네들이 득실대서인지 고요한 사중(寺中)은 어수선하기 이를 데 없다. 젊은 여(女)스님네들은 당황하는 눈치다. 그들은 계(戒)를 지키는 차분한 수행인(修行人)이긴 하나 항상 사람을 두려워하는 여인(女人)으로서의 삶을 엮어 온 업습(業習)의 어느 자락이 아직은 덜 여려서인지 예

예스러운 두려움이 한순간 수줍음으로 되살아난 듯 묘한 분위기에 휩싸인 것만 같다.

아스라, 어느 결엔가 노스님의 준엄한 눈빛과 침묵이 스치자 젊은 스님네들은 잿빛 모습으로 꼿꼿이 제자리로 돌아간다. 멋적어진 순간을 재빨리 털고 일어서는 길은 역시 본래의 목적에 충실하는 것이어서 누군가가 노스님께 우리의 할 일을 여쭙는다. 노스님은 경계의 눈길을 늦추지 않은 채 젊은 스님네들에게 작업준비를 눈짓하신다. 곧이어 우린 스님네들이 준비해 주신 장대며 낫·광주리 등을 챙겨서 밤나무 아래로 삼삼오오 분산하여 밤떨이에 신바람을 일군다.

언제 우리가 청춘남녀였던가! 맑은 가을 하늘처럼 티없이 깨끗한 삶을 영원히 가꿀 것을 서약한 수행인으로서 또 그 지망생으로서 부끄럼이 없기를 아침 저녁으로 되뇌이며 살아오지 않았던가! 보라는듯 다들 열심히 밤떨이에 열중하자 노스님은 안도의 눈빛으로 인자함을 나투신다. 가을 뜨락을 서늘하게 죄어 보이시던 노스님의 눈빛은 그 가을을 온화하게 되돌려 놓기도 하는 신력(神力)을 지닌 듯 나의 호기심을 부풀려 준다.

작업이 활기를 띠자 장대소리, 밤송이 떨어지는 소리 그리고 활달한 원생들의 목청으로 온 산이 장터같이 부산하다. 그러나 시간이 경과함에 따라 작업반경이 넓혀져서인지 다른 팀의 장대소리는 점차 멀어지고 드물어진 밤송이를 찾느라 우리 팀의 장대놀림도 뜸해졌다.

간간이 순간적인 적정을 맛볼 정도로 휴식시간이 자연 길어진다. 그런 휴식이 해맑은 가을 정경을 가까이 끌어오고 작업으로 거칠어진 호흡을 안아 들인다. 옅게 깔린 땀이 식어가며 작업으로 들뜬 열기를 서서히 가라앉힌다. 밤나무 위아래로만 오가던 시선이 야산을 가로질러 넓다랗게 펼쳐진 들판과 파아란 하늘로 향(向)한다.

그러자 영원에 대한 그리움이 살며시 고개를 든다. 그 그리움은 출가(出家)의 발돋움으로 이어지고 그 발돋움은 우리팀의 운력을 독려하시는 스님의 순덕한 모습에로 이어져 부러움을 일군다.

스님의 출가동기가 갑자기 궁금해진다. 물어보고 싶지만 입이 떨어지지 않는다. 그래도 궁금하여 눈길이 자주 머문다. 그저 순덕한 표정엔 찌든 과거의 편린도 굳센 의지도 읽을 수 없다. 막연한 동경(憧憬)으로 출가했다고 보기엔 아직 이렇다 할 실망의 옅은 그림자도 보이지 않는다. 먼저 출가한 사연에 대한 부러움과 까닭모를 연민의 정이 일순 교차된다.

다시 그 비구니를 바라보는 순간 부러움은 나들이를 갔는지 궁금증과 연민의 정이 그 비구니로 향한 나의 눈길을 분주하게 한다. 그래서인지 떨어지는 밤송이를 피하고자 밀집모자를 마악 쓰는 모습은 나에겐 불사음(不邪淫)의 엄격한 계율을 지키는 수행인이 아니라 그저 한 여인이었다.

그녀의 눈길마저 달리 느껴지고 가을 볕에 발그레진 볼이 설레임을 부채질한 듯 영원에 대한 그리움도 놓아 버린 채 한순간 마치 파계(破戒)의 벼랑으로 내몰린 듯한 절박감에 휩싸인다.

그러나 '툭!'하는 소리에 움찔 놀라 제자리로 돌아오면 떨어진 밤송이가 "에에~"하며 흉보는 듯하여 당황한다. 그 순간 노스님의 눈길이 여기까지 미치고 있어 "너 이놈!" 하시는 것만 같아 몸이 굳어온다. 그래서였던지 밤을 얼마나 따 모았는지 누구랑 무슨 얘기를 했으며 어떻게 되돌아 왔는지조차 기억이 나질 않는다.

옷이 날개라더니 밀집모자가 비구니의 성스러움을 앗아가고 연민의 정을 설렘으로 뒤바꿔 안겨 준 건 가을탓만도 아닌 듯 내 마음에 순화되지 않은 젊은 객기(客氣)가 되살아난 오후였나 보다.

도둑이 제 발 저린다고 노스님께서 산란한 내 마음을 훤히 꿰뚫어 보시는 것만 같아서 나즈막한 산등성이를 다시는 넘어 볼 엄두도 내지 못한 채 그 사연을 기억해 내기조차 힘겨우리만치 긴 세월이 흘렀다. 그러나 아닌 체하느라고 단 한 마디 말도 건넬 수 없었지만 웬지 막혀 오던 가늘어진 숨결은 20여 년을 가로질러 지금도 내 곁을 맴돌아 온다.

도시계획에 밀려 없어져 버린 청계암에는 갈래야 다시 갈 수도 없겠거니와 그때 그 비구니의 소식 또한 알래야 알 수도 없다. 이제금 이 가을이 그 옛날의 가을일 수 없듯이 그런 정황은 다시금 나에게 펼쳐질 수 없는 것이기에 그 숨결은 내 마음에 지난 삶을 돌이켜 순화시키는 꽃길을 일군다.

그리고 옛 사연에 실려오는 가늘어진 숨결이 부끄러움을 일깨워 주는 한 이 가을엔 굳이 산사(山寺)를 따로 찾을 필요도 없겠다.

-1987. 9. 8-

묘 약(妙 藥)

　학창을 떠나 얼굴 맞추기가 하고플 즈음 학형들과 어울려 계룡산 갑사(甲寺)엘 가기로 했다.
　토요일 오후 초겨울의 짧은 낮을 눈길에 앗기면서 갑사에 도착하니 어언 짙은 어둠으로 천지가 분간되지 않아 산사(山寺)의 분위기도 느낄 수 없었다. 더구나 우릴 반가이 맞아 주신 스님은 마냥 너그러우신 큰형님 같아서 모처럼 고향 큰댁에 들른 젊은이처럼 우린 여행의 취흥을 돋우기에만 열중하였다. 푸짐한 석식과 거침없는 잡담, 게다가 술이라도 마셨으면 하는 속기(俗氣)로 엮는 산사의 밤은 사유분방한 고교시절 수학여행을 한순간 연상케 한다.
　부부동반한 두 쌍의 기혼자, 그리고 미래를 마주보는 여인들을 예고도 없이 동반한 학형들로 뜻밖에 대가족이 엮는 여행은 흥겨움을 고조시킨다. 번다한 도회를 떠난 해방감, 그리고 눈덮인 산하를 벗한 여정의 상쾌한 즐거움은 이미 선경(仙境)에 이르렀으되 관성은 속세를 벗어나지 못한 탓으로 산사의 밤도 어둡고 길긴 마찬가지였다.
　이른 새벽의 목탁소리 그리고 여명에 비친 설경(雪景)은 일행의 마음을 비로소 산사로 옮겨 놓는다. 속기를 깨뜨리는 종소리,

날아오를 듯한 추녀가 지난 밤 사연을 모두 허공에 띄운다. 시야에 펼쳐진 계룡산은 설화(雪花)로 단장한 채 나그네를 맞이할 준비에 부족됨이 없다. 꾸밈없는 꾸밈으로 계룡산은 본향(本鄕)을 잊은 사람의 마음을 이끌어 본향으로 데려간다.

비록 히말라야의 설경은 아니더라도 크지도 그렇다고 작지도 않은 산의 묘경이 나그네의 심기를 정화시킨다. 심기가 정화되니 잊혀진 고향생각으로 묘한 갈증이 인다. 진리의 말씀[法門]이 마냥 그리워진다. 그 염력이 간절했던지 주지스님은 법문을 쾌히 승낙하신다.

스님의 법명은 이두(二斗). 문자 그대로 '두 말'인데 이두 스님 왈 "한 말은 남 주고 한 말은 나 먹고자 지어진 법명이다."라고 하신다. 이른바 이타(利他)를 앞세운 보살행을 일깨우려는 뜻이 법명에 그대로 잘 나타나 있어 쉬이 그리고 오래 기억될 이름이었다.

시장이 반찬이라더니 묘한 갈증에 후련한 법문인지라 떠날 시각을 잊고서들 마냥 귀를 모은다. 대학에서도 대학원에서도 접하지 못했던 고향 소식에 숨소리도 잃었다.

그러나 직장 때문에 모두들 떠나야 하는 아쉬움을 나는 산사(山寺)의 인사법을 빌어 지레 표현해 본다. "좀더 쉬시다가 한 철 나시고 가시지요!" 산사의 풍성하고 멋스런 인사에 도리어 더 쫓기는 기분이어서 일행은 붙들릴까 봐 겁먹은 듯 얼른 떠나려고 부산을 떤다. 안쓰러워하시는 스님의 눈길이 마냥 부럽다.

갑사를 나서 설경(雪景)의 저 꽃다움을 가로지르는 계룡산 등반은 어떤 해방감 때문인지 자연에 도취되어서인지 모두의 즐거움이었다. 설화 만발한 숲속의 눈장난은 움직이는 눈사람을 만들고 꾸밈없이 웃고 우는 여인들의 모습 또한 곱기도 하다.

산정(山頂)에 다다르니 더더욱 예뻐만 뵈는 여인들. 그 발그레한 볼은 눈속에 핀 꽃송이다. 그래서 나는 "만약 결혼하여 딸자식을 낳으면 이 마루턱 설경(雪景)을 굽어보는 곳에서 선을 뵈어야겠다."며 크게 웃어댔다. 다들 무슨 뜻인지 몰라 의아한 듯 한 순간 망연히 나를 지켜 본다.

자연은 미추(美醜)의 분별을 순화시킨다. 자연을 벗한 여행은 나그네로 하여금 무위(無爲)의 자연인이 되게 하나 보다. 모두 좋은 면만 지닌 그런 나그네로 여겨지게 하는 여행의 마력을 나는 계룡산에서 절감한다. 눈이 덮인 산중 곳곳에 행상(行商)은 있으되 바가지 요금이 없음도 자연에 순화되었음인가 싶다.

멀리 계룡저수지 그리고 굽어보기 황공한 봉우리들의 품위에 나도 몰래 머리가 숙여진다. 오누이 탑을 뛰돌며 술래잡기로 웃음꽃을 피우는 부부는 그들의 전생사연이 이 탑의 주인공인 양 예스러운 천생연분 같아 부러움을 일군다.

더러 미끄럼도 타면서 동학사에 당도하니 점심시간이 훨씬 지났으되 배고프다는 이가 없다. 자연과 함께 하는 즐거움은 이런 것인가 보다. 갑사 스님께서 마련해 주신 밥과 반찬은 서늘하게 식었지만 그 따스한 웃음은 우리가 즐기는 점심의 배면을 감싸고 있어 차가운 줄도 몰랐다.

동학사 뜨락에서 뒤돌아 본 계룡산은 고고하게 내 마음에서 솟아 오르고, 눈길을 따라 거니는 동안 무심결에 자연과 일체를 이룬 나그네의 여정도 끝나려는 아쉬움이 봉우리를 감싼다. 본향 소식을 일깨운 법문이 영원에로 향한 그리움의 씨알이라면 무위자연을 벗한 여정은 그 싹을 틔우고 성장시키기에 알맞은 토양이라도 된 듯 모두의 얼굴은 맑고 환히 밝아 탈속한 시원함이 감돈다.

대전(大田)에서 만난 동창들이 해맑은 우리를 맞아 "도인(道人)같다"고 부추긴다. 그 부추김이 맹탕만은 아닐 것이라는 생각으로 그들이 베풀어준 후의(厚意)와 부러움을 안아들인다. 눈내리는 대전역까지 전송을 나온 동창은 다음번 산행을 같이 하자며 작별을 아쉬워한다. 다음 여정에 대한 기대감이 기차에 실려 환상의 나래를 편다.

일박이일(一泊二日)의 여정이 서울역에 다다라 끝나가는데 차창을 살포시 두드리는 설화의 난무는 또 하나의 가경이었다. 다시 만날 기약도 없이 떠나가는 학형들의 작별인사는 나그네의 심중에 그리움을 쌓아가는 묘약이라는 사실을 우리는 배우고 있었다.

돌이켜보면 속세의 긴 터널을 힘겹게 나와 쨍한 햇살에 부신 눈을 주체하지 못하여 다시금 세속의 어두움 속으로 쫓기듯 되돌아온 듯한 여정으로는 진속불이(眞俗不二)의 법문을 터득하기엔 너무 여렸지 싶다. 이른 새벽 산사의 풍경 그리고 본향을 향한 끝없는 동경을 불러일으킨 법문, 마냥 이어지길 바랐던 산행, 그 눈길[雪路]이 모두가 이제금 세속살이의 추억에 묻혀야 하는 서글픔이 시선을 머언 계룡산까지 되돌리게 한다.

세속살이에 쫓기는 나그네로 하여금 저 자연과 벗한 여정으로 순화된 무위자연인처럼 여여(如如)하게 해줄 수 있는 묘약을 15년이 지난 지금껏 나는 그리워하고 있나보다.

　　－1972. 11. 25~26 여정을 1987. 11. 21에 정리하다.－

오 해(誤 解)

절간에 가면 열 가지 악행(惡行)[1]에 관한 설명을 자주 듣게 된다. 열 가지 악행이란 몸으로 짓는 세 가지(殺生·偸盜·邪婬)와 입으로 짓는 네 가지(妄語·兩舌·惡口·綺語) 그리고 뜻으로 짓는 세 가지(貪·瞋·痴)를 말한다. 그런데 뜻으로 짓는 악행을 특히 경계하기 위하여 이를 삼독(三毒)이라고 한다.

이 삼독을 이해하기 쉽도록 설명해 준 것 중 오래 기억에 남는 얘기가 하나 있다. 지이낸 애긴지 사실인지 모르지만 국수를 특히 좋아한 어느 스님의 식탐(食貪)으로 빚어진 얘기다.

스님네들은 쌀을 주식(主食)으로 하기 때문에 글루타민 결핍증으로 자연 국수나 냉면을 좋아하게 되어 있다고 한다. 얘기 속에 등장하는 스님은 글루타민 결핍증이 심했던지 특식인 국수가 나오면 유달리 많이 드시는 분이다.

국수가 푸짐하게 나온 어느 날 어찌나 많이 드셨던지 입을 꼭 다물고 턱을 한껏 높이 쳐들고 손을 좌우로 젓는다. 말 시키지 말라는 신호다. 입을 열면 토할 정도였던 모양이다. 그 스님은 조심스레 일어서서 방안을 서서히 거닐더니만 힘겨웠던지 방문을 열고 밖으로 나선다.

더듬거리며 돌계단을 내려서는데 마침 왜놈 순사(巡査)가 절간으로 들어선다. 순사는 밖에 나오신 그 스님 가까이 다가와서 "주지 있소까?"하고 정중히 묻는다. 스님은 턱을 높이 쳐든 채 손짓을 한다. 말 시키지 말라는 뜻인 줄 모른 순사는 자기를 무시하는 줄 알고 화가 나서 더욱 스님 가까이 다가와서 큰소리로 다시 "주지 있소까?"하고 외쳤다. 순간 그 스님은 엉겁결에 말문을 여느라고 입을 열자 마악 부풀은 국수가 왈칵 쏟아져 순사의 제복을 온통 치장했다는 것이다.

이 얘기가 담고 있는 교훈은 식탐으로 빚어지는 멋적은 결과를 일깨워 탐심을 경계하자는 것일 게다. 그리고 탐심은 어리석음〔痴〕에서 비롯되므로 지혜를 밝히는 수행을 하여 어리석음을 제거하도록 노력하자는 뜻도 포함되어 있는 듯하다. 돌이켜보면 식탐 때문에 턱없이 많이 먹어서 체하거나 설사 또는 토하느라고 고생한 경험은 누구에게나 한두 번은 다 있다. 처음 먹어 보는 맛있는 음식일수록 그럴 가능성은 높다.

음식이란 위장이 소화 흡수하는데 한계가 있으므로 일정량 이상 먹으면 다음 식사에 지장을 주거나 덜 삭힌 채로 배설시키거나 설사를 통해 균형을 유지하려고 한다. 그러므로 적정량 이상을 먹는 것은 어리석음의 소치라 하겠다. 어리석어 음식을 많이 먹어 버릇하면 위하수증으로, 욕심이 앞서서 남보다 먼저 많이 먹으려고 서둘면 급체로, 음식의 좋고 나쁜 것을 가려 입에 맞지 않으면 화를 내거나 또는 신경을 많이 쓰면 위분비물의 과다로 인한 위궤양 등으로 고생하게 됨을 우리는 잘 알고 있다.

그러나 이 탐·진·치를 절제하기란 용이하지 않아서 대부분의 사람이 위장병으로 고생하고 있는 듯하다. 출가 수행을 하는 스님네들도 예외는 아니어서 오관상념게(五觀想念偈)[2]를 매 식사 때

마다 읊어 탐·진·치를 경계하고 있음을 본다. 그런데도 그게 용이치 않아 앞서 소개한 얘기가 생겨난 모양이다.

　나는 이 이야기가 수행인으로서 품위를 잃기 쉬운 식탐을 경계하기 위해 지어낸 얘기인지도 모른다는 생각으로 한차례 웃고 잊어 버렸다.

　그러던 어느 가을, 도력(道力) 높은 노(老)스님을 뵙고자 평소 자주 들르던 절간 마루에서 젊은 스님 두 분과 마주 앉아 방담을 하고 있었다. 천고마비의 계절이어서인지 간식을 함직한 시각에 행자분이 커다란 쟁반에 땅콩을 수북이 담아 우리 앞에 내어 놓는다. 땅콩을 별로 즐기지 않던 나로서는 정월 보름께 조금 먹는 체하는 정도여서 껍질째로 삶아 수북이 담은 땅콩에 질렸다.

　그렇게 큰 쟁반도 드물었고 게다가 껍질째로 삶은 땅콩은 처음이어서 두 분 스님을 번갈아 보며 이렇게 많은 땅콩을 어찌 다 먹으라고 내어 놓는지 의아한 생각이 들었다. 그 순간 식탐으로 국수를 많이 먹었다는 스님의 얘기가 떠올라 함께 자리한 스님들도 그런 분들인가 싶어 속으로 한심한 생각이 들었다. '염불엔 뜻이 없고 잿밥에만 마음이 있다'는 속물류는 이 절간에도 있나 보다 싶어 탄식이 앞선다.

　멍하니 앉아 있으니 두 분 스님은 같이 먹기를 권하는지라 이분들이 얼마나 많이 먹나 싶어 나도 먹는 체하기로 하고 한 톨을 까 입에 넣고 살곰 씹어본다. 연한 콩알이 달큰하게 입안을 감돈다. 처음 먹어 보는 삶은 땅콩이 입안에서 녹아나는 맛이란 표현할 수 없을 만큼 나를 혹(惑)하게 했다. 먹는 체하기로 한 생각은 삶은 땅콩과 함께 이미 입안으로 녹아들어가 버린지라 손과 입이 쉴 줄 모르고 번갈아 챙겨 먹기 바빴다.

소나 돼지가 아닌 이상 어찌 다 먹으랴 싶을 정도로 수북이 높아 보이던 땅콩더미가 쟁반 바닥에 서너 톨이 깔릴 즈음에서야 마지막 한 톨은 사양해야지 하는 생각이 일어 두 분 스님의 눈치를 보게 되었다. 그래도 입과 손은 서운해서 좀 더 먹었으면 하는 아쉬움으로 마무리 운동을 하지 못한 채 한동안 머뭇거리고 있었다.

비록 쟁반이 크긴 했어도 껍질을 벗긴 땅콩 알맹이야 세 사람이 먹기엔 다소 부족했을는지도 모른다. 그러나 먹어보기도 전에 두 분 스님을 속으로 나무란 자신이 얼마나 부끄러웠는지 그 때 일을 생각하면 20여 년이 지난 지금도 얼굴이 붉어져온다.

그리고 국수를 턱없이 많이 먹어 웃음거리가 되었다는 얘기속의 주인공인 어느 스님은 곧 나 자신이며, 이는 나의 식탐(食貪)을 일깨워 주기 위해 짐짓 지어낸 얘기일 거라는 생각이 든다.

봄엔 난초 피고 가을엔 국화 피듯〔春蘭秋菊〕 부처님의 가르침은 때와 상대방의 됨됨이에 따라 방편으로 적절한 일깨움을 나투신다더니 나를 이끌어 주신 스님도 방편에 능하신 분이었던 것 같다. 그 가을 이후로 삶은 땅콩은 나의 경망스런 생각과 식탐을 지켜 주는 좋은 친구가 되어 오늘도 내 주변을 가꾸어 주고 있다.

-1988. 2. 22-

---

1) 열 가지 惡行이란 첫째, 몸으로 짓는 살생(殺生 : 생명을 지닌 것을 죽이는 행위), 투도(偸盜 : 남이 베풀지 않는 것을 가지는 행위-도둑질) 그리고 사음(邪

姪 : 배우자 이외의 다른 자와 음사하는 것)등 세 가지와 둘째, 입으로 짓는 네
가지 악행으로서 망어(妄語 : 진실치 못한 허망한 말을 하는 것), 양설(兩舌 :
양쪽 사람에 대하여 번갈아 서로 다른 말을 하여 양쪽을 이간·불화케 하는
것), 악구(惡口 : 남을 성나게 할 만한 나쁜 말을 하는 것), 기어(綺語 : 도리에
어긋난 말을 교묘히 꾸며서 하는 것) 등과 셋째, 뜻으로 짓는 세 가지 악행으
로 탐욕(貪欲 : 자기의 뜻에 잘 맞는 사물에 대하여 마음으로 애착케 하는 정
신 작용), 진에(瞋恚 : 화를 내는 정신작용), 사견(邪見 : 옳지 못한 견해) 등을
말한다. 사견은 어리석음〔痴〕에서 비롯되므로 뜻으로 짓는 惡行을 흔히 貪·瞋·
痴로 줄여 설명하기도 한다.
2) p. 25 注 1) 참조.

눈 물

기억이 별나서인지 젖먹이 적 사연에서부터 나는 눈물이 많았던 것 같다. 무서운 꿈에 쫓겨 깨어보면 혼자 남은 적막감이 두려움을 몰고 온다. 왈칵 울어댄다. 그 울음소리에 적막감이 깨어지고 두려움도 밀려간다. 울음소리가 동반자라도 된 듯 울지 않으면 그 적막감이 되살아나는 것 같아 계속 울었던 것 같다.

떼쓰느라고 울어댄 사연도 기억나고 억울해서 흐느낀 사연도 뇌리를 스친다. 6·25를 맞아 한때 헤어졌던 부모님을 다시 만난 어린 가슴은 기쁨에 가려 있는 원망으로 울음을 쏟아냈던 것 같다.

철이 들어선 살아온 뒷모습이 안고 있는 죄책감으로 밤새워 울었던 적도 있었다. 그러나 그 긴긴 울음으로도 죄책감은 씻어지지 않았다. 그런 밤샘 후로 나의 울음은 구하나 얻어지지 않는 괴로움〔求不得苦〕 속으로 빨려 들어갔고 어떤 슬픔이나 원망 또는 기쁨은 스쳐갔을 뿐 나를 울리진 못했다. 그리도 흔하던 눈물샘이 갑자기 말라 버렸는지 한동안 울음을 잊고 살았다. 그리고 울음이 비워준 자리를 안타까운 짜증이 메꾸고 있는 줄은 세월이 한참 흐른 후에야 알았다.

나에겐 인생살이가 온통 괴로운 사연뿐이었고 그 괴로움의 근원을 캐어서 원천적으로 해결하려는 고뇌로 이마의 골만 깊어가고 있었다. 스트레스가 쌓여만 갔던가 보다. 돌이켜보면 때때로 한바탕 울어주기만 했던들 스트레스는 다소 씻겨 갔을 터인데, 자책감으로 괴로움을 붙들 줄만 알았지 해결할 줄은 미처 몰랐던 탓인가 보다.

때로는 텅빈 교회에서 두 손을 모아 보기도 했고, 때로는 장엄한 성당에서 무릎을 꿇어도 보았지만 허사였다. 그런 찌든 세월 속에서 눈물을 되찾은 사연이 영글었다. 고맙게도 그간의 죄책감을 해소시킬 수 있는 가르침을 접하게 되었다.

그건 절간에서 쉬이 접하는 평범한 가르침이었다. ……죄(罪)의 자성(自性) 본래 없어 마음 따라 일어난 것, 마음 한 번 비어지면 죄업 또한 사라지네……〔罪無自性從心起, 心若滅時罪亦亡〕.

그 가르침으로 그간의 괴로움이 가라앉고 마음의 안정을 얻었다. 그러자 괴로움에 묶여 있던 기쁨과 슬픔이 풀려나고 이를 계기로 이따금 자연스럽게 눈물이 되살아났다. 그러던 어느 날 표현할 수 없는 감동이 한나절을 법열(法悅) 속에 잠기게 한 사연이 내게도 찾아든 적이 있었다. 그건 초기 불경(佛經)의 결집에 얽힌 사연에서였다.

석가모니 부처님께서 입적(入寂)하신 후 불경을 처음 결집할 즈음 부처님의 말씀을 제일 많이 기억하고 있던 아난존자(阿難尊者)가 일반의 예상과 달리 가섭존자로부터 부적격자로 배척(排斥)을 당한다. 이에 의문을 품은 아난은 가섭존자와의 선문답(禪問答)에서 비로소 자신이 깨닫지 못한 사연에 깊이 침잠한다. 일주일간의 참구 끝에 깨달음을 이룬 후에야 비로소 경전의 결집을 주관하게 된다. 그리고 불경은 "이러히 내 들었노라〔如是我聞〕."

로 시작된다.

아난존자가 "이러히 내 들었노라."하고 마악 경전의 결집을 시작하는 순간이 내겐 그렇게 감동적일 수 없었다. 예전에 미처 경험하지 못한 까닭모를 기쁨과 감동으로 내 눈엔 하염없는 눈물이 이어지고 있었다. 눈물샘이 예처럼 터진 것이다. 그날 이후 나는 감동적인 사연에 특히 약해서 자주 울었다.

세상살이의 괴로움만 부각되던 지난 삶이 감동적인 사연으로 새롭게 충전되기 시작했다. 감동적인 사연이 쏟아내는 눈물은 세상을 맑고 밝게 비춰 주었고 때로는 천상음(天上音)에 자신을 내맡긴 채 시간을 잊기도 했다. 눈물이 그리도 좋은 것인 줄은 예전엔 미처 몰랐다.

그리도 슬퍼서 흔했던 눈물과 눈 아래 눈물점 때문에 비관한 세월이 이해되지 않았다. 눈물의 의미와 흐름을 뒤바꿔 놓은 그 감동적 사연은 내 삶의 전환점이 되었고 이제는 자연스럽게 울 수 있는 행복감마저 창출해 내는 눈물의 묘용(妙用)에 취하기도 한다.

어린아이의 울음과 눈물은 생명의 신비스러움의 극치요, 어머님의 눈물은 문제 청소년을 꿈 많고 굳센 청장년으로 성장케 하고 아내의 눈물은 남편을 성실하고 의로운 사나이로 탈바꿈시킨다.

이산가족의 재회로 출렁이는 눈물보는 감동적 감흥으로 우리의 정서를 순화시키고 통일의 염원을 충일시키는 무한한 활력으로 승화되기도 한다. 2.5g짜리 탁구공으로 세계를 제패했다는 승전보가 국가의식과 민족혼을 일깨워 우리의 눈시울을 적셔줄 때 무엇이 그 이상의 위력을 발휘할 수 있더란 말인가!

나는 눈물 예찬론자이어라. 통성기도가 신심(信心)의 늪을 키우듯 참회의 눈물은 암울한 심중(心中)에 법열(法悅)의 바다를 용출하게 한다. 나는야 아름다운 눈물의 바다에 내내 다시 태어나고 싶다.

−1988. 7. 14−

두 얼굴

지친 몸을 침상에 누이면 병원에서 보낸 10여 일의 어느 날과 같은 분위기에 한순간 젖어든다. 한가로운 듯 고요한 순간, 그리고 까닭모를 외로운 눈물. 이것이 지난 나의 삶을 모두 설명하는 것만 같다.

돌이켜 후회없는 삶을 누린 사람은 과연 몇이나 되며, 죽음에 이르러 외롭지 않은 여정을 엮는 사람은 어떤 삶을 살아 왔을까? 이런 의문은 눈물마저 숨을 조이게 하고 영겁(永劫)에로 향한 통로가 된 듯 묘한 감흥과 고요를 일깨운다. 그리곤 나른한 피로감에 젖어 지난 상황의 전개에 자신을 내맡긴다.

위(胃) 아니면 십이지장이 터졌다는 외과과장의 엑스레이판독 결과를 듣기까지 체한 기운이 심해서 꽤나 아픈가 보다 생각했다. 빨리 수술을 해야 한다는 의사의 독촉에도 의외로 담담할 뿐 조금도 마음의 동요가 없었던 것은 평소 죽음에 대한 나름대로의 준비탓도 있었지만 장천공(腸穿孔)과 이로 인한 복막염에 대한 무지 덕분이었는지도 모른다.

마취에서 깨어나 낯익은 주변 사람을 대하니 미안한 생각이 앞선다. 장이 뚫릴 때까지 시시로 자각증상을 통한 예고와 병원에 가보라는 주변의 권고가 수차 있었다. 그러나 자신의 문제에 대해서는 무심하리만큼 소홀하고 국가나 인류 문제는 심각하게 받아들이는 천성(天性) 그리고 현대의학의 한계 내지 의사에 대한 불신으로 미련을 부린 탓도 있었기에 더욱 그러했다.

동생들의 수술을 매번 지켜봐야 했던 형님은 의사이기 이전에 형으로서 안타까운 심경을 토로하여 눈물을 자아내게 했다. 옛날 같았으면 죽었다는 말씀엔 그래도 짜깁기한 삶이 더 다행스럽다는 위로가 담겨 있어 미련한 처신을 덮어 주시려는가 보다 하여 고맙게 여겨졌다.

한순간 옛 생각이 스친다. 여섯 살 적이었다. 누님을 따라 놀러 간 국민학교 교장실엔 교장선생님의 따님과 그 남동생이 커다란 방을 외롭게 지키고 있었다. 누님과 그분의 따님은 무슨 이야기가 그리도 많은지…… 나와 동갑내기인 남동생은 꼬마 나름의 놀이를 찾아 들락날락하며 지루히고 심심한 나머지 나는 화병에 꽂혀 있는 철죽꽃을 따먹기 시작했다.

그런 대로 맛이 있었던지 화병을 비웠다. 그리고 가물가물 졸리며 머리가 아팠고 그 뒤는 음식물을 토하느라고 고통스러워하다가 깊은 잠에 빠져들었던 기억만 남는다. 이튿날엔 죽었다 깨어난 어제 일을 돌이켜 듣느라고 야단스러웠다. 설탕물을 먹여서 철죽꽃을 토해내게 했다는 얘기 뒤엔 아버지가 의사였으니까 살아났다는 설명이 한동안 붙어다녔던 기억이 새롭게 밀려온다.

왠지 이 봄엔 죽을지도 모른다는 막연한 예감으로 한 권의 경전(經典)을 다듬어 펴내는 일에 무리하게 매달린 사연이 가슴에 와 닿는다. 멀쩡한 사람 잡는 의료사고를 염려했던지 집을 나설 때 극히 사무적으로 아내에게 인계한 사항들도 생생하게 기억된다. 주사를 맞는 번거로움과 회복을 기다리는 지루함이 있긴 해도 퇴원하는 날까지 매일 번갈아가며 병상을 지켜준 학생들의 성숙된 모습에서 감동의 순간을 맛보는 등 병원에서 보낸 기간은 새로운 감흥을 연출해냈다.

퇴원하자마자 다른 입원환자의 문병을 가야겠다는 생각과 안스러움이 일 정도로 동료 교수님들의 문병은 이웃을 잊고 살아온 나 자신을 되돌아보게 했다. 그리고 사건이 마무리된 먼먼 훗날까지도 뒤얽혀 있기 쉬운 인간관계를 '응당 머문 바 없이 그 마음을 내는〔應無所住 而生其心〕' 경지까지 이끌어 세우는 계기가 되었는가 보다. 누구에게나 투병사연과 급사(急死)하게 되는 세 가지 경우에 대해서 이야기를 하는 등 치료가 끝난 후 병 자랑하는 바보스러움도 마다하지 않는 자신을 돌이켜 보며 나는 언제쯤이나 철이 들려나 하고 반문도 해 본다.

병(病)은 분명 괴로움과 함께 체험적 지혜도 쏟아 주는 두 얼굴을 지니고 있나 보다. 이는 곧 괴로움과 즐거움이 맞닿아 있는 이른바 고락(苦樂)의 상대성을 일깨우는 촉매라 하겠다.

이따금 꿰맨 긴 자국을 내려다보며 지난 사연을 확인하고 좀은 현명해져야 할 터인데 하는 자구책에 부심하는 자신의 모습에서 성숙의 과정을 또한 점검하게 된다. 그래서 이 봄은 좀더 새롭게 오래 기억될 것이고 삼재(三災)[1]땜의 허와 실을 맞잡아 기도하는 일도 잊지 않게 될 것으로 보인다.

성현의 깨우침과 현실간의 격차만큼이나 공분(公憤)에 민감한 천성과 생주이멸(生住異滅)의 법칙[2]에 따라 허망을 나투는 상념에 깊이 빠져드는 업습(業習)에 비하면 십이지장이 꽤나 오래 버티어 준 셈이다. 돌이켜 낙공(落空)의 관성을 제어할 수 있는 전기가 마련되었구나 생각하니 짜깁기한 자국이 그렇게 밉살스럽지만은 않아 보인다.

모든 것은 오직 마음의 조화(一切唯心造)라더니 병을 얻게 된 사연도 조심(調心)이 시원치 않아서 탐·진·치 삼독(三毒)[3]에 끌려 다닌 탓이었음이 분명할진대, 새 봄맞이는 천연본심(天然本心)에서 비롯되어야겠구나 하고 웃어 본다.

병상에도 이래서 봄은 오는가 보다. 지친 몸을 일으켜 본다. 뜨락의 잔디가 야단스럽게 조잘대는 것만 같다. 내 얘기 하는구나 싶어 부끄러운 생각이 인다. 한동안 잔디 밟기도 어렵겠지. 그리고 힘없어 허전한 걸음걸이가 곱상해지려면 봄도 한창이겠고.

－1987. 3. 12 : 요양중에 염려해 주신 분들께 이 글로써 고마움을 표합니다.－

---

1) 삼재란 겁말(劫末)에 일어나는 세 가지 재해로서 이에는 소삼재인 도병재(刀兵災)·질병재(疾病災)·기근재(饑饉災), 그리고 대삼재인 화재·수재·풍재 등이 있다.

2) 만유의 온갖 법이 생주이멸(生住異滅)하는 모양을 말하는 명목으로서, 예컨대 어떤 생각이 떠오른 경우[生]에 그 생각은 한동안 지속되다가[住], 다른 연관되는 생각으로 변하여[異], 끝내 그 생각마저 없어지는[滅] 법칙을 말함. 이는 물체가 만들어져서[成], 일정기간 그 모양을 유지하다가[住], 점차 마모되어[壞], 끝내 없어져 버리는[空], 이른바 성주괴공(成住壞空)의 법칙과 상응된다.

3) 병의 원인은 크게 내적 요인과 외적 요인 그리고 내·외요인의 복합 등으로 구분할 수 있는데, 첫째 내적 요인으로는 탐심(貪心), 진심(瞋心), 치심(痴心)으

로 번뇌 망념이 천연본심을 흔들 때, 둘째 외적 요인으로서는 인체를 구성하고 있는 지(地)·수(水)·화(火)·풍(風)·공(空)의 균형이 깨어질 때 또는 외계의 지·수·화·풍·공과의 균형이 깨어질 때, 셋째 이들 내적 요인과 외적 요인이 복합적으로 작용될 때 병을 앓게 된다.

의외의 소득

종합소득세 신고 마감일이 임박할 즈음 시외버스 터미널에서 있었던 일이다. 버스좌석에 앉아 망태기에 손가방을 넣는 순간, 비로소 서류봉투를 잃어버린 줄 알게 되었다. 튀듯 버스에서 내려 공중전화 박스로 달려간다. 전화기 옆에 둔 서류봉투가 보이질 않는다. 바로 곁에 있는 상점 주인에게 물어봐도 맡겨 준 사람이 없다고 한다.

무척 바빠진다. 터미널의 경비원이며 안내방송 담당자에게 수소문한다. 누군가가 돈봉투인 줄 알고 가지고 가선 버렸을 터이니 화장실과 휴지통을 뒤져보는 게 좋겠다는 경비원의 조언이 그럴싸하게 들린다. 층별로 화장실도 많고 쓰레기통이 많기도 하다. 여자화장실 앞에서 서성대며 청소원 아주머니가 나타나길 기다려서 통사정을 하는 등 허둥대다보니 단숨에 한 시간이 휑하니 지나간다.

부끄럽긴 하지만 세무사인 친구에게 전화를 한다. “참으로 미안한 일이지만 애써 작성해 준 종합소득세 신고서류가 든 봉투를 잃어 버렸는데 습득한 사람이 연락해 오면 좀 받아 놔 주었으면…….” 그러나 아직 아무런 연락이 없었다는 얘기가 허탈감을 가중한다.

혹시나 하여 터미날 외각의 쓰레기통을 모조리 뒤져 본다. 꽤나 어둠이 짙어진다. 더 뒤질 곳도 없다. 마지막 버스를 타기 전에 다시 친구에게 전화를 해 본다. 아직 연락온 게 없단다. 옅은 한숨이 저절로 나온다.

그런데 친구는 쓰레기통을 뒤져 서류를 다시 작성하고 있으니, 증빙서류를 새로 만들도록 하자고 한다. 한창 바쁜 철에 그래도 동창이라고 무료로 작성해 준 서류를 잃어 버린 걸 탓하기는커녕 다시 만들고 있으니 걱정하지 말라고 위로까지 하는 우정에 가슴이 찡해온다. 서류봉투를 잃었지만 우정을 새삼 깨달은 감동으로 늦은 밤여정은 외롭지 않았다.

그러나 친구에게 베풀 수 있는 입장이 되질 못한 나의 처지가 부끄러워 지난 세월을 돌이켜 자성해 본다. 그런가하면 대수술을 한 후여서 조심스러운 운신의 콤플렉스에 사로잡혀 있었음에도 불구하고 한 시간 동안 쉬지않고 잃어 버린 봉투를 찾아 헤맨 운동량을 감안할 때 건강을 되찾은 확신이 기쁨으로 번진다. 밤은 깊어가고 어둠을 향해 달리는 버스도 졸음에 겨운 듯 칭얼대는데 정신은 더욱 초롱초롱해져서 내일 일을 계획한다.

증빙서류를 다시 갖추느라 이른 아침부터 분주히 뛰었지만 토요일은 역시 짧았다. 그러나 친구의 배려에 맞춰 다시 준비한다는 건 어쩌면 나의 일이라기보다 그 친구의 일을 대신하는 것 같은 즐거움이 내재되어 있어서인지 짜증스럽지도 않았다.

가까스로 증빙서류가 갖추어졌음을 알리려고 친구 사무실로 전화를 한다. 친구의 반기는 목소리가 울린다. "서류봉투 찾아다 놨으니 염려마라! 알려 주려 해도 연락이 되어야지……." 순간 피로가 확 밀려온다. 그래도 돌려 준 사연이 고맙기 이를 데 없다. 마감날짜에 쫓겨 서두르느라고 중간 확인 전화를 해 볼 여유가 없었던 자신을 돌이켜 본다.

가쁜 숨결이 가셔지자 생각이 바뀐다. 서류봉투에 인쇄된 전화번호로 좀 일찍 연락해 주었던들, 아니 공중전화기 옆에 그대로 놔 두어 주었던들 한 시간 반 동안 화장실이며 쓰레기통을 뒤지지 않아도 되고 이튿날 여러 사람 고생시키지 않았을 터인데 하는 아쉬움이 고맙다는 생각을 밀어낸다. 잃었던 봉투를 되찾았으나 헤매느라 잃어버린 시간은 되찾을 길이 없어 한순간 짜증스럽다.

호흡이 안정되자 또 생각이 바뀐다. 그 잃어버린 시간에 나는 고마운 우정을 맛보았고, 되찾은 건강을 확인했으며, 지난 세월을 반성하고 담담한 심정으로 다시 준비하는 굳셈을 익혔으니 정작 잃은 것은 없고 의외의 소득만 증대되었다는 걸 새삼 되뇌어 본다.

번다한 사연에 얽힌 감정이 정리된 오후, 봉투를 돌려 준 고마운 사람을 찾아 나선다. 마음을 놔 두고 다니지 말라고 타이르는 전화 목소리는 다소 장난기가 있어 보인다. 낯선 길을 물어가며 초여름의 나른한 열기를 식히고자 맥주를 사 들고 정작 그 사람을 만났을 땐 어느 결엔가 고마움이 퇴색되어 간다.

잃어버린 물건을 되돌려 준 사연은 고마운 것이련만 받아들이는 느낌은 자유분방하게 순간순간 그 모습을 바꾸고 있었다. '의외의 소득'도 되잃어버린 듯 아쉬운 원망이 살며시 고개를 든다. 그러나 돌려 받은 것이 만약 재생 불능한 자료였다면 고마와하는 감정은 지속되고 있었겠지 하는 자성의 순간 나는 다시금 고맙다는 인사를 되풀이한다. 그건 나의 지난 사연에 대한 감사의 표현이자 우리 사회의 건전한 내일을 위한 간절한 바람이기도 했다.

우리 사회에도 잃어 버린 사람이 걸음을 돌이킬 수 있는 시간
만큼이라도 남의 물건을 그 자리에 놔둘 수 있는 여유가 아쉽기
만 하다.

—1987. 12. 29—

교 감(交 感)

　아침 산책길에 뛰어든 송아지의 울음이 애닯다. 어미를 찾는 울음이 분명하다. 좌우로 두리번거려 봐도 아파트 밀집지역이어서 어미소가 있음직한 곳을 짐작키 어렵다. 어미소가 있는 곳으로 송아지를 몰아 주고 싶으나 무디어진 직감력이 감응하질 않는다.

　망설이고만 있자니 송아지의 울음은 더욱 애처롭게 증폭된다. 송아지도 어미를 잃었다는 위기감 때문에 다급해져서 영감(靈感)이 통하지 않는지 이리 뛰어 가보고 저리 뛰며 계속 울어댄다. 그 울음은 더욱 애련하게 들린다.

　그런 애련한 울음으로 이성계의 마음을 돌린 무학대사의 총기(聰氣)가 귓전을 맴돈다. 마지막 함흥차사인 그는 천시(天時)를 빙자한 논리나 자신의 영달을 숨긴 불안한 충성심에서가 아니라 단지 평범한 부모의 마음을 일깨워 줌으로써 소기의 목적을 무리없이 달성한 지혜로운 분이었나 보다.

　지식은 책이나 구전(口傳)으로 얼마든지 전수 가능하다. 지혜로운 사연도 기록에 의하든 구전으로든 감탄하며 즐길 수 있다. 그러나 정작 춘란추국(春蘭秋菊)하듯 부담을 주지 않고 때와 상황에 맞는 지혜는 지혜로운 사연을 담은 책이나 이야기에서도 끌어 낼 수 없다.

지혜는 사심을 버린 무아(無我)의 경지에서 천연본심(天然本心)을 토양으로 하고 자비심(慈悲心)을 태양삼아 영묘하게 피어나는 꽃망울 같은 것. 마음만 비우면 들녘 어디서나 하찮은 풀꽃에서도 환하게 열리는 시심(詩心) 같은 것.

그러나 우리의 삶은 사욕(邪慾)때문에 재(財)와 명(名), 색(色)과 식(食)의 울타리에 갇힌 나머지 무한한 지혜의 샘은 메말라가고 있다.

우리의 삶을 풍요롭게 한다는 지식이 쌓여갈수록 우리의 삶은 오히려 쫓기고 있으며 이 숨막히는 공간을 벗어나고자 새로운 지식을 짜내고 그걸 동원하나 삶의 공간은 더욱 죄어져서 촉박하기만 하다. 이 촉박한 공간에 뛰어든 송아지의 울음은 어쩌면 삶의 본질을 여읜 적막강산에 떨어진 나 자신을 보고 깜짝 놀라 외쳐대는 나의 탄성같아 온 몸이 죄어온다.

어미 잃은 불안한 마음이 자꾸 증폭되어 더욱 공활(空活)해진 공간을 송아지는 울음으로 메꾸려는 듯 울어댄다. 그 울음의 여운이 가시기 전에 다시 운다. 울음의 여운 속으로 몰래 들어오는 듯한 적막강산의 외로움과 불안을 밀쳐내기라도 하려는 듯이 울고 또 운다.

그 애련한 울음이 일구어내는 파장은 뭔가에 쫓기며 막연한 불안 속에 사는 현대인의 삶의 공동(空洞) 속으로 파고든다. 파장이 상호 교감될 정도로 어미 잃은 송아지의 불안과 삶의 본질을 여읜 현대인의 공허감은 동질적인 것인가 보다. 송아지를 따라 뛰는 나의 눈길 그리고 송아지의 울음이 빚어낸 파장에 교감되어 함께 불안에 떨며 나는 어미소가 빨리 나타나길 기다리느라고 산책길을 잊었다.

한참 후에야 왼쪽 모퉁이에서 어미소의 울음이 들린다. 저만치 뛰어가던 송아지가 고개를 돌려 어미소를 향해 치달린다. 안도의 한숨에 뒤이어 뭔가 찡하게 번져 온 가슴을 메운다. 막연한 불안이 오간 데 없다. 어미를 따라 걷는 송아지의 걸음이 마냥 즐거워 보인다.

어미소를 몰고 오는 여인은 혼잣말 치고는 좀 큰 소리로 한 마디 한다.

"짐승도 이런데, 자식 두고 가는 어미는 어떤 여자일꼬!"

나의 동의를 구하기라도 하는 듯 그녀의 한 마디는 나를 세차게 몰아 세우는 것 같다. 고개를 끄덕이며 나는 "그러게 말이요……"하며 말끝을 흘린다. 나에게서 뭔가를 얻어내고 멀어져 가는 여인의 걸음이 당당해지는 듯하다. 그녀의 뒷모습 저만치에 무학대사의 그림자가 비지듯 흘러가는 것 같다.

그 여인은 어디론가 멀어져 갔지만 그녀의 한 마디는 내 마음에 묘한 파문을 일군다. 핵가족의 그늘에 자리한 현대판 고려장과 오늘의 여인상을 함축성있게 표현한 듯한 그녀의 한 마디는 마치 지혜로움이 샘솟는 양 내 마음에 커다란 동심원을 계속 그리고 있다.

…… 짐승도 이런데, 자식 두고 가는 어미는 어떤 여자일꼬! ……

-1988. 5. 4-

장 터

더러 괴로운 사연이 있어 생각이 복잡할 땐 나는 시장엘 간다. 꼭 사야 할 물건도 없다. 구경꾼처럼 그저 이곳저곳 기웃거린다. 장터의 모습은 참으로 다양하다. 그 다양한 모습에 끌려 다니는 동안 나의 고민을 잊는다.

난장에 쪼그리고 앉아 솎음 배추며, 파, 풋고추 등을 팔고 있는 부녀나 노파를 대하면 다 팔아 봐야 몇 푼 벌이가 될까 싶어 안쓰러운데도 그네들에게선 모종의 기대와 활기가 느껴진다. 그간의 짜증스러웠던 사연이 자못 행복에 겨운 값싼 고민이라는 자책감이 밀려온다. 순간 활기에 가득찬 시장 가운데 서 있는 자신을 발견한다. 괜히 들떠 이것저것 사고 싶어진다. 값싼 고민과 바꿀 찬거리며 노인이 좋아라 하시는 물건을 찾아 헤맨다.

벅찬 삶의 현장에 널려 있는 여러 모습의 괴로움이 나의 고통을 저울질한다. 곱아진 손, 불려진 손끝, 굵어진 손가락, 좀은 억척스러워 뵈는 아낙의 표정, 콩나물 한 움큼으로 때로는 100원을 홍정하는 긴긴 입담, 반기는 인사치레를 멀리하고 지나치는 단골을 향한 허전한 시선, 이것저것 열심히 선뵈었지만 무위로 끝난 홍정, 횡하니 떠난 고객으로 뒤엉킨 난장, 계산착오로 빚어지는 잡음, 파장의 공허감, 팔다 남은 물건을 챙기는 지친 몸놀림, 떨이를 기다리는 지루함 그리고 초조로움 등등으로 나의 시야는 꽉 짜여진다.

장터의 모습은 나의 걸음을 붙든다. 좀은 편히들 살 수 없을까 하는 아쉬움이 인다. 왠지 부끄러운 생각이 일어 하늘을 우러러본다. 부끄러움에 밀려 나의 괴로운 사연은 먼 나들이를 한다. 그래서 시장바닥은 자연스런 나의 수도장이 된 지 오래다. 더러 아줌마라는 부름에도 거북스럽지 않을 만큼.

오늘은 1988년 1월 1일, 이렇다 할 고민거리도 없는데 한가로운 오후 반송시장엘 갔다. 신정이라 시장은 한산하다. 그런데 어린아이들이 한 떼 몰려 있다. 구경거리라도 있는 듯 기웃거려 본다.

네댓 명의 국민학생이 같은 또래의 한 아이 팔을 붙들고선 "이 애가 돈을 훔쳤어요!"하며 외쳐댄다. 애들끼리 장난치나 하여 무심하던 장터 아줌마들이 우루루 몰려든다. "할머니! 이 애가 돈을 훔쳤대."하며 맞은편 아줌마가 큰 소리로 복창을 한다.

잠깐 자리를 뜬 노파가 얼떨결에 소년의 멱살을 잡곤 사정없이 따귀를 두어 대 친다. "뭐 이런 놈이 있어……."하곤 또 두어 대 더욱 세차게 친다. 애가 울기 시작한다. 이 애련(哀憐)한 분위기를 뚫고 한 아주머니가 할머니를 만류한다. "애가 철이 없어 그랬던 모양이니, 그만해 두이소."하곤 그 소년을 싸안으면서 나무란다. "너 그라몬 안 된다이, 커선 도둑된다이!"

그러자 곁에 있던 다른 아주머니가 나선다. "아이구, 이 애는 조심하라는 아입니더, 한 번이 아니라예……." 순간 노파는 소년의 멱살을 세차게 당기면서 따귀를 또 두어 대 더 친다. 말리던 아줌마도 할 말을 잊는다. "이런 애는 혼내줘야 다시 이런 짓 안

한다이…… 그라고 두들겨 패놔야 부모라도 찾아올 거 아이가
…….”

  아인 울음이 커진다. 그래도 그 아이는 한 손을 움켜쥐고 있다. 노파가 아이의 손을 편다. 500원짜리 동전 두 닢이 노파의 손으로 옮겨진다. 가벼운 탄성이 몰린다. 노파는 멱살을 놓는다. 소년을 감싸던 아주머니는 아이의 등을 밀면서 집으로 가라고 타이른다. 그 숨막히는 애련한 사연을 멍하니 지켜만 보던 나는 맥이 풀린다.

  그 아인 분명 형사미성년자다. 국가의 공권력도 그 아이에겐 무력할 뿐이다. 노파를 위시한 장터의 아낙네들에겐 그 아이에 대한 징계권이 없다. 그리고 노파의 구타행위는 자구행위로서도 상당성을 결여한 위법성이 엿보인다.

  그러나 그런 상황에서 노파의 행위를 아무도 비난하지 않을 뿐더러 그 소년은 이 시장통에서 절도의 상습이 있는 아이란다. 혹시 가정교육이 부실한 결손 가정에서 자라고 있는 아이일까? 부모가 그 책임을 다하지 못한 이유로 그 아이에 대한 사회교육이 정당화될 수 있을까?

  오늘따라 장터의 색다른 모습에 짓눌려 걸음이 무겁다. 교단에서 온 주제에 단 한 마디도 거들 수 없었던 자신이 부끄럽다. 늘상 괴로운 사연을 떨쳐버리곤 하던 장터에서 오늘은 괴로운 사연을 안게 된다. 어디서 어떻게 이 무거워진 마음을 떨칠 수 있을지 한동안 망연해진다.

  ‘바늘도둑이 소도둑 된다.’는 속담으로 미루어 장터 사연의 교육적 효과를 긍정적으로 받아들이고 쉬이 잊을 수도 있다. 그러나 걸음이 무거운 건 나의 어린 시절 사연 탓이지 싶다.

회초리로 개구리를 때려 잡던 일곱 살 적 일이다. 때려 잡는 게 싱거워지면 논에서 피를 뽑아 개구리가 물기 좋을 만큼 끝부분을 다듬는다. 그리곤 개구리 가까이에서 그걸 움직거리면 개구리가 덥석 깨문다. 순간 피를 잡아채면 개구리는 허공에로 획 딸려 올라간다. 그 관성으로 내리치면 퍽 하는 소리와 함께 개구리는 사지를 바르르 떨면서 죽는다.

그 잔인한 살생(殺生)을 놀이로 삼을 만큼 한가로운 시골 논두렁엔 인적도 없다. 그래서 도둑질보다 더 중죄인 살생을 하고도 아무런 질책이나 따귀를 맞지 않고 지낸 셈이다. 비록 그 행위가 형법상 범죄를 구성하지 않는다 하더라도 종교규범에 비춰 죄악임이 분명할진대 나는 언제쯤 어떤 벌을 받게 될까 하는 두려움이 엄습한다.

그뿐인가, 벼알이 영글 제면 메뚜기를 주렁주렁 꿰어서 구워 먹던 일, 나도 할 수 있다고 자랑삼아 닭 목을 비틀어 잡아 보이던 사연, 소 치러 가서 해 먹은 보리서리를 염라대왕은 과연 모른 체하고 넘겨 봐 주실지 걱정된다.

돌이켜보면 붙들리지 않았을 뿐 장터의 그 아이와 나의 어린 시절이 다르지 않을진대 내가 그 아이를 탓할 수 있을 것 같지 않다. 그렇다고 지금 내가 도둑질을 계속한다거나 살생을 즐기지도 않는데 그 아이가 훗날 소도둑이 될까 지레 걱정하여 그 큰 손바닥으로 억세게 두들겨야만 했는가는 의문이다.

눈물을 훔치며 큰 소리로 울어대던 그 아이를 멍하니 지켜만 본 부족됨이 애련한 감정과 뒤엉켜 쉬이 지워지지 않는다. 씁쓸한 기분으로 장터를 다시금 돌아본다. 찌든 사연들이 시야에 들어온다. 애련한 감정이 희석된다. 처벌받지 않은 채 지나쳐 간 나의 어린 시절에 빚어진 죄악들이 다시금 고개를 든다. 장터 아이처럼 차라리 그 당시 처벌을 받았더라면 하는 아쉬움이 인다.

최후의 심판이 염려스럽던 A.D. 999년엔 감옥에 갇혀 있던 죄인들을 석방하고자 했지만 그들이 출감을 극구 사양했다 하니 인간은 죄에 상응하는 처벌을 받아야 마음이 편안해지나 보다. 그럴진대 도덕이나 종교규범을 부정할 수 없고 법(法)은 이들 규범의 최소한에 불과하므로 형사미성년자라 하여 도덕이나 종교로부터 자유로울 수는 없다 할 것이다.

그리고 '매를 아끼면 아이를 버린다.'는 속담에 미루어 장터의 그 아이에겐 징계권자가 누구이냐가 중요한 것이 아니고 때 맞춰 교육을 받아 다시는 그런 잘못을 범하지 않는 것이 더욱 소중하다는 생각이 든다. 그런 의미에서 그 아인 나보다 더 행복한 어린 시절을 간직하게 된 듯하다.

장터는 또 한차례 인생수업의 짙은 향훈을 나에게 선사한 셈이다. 새해에도 장터로 향한 나의 걸음이 더욱 잦아질 것만 같다. '1999년'으로 치달리는 새해 첫날에 부디 장터의 교훈이 공권력 밖에 있는 뭇 사연에 두루 미치어 염라대왕의 큰 미소가 함께 하길 기원해 본다.

 −염라대왕의 사자인 듯한 어린아이들의 고발정신에 찬탄을 보내면서 1988. 1. 1−

형 광 등

　영원에 대한 그리움으로 출가(出家)를 꿈꾸던 계절의 일이다. 스님이 된 친구를 찾아 해인사(海印寺)엘 갔다. 산문(山門)에 의지한 친구의 평온한 모습을 보고 싶었고 나에게도 그 가능성을 확인하기 위해서였다.

　어느 산중이나 다 그러하겠지만 해인사의 가을은 영원에 대한 그리움을 안고 사는 사람을 푸근히 감싸고도 남을 적정(寂靜)의 안온함을 곳곳에 깔아놓고 있었다. 그 안온함을 조심스레 밟으며 다다른 암자(庵子)엔 선경(仙景)을 거느린 듯 속인(俗人)의 외경심을 자아내기에 충분했다. 그래서인지 친구를 만나는 즐거움보다 성직자를 만나게 될 거라는 거북스러운 느낌이 은연중 밀려오고 있었다.

　그러나 예상과는 달리 낯선 성직자의 모습으로 오랫만에 마주한 서먹함이나 성직자를 우러러보는 속인의 왜소함이 전혀 느껴지지 않았다. 그건 막역하게 지낸 속연(俗緣)탓도 있었겠지만 애써 성직자입네 하는 티를 느끼지 못할 정도로 이미 성숙된 안정감 때문이었지 싶다.

　아무튼 속연에서부터 출가 이후의 사연에 이르기까지 궁금한 얘깃거리를 거침없이 끌어내려는 나에게 한 점 숨김없이 대하는 그는 성직자라기보다 역시 친구였다. 그건 어쩌면 승(僧)과 속(俗)의 외관을 초월한 도반(道伴)으로 서로를 대하고 있는 줄도 눈치채지 못할 정도였던가 보다.

분주한 듯 한가롭고 한가한 듯 빠듯한 사중(寺中) 생활을 비집고 이곳저곳 해인사의 비경(秘境)을 펼쳐보이며 이런저런 얘길한다. 그건 내게 성직자의 길에 대한 가능성을 은근히 스스로 확인케 하려는 뜻인 듯했다. "마음에 드는 도반을 만나는 것은 도(道)를 거의 다 이룬 거나 같다."고들 하더라는 친구의 얘기는 은밀히 그걸 일깨우고 있음직했다.

그 가능성을 확인하지 못한 채 나는 안개 피우듯 계속 방황의 늪을 일구고 있었던가 보다. 그 방황의 늪을 깨뜨리기라도 하듯 다람쥐가 우리 앞을 가로질러 내달린다. 그 모습에 이끌려 한순간 얘기가 끊어진다. 다음 순간 친구는 다람쥐를 주인공삼아 우스개 같은 얘기를 한다.

"다람쥐가 겨우살이 준비로 알밤과 도토리를 저장하는데, 구름을 보고 거기에 맞추어서 그 저장장소를 정한다는군. 제딴엔 다음에 찾기 쉽도록 특별히 연구한 모양이지…… 그래 소복이 묻어둔 채 찾아 먹지도 못하나 봐."

동화집에나 실릴 듯한 얘기인지라 그런가 보다 하면서도 다람쥐의 그 어리석은 작태가 우습게만 여겨져서 날렵한 달음질과는 달리 바보스러운 놈이구나 하고 그 얘길 스쳐 들었다.

친구는 웃지도 않고 담담히 또 얘길 한다. "그 다람쥐란 놈이 겨우살이 준비를 할 때는 눈 밝고 날렵한 여편네를 구한대…….그래서 겨우살이 준비가 끝날 즈음엔 이 핑계 저 핑계로 여편내를 바꾸는데 눈먼 다람쥐를 아내로 삼아 알밤은 제가 먹고 눈먼

아내에게는 도토리만 준다나……."

누군가가 지어낸 얘깃거리이겠거니 하면서도 다람쥐란 놈이 꽤나 고약한 데가 있구나 하는 정도로 가볍게 듣고 넘겼다. 그건 바보스러운 앞애기와 제 욕심만 챙기는 뒷애기가 별로 걸맞지도 않거니와 그런 류(類)의 이야기는 나의 관심사항이 아니었고 친구가 얘기하는 투로 보아 잠깐 스쳐 지나치는 여담으로 여겨졌기 때문이다.

다람쥐 애기 두 토막을 밀치고 우린 거닐며 이런저런 애길 오랫동안 나누었다. 그래도 성직자에로의 가능성이 확연치 않아 씁쓸이 해인사를 등지고 말았다. 그리곤 오랜 세속살이로 영원에 대한 빛바랜 그리움이나마 이따금 노래할 제면 그 마음에 맞는 도반 얘기가 밀려오곤 했다.

그런 세월 속에서 이느 날 '다람쥐'에 얽힌 또 다른 얘기를 접하게 되었다. 얘긴즉 다람쥐가 드나드는 통로를 뒤져본 어느 비구니가 그 속에 수북이 쌓인 알밤을 무심코 챙겨 왔던가 보다. 그런데 이튿날 아침 그 비구니는 자기의 고무신을 물고 섬돌 아래 죽어 있는 다람쥐를 본 순간 자신의 잘못을 깊이 뉘우치고 사죄하는 뜻에서 그 다람쥐의 영혼을 달래주는 재(齋)를 지냈다고 한다.

그 비구니의 미련스러운 행위와 다람쥐의 영특한 자살극은 묘한 대조를 이룬다. 아무튼 그 영특한 다람쥐 얘기를 듣고난 후 구름에 맞추어 알밤을 저장한다는 바보스러운 다람쥐 얘기는 시간이 갈수록 그 내용의 진위(眞僞)를 떠나서 무언가 색다른 의미를 내게 일구어 낸다.

알밤을 저장하는 것과 같은 속(俗)된 살림살이를 할 수밖에 없는 열악한 근기(根機)를 지닌 나로서 출가수행을 희구한 것은 마치 다람쥐가 먼 하늘의 구름을 의지하는 것처럼 아마득한 그래서 전혀 실익이 없는 일임을 은근히 암시한 얘기였음이 선명히 드러난다. 알밤을 저장하려는 욕망으로 동가식(東家食)하면서 영원에 대한 옅은 그리움으로 서가숙(西家宿)하려는 출가(出家)의 열망은 다람쥐가 구름에 맞춰 알밤 묻는 것과 다름없는 미련스러운 자기기만임을 짐짓 일깨워 주기 위해 재치를 구사할 정도로 그 친구는 성숙된 성직자였음도 이제사 알 만하다.

20여 년 전 그 친구는 내가 출가할 복덕도, 재목도 되지 못함을 간파하고서도 성직자가 되고픈 열망으로 안타까워하는 여린 가슴을 다치지 않게 하려고 다람쥐 얘기를 했던가 보다.

그 옛날 출가하지 못한 아쉬움을 어리석게도 지금껏 읊고 있는 나를 이제금 돌이켜 보노라면 그 친구의 다람쥐 얘기가 어떤 예언(豫言)과도 같은 진실된 힘을 느끼게 한다. 그 친구는 성직자로서 결코 거짓스러운 얘기를 지어낸 것이 아니라 멋진 방편으로 나를 싸안아 주었지만 20여 년이 지나서야 그 고마운 사연을 겨우 눈치챌 정도로 우둔한 자신을 이제사 찾은 기분이다.

다람쥐 얘기 세 토막을 엮어서 겨우 알아낸 나의 근기(根機)에 아연할 따름이다. 형광등이 따로 없다는 자탄(自歎)과 함께.

—1991. 8. 9—

세 가지 질문

　'영원에 대한 그리움'을 맑게 지닌 청소년들로 하여금 그 꿈을 성숙시켜 줄 수 있는 수련장을 하나 만들어 보고 싶은 열망으로 이곳저곳 나들이를 자주 하던 계절의 이야기다.

　하루는 청소년수도원에 대한 세부적인 계획을 다듬느라고 광지원 쪽에서 남한산성으로 걸어 올라가고 있었다. 홀로 거닐면 생각은 자연 깊어져서 좋고, 생각이 깊어지면 어디서건 주저앉거나 그냥 서 있어도 마냥 즐거워서 좋았다. 오르내리는 차량이 원체 귀하던 때라 조용해서 좋고 버스를 기다리는 것보다 그냥 걷는 편이 오히려 자연스러워서 숲과 계곡 그리고 이름 모를 잡초들과 말 없는 사귐에 은연중 길들여지고 있었다.

　저만큼 산성마을이 가깝게 여겨질 즈음 한순간 걸음걸이가 느슨해지고 목이 말라온다. 마침 가까이 있는 매점에 들러 음료수 한 병을 청하니 매점 아가씨가 의아한 듯이 쳐다본다. 왜 그럴까 하여 뒤돌아 보아도 아무도 없다. 나를 아래 위로 훑어봐도 색다를 게 없다. 의아해서 그 아가씨를 다시 쳐다본다. 그랬더니 "사모님은 어쩌고 혼자 옵니까?"하고 묻는다. 이 좋은 데이트 코스에 음료수 한 병만 청하니 그게 의아스러웠던가 보다.

　"난 아직 결혼하지 않았습니다."라고 혼자인 이유를 설명하고 나니 내가 몇 살쯤이나 되어 보이기에 '사모님'을 들먹이는지 궁금해진다. 그래서 "내가 몇 살쯤 되어 보입니까?"하고 물어보니 그 아가씨는 "서른 두엇쯤 되어 보입니다."라고 자신있게 말한다. 그 순간 나는 깜짝 놀랐다. 그 때 내 나이 서른 둘이었다.

정작 내가 놀란 것은 그녀가 내 나이를 정확히 맞춘 때문이 아니라 작년까지만 하더라도 애띤 나머지 대학재수생 취급을 당했는데 서른 둘이라니 갑자기 팍 늙은 기분이 들어서였다. 거울이 보고 싶었다. 왜 갑자기 늙었나 싶어 궁금증이 인다. 그런가하면 속으로 긴 한숨과 탄식이 스친다. 하고 싶은 일은 시작도 하기 전에 벌써 나이가 들었나 하는 안타까움 또한 지울 수 없어서 산성을 오르는 걸음이 마냥 무겁기만 하다.

지난 세월에 대한 아쉬움과 불투명한 실현가능성 때문인지 깊숙이 치달리던 사색의 터널이 갑자기 막혀 버린 듯하다. 그 매점에 당도할 무렵까지만 해도 활발히 구상하던 청소년수도원에 대한 생각 또한 허둥대는 것만 같았다. 눈썰미 있는 매점아가씨의 그 한 마디가 몰고온 파장이 심각했던지 아담한 산성마을의 머뭄직한 분위기도 그날따라 별다른 감흥없이 스쳐가는 걸음에 밀리고 있었다.

그날 이후 나는 내 나이를 헤아려보곤 했다. 서른 둘, 친구들은 결혼하고 사회적 기반이 단단하게 짜여서 두각을 나타내고 있는 나이인데 나는 아직껏 이상적인 생각에 떠 있다는 주변의 눈총 또한 새삼스럽게 느껴졌다. 그럴수록 나는 청소년수도원에 대한 집념이 더욱 강해져서 가까운 친지에게 비교적 상세하게 그 구상을 설명하곤 했다.

반응은 한결같이 "참으로 이상적인 생각이다. 해볼 만한 일이다. 그러나 혼자 하기엔 힘들데고 다른 사람의 참여나 협조를 얻으려면 뿌리가 있어야 한다.”는 지적이었다. 그 뿌리란 ‘결혼’하여 가정을 가져야만 비로소 세상 사람에게 미쁨을 줄 수 있다는 그런 의미였다.

청소년수도원은 결혼하지 않은 사람이 해야 하는 건데 하고 씁쓸이 웃으면서도 남한산성에서 내 나이를 일깨워 준 그 아가씨의 눈썰미와 ‘뿌리’ 얘기에 흔들렸는지 계획에도 없던 ‘선보기’가 시작되었다.

첫선은 참으로 소중한 인연이라는 걸 알고 있었다. 그런 조심스러움으로 맞이한 여자분은 맏며느리감으로 부족됨이 없는 중후함이 돋보였다. 성장한 지역이 같아서인지 인연을 되뇌이게 할 정도로 첫선인데도 아무런 부담이 느껴지지 않았다.

그녀는 대학에서 ‘영양학’을 강의하고 있다고 했다. 그래서 나는 첫시간에 혹시 “먹기 위해서 사느냐 살기 위해서 먹느냐?”는 명제로 토론이나 강의를 하느냐고 물어 보았다. 그녀는 약간 의아한 듯이 아니라고 했다.

나는 나름대로 이 명제의 오류와 이를 바로 잡기 위한 변설을 늘어놓았다. 결혼을 염두에 둔 첫선이라는 걸 까마득히 잊고 제나름의 꿈에 도취된 사람마냥 떠들었지 싶다. 연애하는 사람이 친근해지면 기탄없이 자기전개를 마구 할 때에나 하는 얘기를 중매로 처음 만난 그 여자분에게 그것도 강의조로 꽤나 오랫동안 말이다.

변설은 명쾌했을는지 모르나 시간이 감에 따라 혼자 떠드는 강의장이 아닌 이상 분명 멋적어지는 즈음에야 서로를 알아보려는 일상적인 얘기가 뒤늦게 시작되었다. 조심스럽게 그녀는 말문을 연다. "학교는 어디?……" 나는 자랑끼 없이 얘기하려고 담담하게 "예, 서울법대를 졸업했습니다."고 말한다.

으레 공식 같은 얘기지만 그 다음 질문은 "지금 무얼하고 지냅니까?" 즉 직업은 안정되어 있는가 하는 질문이다. 나는 "놀고 있습니다."하고 사실대로 대답한다. 그녀는 놀란 듯 의아해한다. 서울법대를 졸업하고 그 나이에 놀고 있다니 이해가 되질 않나 보다. "공무원으로 조금 일하다가 지금은 놀고 있습니다."하고 부연해서 실업자임을 명확히 한다. 김새는 침묵의 시간이 한순간 분위기를 무겁게 한다. 어물전 망신시키는 꼴뚜기마냥 명문대학을 졸업하고도 실업자라니…….

침묵의 무게에 밀려 놀고 있는 사연과 앞으로의 계획을 설명하고자 하는 순간 어색한 분위기를 감싸기라도 하듯 그녀는 "무슨 좋은 계획이라도 있으신가 보죠?"하며 부추기듯 질문을 한다. 기다렸다는 듯이 "청소년수도원의 건립이 저의 소망이요 필생사업입니다."하고 열의에 찬 어조로 말한다. 고시공부를 계속하겠다거나 쉬이 알아들을 수 있는 사연도 아니고 생소하기 이를 데 없는 계획에 약간의 실망과 궁금증이 이는 듯하다. 나는 늘상 그러하듯 나의 인생관을 설명하고 그 인생관을 정립하는 과정에 나의 필생사업인 청소년수도원 건립을 구상하게 된 배경을 밝히느라 꽤나 진지하다.

"살기 좋은 세상이 되려면 각계각층의 지도자는 올바른 인생관을 지닌 사람들이어야 하는데, 오늘날의 교육은 올바른 인생관의 정립과는 거리가 먼 것 같습니다. 전쟁과 빈곤 그리고 무분별한 서구화(西歐化)로 인한 가치관의 변혁 등 기성세대가 성장해온 여건을 감안하건대 이 일은 새로운 세대를 대상으로 새롭게 시작되어야 합니다.

어머니와 아버지가 결혼하시기 이전에 '나'는 존재했는지 그리고 심장의 고동이 멎고 호흡이 정지된 이후에도 '나'는 존재하는가 하는 의문에 대해 명쾌하고도 올바른 해답을 얻지 못하면 인생관과 삶의 목적이 올바로 정립될 수 없습니다.

인생의 목적이 올바르게 정립되지 못하면 인간은 식욕(食欲)·색욕(色欲)·재욕(財欲)·명예욕·수면욕(睡眠欲) 등 오욕(五欲) 충족을 위한 이기적(利己的) 욕망에 이끌려 허황된 목표를 설정하고 수단과 방법의 정당성을 도외시한 채 부도덕한 행위도 부끄럽게 생각지 않습니다. 즉 도덕성이 붕괴되기 마련입니다.

도덕성이 무너지는 와중에 급증하는 살인·강도·사기·공갈 등등의 범죄는 국가의 공권력만으로는 대처하기 어렵습니다. 판사 검사가 아무리 법의 존엄성을 강조해도 범죄는 줄어들지 않을 겁니다. 일반국민보다 권력을 지닌 '정치인들의 도덕성'을 확보할 수 있는 방법이 없는 상황에서 '잘살기' 공약은 거짓이요 위선이며 자기합리화의 구두선(口頭禪)에 불과합니다.

그래서 판사나 검사가 되는 것도 정치인이 되는 길도 내겐 매력이 없어진 지 오랩니다. 나 아니라도 그 길로 가고자 하는 사람은 많습니다. 또 내가 그 길로 간다고 하더라도 국민 개개인의 인생목적을 올바르게 정립토록 하는 교육개혁이 없는 한 나 역시 별다를 바 없을 겁니다.

아무도 알아주지 않는다 하더라도 나 혼자만이라도 올바른 인생관을 정립시켜 줄 수 있는 교육기관을 만들고 싶은 겁니다. 그 교육기관을 나는 청소년수도원이라 명명하고 있습니다. 여기서 '청소년'이란 '나이'만을 기준으로 한 것은 아닙니다. 꿈이 순수한 사람이라면 순수한 꿈이 마악 피어나는 젊은이와 다를 바 없지 않겠습니까?"

그녀의 표정을 잠깐 살피느라 얘기를 끊는다. 원론적인 평범한 얘기여서인지 그녀는 담담한 표정으로 듣고 있다.

"청소년수도원은 성직자를 양성하는 교육기관과 사관생도를 양성하는 사관학교 그리고 일반대학의 교과과정의 특성을 연계하여 생각하면 그 윤곽이 잡힐 겁니다. 대학 1학년 방학기간이 좋을 듯하고요, 장소는 우선 산자수명(山紫水明)한 곳이어야 하겠지요. 세월이 나의 뜻을 받아들여 준다면 이 일에 전념할 젊은이들이 나를 도와줄 것으로 압니다.

좀더 욕심을 부린다면 노인(老人)들을 뫼시고 청소년들과 함께 '지나온 인생과 맞이할 인생'을 맞잡아 봄직하겠지요. 그러나 다들 이상적인 생각이라고 하면서 실현가능성에 대해 회의적인 것 같습니다. 친구들도 해보라고 하지만 같이 하고자 하는 이는 없습니다. 그래서 이 계획을 이해하고 도와줄 동지(同志)를 찾는 심정으로 결혼을 해보기로 했습니다."

인생의 반려자라면 그 여정(旅程)에 자리한 사업의 동반자여야 한다는 나의 결혼관이 그녀의 의향과 어느 정도 맥을 같이 하는지 궁금하여 끝말을 조심스럽게 편다. 그녀는 담담한 표정으로 다소곳이 앉아 있을 뿐 아무 말이 없다. 혼자 일방적으로 떠들어대서인지 내가 말을 끊으니 다방 안은 갑자기 고요해진 듯하다. 그러자 난 체한 부끄러움이 인다. 명문대학을 졸업하고도 놀고 있다는 사연이 남에게 부담을 주어왔고 오늘따라 그 사연을 합리화하기 위해 억지로 남의 귀를 빌려달라고 떼를 쓴 것 같아 씁쓸한 기분이 스친다.

결혼을 통하여 청소년수도원사업의 동반자를 확보하고자 한 그 '뿌리'론(論)은 역시 어리석은 생각이 아닐까 하는 성급한 체념도 인다. 침묵과 고요의 무게가 한순간 증폭된다. 오늘도 또 한사람에게 내 인생강의를 한 셈치자는 시간계산이 뒤따른다. 그러자 평소처럼 어떤 기대나 희망이 여의치 않을 때 마음을 비우듯 진지한 표정을 풀고 담담한 심경으로 편안한 자세를 취한다.

그 순간 그녀는 "장부(丈夫)가 뜻하는 바가 있어 놀고 있는 게 무슨 허물이 되겠습니까?…… 때를 기다림이겠지요!"하며 확 트인 음성을 펼친다. 조심스럽게 움츠러든 나의 끝말을 오히려 의아스럽게 여긴 듯하다. 분명 동감의 맥이 이어진 셈이다. 참으로 기쁜 순간이 아닐 수 없다.

그런데 무슨 마장(魔障)이 끼었는지 일순 '그러면 그렇지 내가 계획하는 사업이 어떻게 구상된 것이라고…… 응당 그 정도의 반응은 자연스러운 것 일테지……'하는 만심(慢心)이 피어오른다. 그리곤 마치 여느 때 인생강좌를 끝낼 즈음처럼 자기도취에 빠진다.

마악 시작한 선보기에서 인생의 반려자이자 사업의 동반자를 만날 수 있을 것 같은 자신을 얻었음인지 소중한 '첫선'에 큰 의미를 부여하지 않고 여러 차례의 선보기를 통해 고르기로 나아가려는 얕은 계산이 인다. 다음 만남에 대한 기약도 없이 강의(講義) 같은 첫 선보기가 그렇게 끝났다.

그 후로 연이은 선보기에서도 세 가지 질문과 답변은 고정적으로 등장되었다. 그러나 새로운 만남에 대한 기대는 증대되나 반복되는 세 가지 질문과 답변은 지겨운 고문처럼 나를 압박하고 있었다. 그건 첫선의 그녀 외에는 세 번째 답변에 대해 겉으로는 감탄하는 체하면서 내심으로는 이런 남자 만나 살면 평생 고생하겠다 하는 자기 방어본능이 역력히 엿보였기 때문에 더욱 그러했다.

호랑이가 산에서 마을로 향할 땐 '알 밴 각시나 처녀'를 갈망하여 하산(下山)하나 여의치 않아 돌아갈 즈음엔 '개나 쥐'라도 물고 갔으면 한다더니, 필생사업의 동지를 구하려고 꿈꾸듯 시작된 선보기는 거듭될수록 사업의 동지는 고사하고 필부필부(匹夫匹婦)의 짝짓기마저도 성사될 것 같지 않았다. 그 '놀고 있다'는 사연도 사연이거니와 처음 들어보는 생소한 계획, 그것도 전원을 배경으로 농사꾼 아니면 성직자 같은 생활에 당혹감을 감추지 못하는 그런 여인들만 자꾸 만나게 되었으니 말이다.

선보기가 지져워져서 '고르기' 위한 선보기를 멈추고 뒤돌아본 순간 첫선의 그녀가 한 말이 새롭게 떠올랐다. "장부가 뜻한 바 있어 때를 기다람이 무슨 허물이 되겠습니까?"라고 한 그녀의 말은 분명 그녀의 내면(內面) 어딘가에서 공명(共鳴)되어 나온, 그래서 지친 나를 일깨워 다시금 세워줄 정도로 신선하고도 심오한 저력을 지녔음을 뒤늦게나마 깨닫게 되었다.

그리고 그녀와의 첫선을 주선한 이를 통해 그녀가 나를 도와주기 위한 구상과 의지를 전해들은 기억도 돌이켜보니 새삼 놀라운 것이었다. 더 헤맬 것 없다는 확신으로 그녀가 출강하고 있는 대학으로 그녀를 찾아갔다.

처음 만난 후 그리 긴 세월이 흐르진 않았지만 얘기에 열중해서였는지 그녀 얼굴이 떠오르지 않았다. 본인을 앞에 두고 혹시 그녀를 찾는 꼴이 되지 않을까 염려된다. 그러나 인연이 지중해서였는지 그날따라 저만큼 계단을 오르는 그녀를 곧 알아볼 수 있었다.

그 순간 갑자기 마음이 동요되고 허둥대는 것 같아 얘기할 수 있는 공간까지 천천히 그녀를 뒤따라가며 호흡을 좀 가다듬기로 했다. 가파른 오르막을 서둘러 온 탓인지 좀체로 호흡이 안정되지 않고 말을 건네면 들릴 수 있을 만큼 가까운 거리에 그녀를 두고 갑자기 숨이 꽉 막혀오며 말문이 열리지 않아 그 자리에 잠깐 머문다. 그 사이에 계단을 다 오른 그녀의 뒷모습이 보이질 않았다.

눈은 그녀를 쫓아 초조로우나 몸엔 계속 더운 열기가 오르며 뒤따라가던 걸음을 그 자리에 묶어 둔다. 그 무슨 마장(魔障)의 시샘이 또 발동했는지 그날의 사연은 그녀와의 앞날을 기약할 수 없는 어떤 징조가 아닐까 하는 회의로 나의 걸음을 계속 휘감아 붙들고 있었다.

결정적인 순간에 예기치 않은 단순한 사연을 보다 적극적이고도 긍정적으로 받아들이지 못한 아쉬움은 그녀의 깊은 뜻을 마주하여 다시 헤아려 볼 수 없었던 서운함과 함께 지금껏 이어진다. 삼매(三昧)에 들어 자연스럽게 맛보는 법열(法悅)을 억지로 돌이켜 뒤쫓으면 영영 다시 맛볼 수 없듯이 급히 다다라 본 그녀의 뒷모습은 하늘이 내게 허용한 최대한의 배려였나 보다.

돌이켜보면 이즈음은 놀고 있지도 않거니와 오래 전에 결혼한 터라 이제금 그 옛날의 세 가지 질문과 대답은 대상을 잃었고 또 얘기거리로서도 흥미를 끌지 못한다. 그러나 그리도 열망하던 청소년수도원 건립계획은 아직도 본격적인 실현단계에 이르지 못하여 심히 부끄럽고 예나 마찬가지로 안타깝기 이를 데 없다.

나이는 들어가고 체력은 나이를 앞질러 시들어가는데도 걸음마 단계에 있는 꿈을 잃지 않으려고 청소년수도원용으로 확보해둔

공간을 멀리 바라본다. 틈틈이 그 공간을 다듬고자 나들이도 한다. 그리고 가까운 텃밭을 일구며 느슨한 나의 일상에서 기다림으로 주름진 꿈을 다시 생각해보곤 한다. 정녕 꿈으로 끝날 사연인가 하고 아쉬움이 가득찬 반문을 몇 번이나 했는지 모른다.

그런 나에게 이따금 그 옛날의 노을이 밝게 비춰와서 신선한 감흥이 다시금 피어오를 땐 '장부가 뜻한 바 있어 때를 기다림이 무슨 허물이 되리오!'라고 일깨워 준 첫선 그녀의 그 한 마디가 지금껏 큰 위안이 되고 있다. 그 한 마디는 기다림으로 여울진 세월의 주름살을 한순간 밝게 펴주는 활력소이기도 하다.

그리고 그 한 마디를 잊지 않는 한 나의 꿈은 결코 시들지 않을 것 같다.

-1990. 7. 7-

애별리교(愛別離橋)

영동대교가 개통되기 전까지만 해도 청담나루에서 봉은사(奉恩寺)에 이르는 길은 젊은이들에게 영원에 대한 그리움을 일깨워 주는 꿈의 꽃길이었다.

뚝섬까지 시내버스 요금과 나룻터에서 한강을 건너는 도선료만 있으면 나룻배를 타는 즐거움은 물론, 한적한 시골길을 거닐며 주변의 정경과 고요를 만끽할 수 있었고 가을엔 가까운 과수원에서 배나 두어 개 먹으면 그야말로 실비로 데이트할 수 있는 곳이기도 하였다. 그래서인지 나루를 오가는 젊은이들의 발길은 끊이질 않았고, 무엇이 그들로 하여금 그토록 정겨운 웃음을 꽃피우게 하는지 배가 닿기까지 봄 같은 향기로움이 오갔다.

모종의 긴장과 기대가 감도는 가운데 나룻배가 와 닿으면 한동안의 혼잡으로 강변은 시장바닥처럼 활기가 넘친다. 그리고 서서히 고요를 되찾으면 나룻배는 떠날 준비를 하곤 한다.

사공이 힘겨웁게 모은 기(氣)가 노래로 엮어져 나올 때쯤 차안(此岸)을 미끄러져 나가는 나룻배의 경쾌한 부상과 뱃전을 가볍게 울리는 물소리는 한순간 미지의 세계로 접어드는 듯 야릇한 감흥을 돋운다. 나룻배가 점차 강(江) 중심부로 나아가면 신비경을 더듬어 피안(彼岸)에 도달하려는 심오한 종교적 경지로 빠져

들게 하는 적정에 휩싸이게 된다.

이 무위(無爲)의 적정(寂靜)을 일깨우려는 듯 물결은 뱃전을 울렸다간 더욱 고요에 싸이게 한다. 정적과 이를 시샘하듯 뱃전을 울려 주는 물결이 술래잡기를 되풀이하는 동안 나룻배는 무심한 듯 육중한 체구를 강물의 흐름에 맡긴 채 유유히 흘러가는 듯한 느낌을 준다.

속삭임에 영원을 건 연인들, 무심한 사색의 업습(業習)을 보여 주는 듯한 우공(牛公)의 눈망울, 한강의 흐름을 빌어 역사의 근원을 캐려는 청년의 굳게 다문 입, 처음 나룻배를 탄 사람들의 겁먹은 듯한 모습, 무사한 도강(渡江)을 기원하는 듯 가늘게 뜬 눈과 좁아든 입술 등 이들 나룻배의 표정 속에서 나는 피안에 이르는 듯한 종교적 묘미를 맛보며 나루를 건너곤 했다.

뚝섬나루를 떠나 청담나루에 가까워지면 피안(彼岸)에로의 기대가 감도는 가운데 약간 둔탁한 충돌에 이어 관성으로 피안을 긁어 오르는 듯한 소리를 내며 나룻배가 닿는다. 그 순간 행인들의 하선과 승선으로 나룻터는 소란해진다. 그 소란 속에 문득 피안에의 기대를 잊고 망연히 배에서 내리는 순간 피안은 이미 사라지고 차안의 현실 속으로 빠져들어, 오가는 행인들의 부산함에 한순간 넋을 잃는다. 이른바 피안부재를 음미할 여유도 없이……. 그래서 옛사람은 심수만경전(心隨萬境轉)이라 했던가 보다.

청담나루에서 한강과수원 앞을 지나 봉은사에 이르는 길은 넓직해서 좋으나 차가 다니고 세인(世人)의 눈총이 다소 부담스럽기에 연인들은 좁은 논길을 택하곤 한다. 나는 그런 연인들의 분위기를 깨고 싶지 않아서 더러 먼지를 마시더라도 큰길을 즐겨 거닐었다.

오가는 사람들의 웃음과 눈물 그리고 희망과 가슴설레임이 나로 하여금 그 길에 머물러 사색하게 했고 외톨이인 나의 추억들은 그 길과 벗한 속삭임으로 충만되어가고 있었다. 까닭은 일년 남짓 대학생수도원(봉은사 명성암 소재)에 살면서 나루터와 봉은사를 오가며 생(生)의 의미를 캐곤 했기 때문이다.

내가 수도원에 입사한 날은 바람이 세찬 초겨울이었다. 12명의 대학생과 한 명의 대학졸업자로 구성된 원생들은 대중방에서 함께 첫밤을 지냈다. 이튿날 지도법사를 모시고 입사식을 가진 다음 절〔寺〕의 규율에 따라 길고도 깊은 겨울의 사원생활에 들어 갔다. 도량석(道場席)과 체조와 네시 예불(禮佛)로 시작되는 일과(日課)는 영원에로의 그리움을 고조시켰고, 저녁 예불 후의 토론과 다과회, 고요를 더해가는 밤, 흘러내릴 듯한 별들, 새벽의 종성과 목탁소리, 그리고 염불성으로 겨울은 짜여져 있었다.

그 겨울이 깊어갈 즈음 아버님께서 위독하시다는 전보를 받았다. 서둘러 걸어 나가는 길엔 그해 들어 첫눈이 수북이 내렸고 꽁꽁 얼어 붙은 나루터엔 기다림의 멋이나 도강(渡江)의 신비감도 없이 그저 빙판 위를 거니는 조심스러움과 단조로움만이 있었다. 아버님의 투병은 막내라는 이유 하나만으로도 나를 울리기엔 충분했고 이는 곧 영원한 이별로 이어지는 예고라는 걸 일깨워 주는 영감의 작용으로 눈물보가 터진 슬픔의 한가운데에 나는 서 있었다.

그러나 아버님께서는 생사본무(生死本無)의 대오(大悟)를 기려 영원에로 향한 그리움으로 번민하는 나에게 "살 수만 있다면 더

살고 싶을 뿐…… 죽는 걸 겁내서야 어디 장부라 하겠느냐……."
하시며, 막내의 자잔한 슬픔을 꾸짖어 위로하시는 여유를 보이셨
다.

잠 못이루는 투병과 간호의 날이 며칠 계속되고 이렇다 할 회
복의 기미도 보이질 않았다. 그러나 오랜 정양을 요하는 병이므로
간병보다는 각자의 본분에 충실하라는 강요에 못이겨 귀사(歸寺)
한 다음날 아침 아버님께서 작고하셨다는 전보를 받았다. 터벅터
벅 나루터로 걸어나간 길은 백설로 상복(喪服)을 단장한 듯 슬픔
을 고조시켰고 영원한 삶에로의 그리움을 더욱 절감하게 했다.

세상물정을 올바로 파악하기 위해선 잠깐동안만이라도 판사(判
事)가 되길 바라시던 선친(先親)의 뜻과는 달리 출가 승려의 길
을 고집함으로 빚어진 오랜 번민은 엄격한 가부장(家父長) 슬하
에서 자란 나로 하여금 외형은 시험준비의 눈가림이었고 생각은
영원에로의 그리움으로 꽉 짜여진 지 오래였다. 하지만 갑작스런
별세는 선친의 뜻에 충실치 못한 청개구리 같은 탄식을 안겨 주
었다.

반항기의 누적된 사연이 위장된 채 뒤늦게 폭발하였고, 게다가
갑자기 반항의 대상을 잃은 탓으로 도리어 중심을 잃고 허우적대
다 못해 항명을 포기한 처량한 패배자의 비굴함을 주체할 수 없
어서 장례기간을 뜬눈으로 지냈다. 어버이란 최후의 순간엔 자신
의 육신마저 바치는 죽음을 나투어 생사의 초월을 통한 영원한
삶의 성취야말로 인생대사라는 무언의 교훈을 행동으로 남기는
위대한 교육자라는 걸 생각하게 했고, 출가 승려에로의 그리움을
더욱 고조시켰다.

그런 의미에서 아버님의 별세는 나에게 출가 승려에로의 길을

활짝 열어준 절호의 찬스였다. 그러나 새장에 갇힌 채 먼먼 창공을 그리며 몸부림쳐온 새는 열린 문을 나서기가 무섭게 새장으로 되돌아오듯이 아버님의 별세는 도리어 출가를 곤란하게 하는 새로운 장애요인이 될 줄은 미처 몰랐다.

마지막 떠나시던 날의 구성진 염불성(念佛聲)은 미지의 내생(來生)을 눈앞에 펼쳐주는 듯했고 산정(山頂)의 눈보라는 눈물마저 얼어붙게 했다. 하관에 이어 봉분이 끝날 즈음엔 홀로 남은 자신을 문득 찾은 듯 놀라 하산을 시작했고 먼발치에 모여 있는 사람들은 나와는 무관하게 여겨질 만큼 거리가 있었다. 터벅터벅 내딛는 걸음이 산중턱에 다달아 버려진 짚신 한 짝을 보는 순간 버려진 외로움이 나인 양 더욱 눈물을 자아내게 했다. 막내는 이래서 개막내가 되고 그래서 마냥 슬픈 것인지도 모른다.

개개인의 사정이야 어떻든 세월은 시련과 망각을 병주고 약주듯하며 슬픔의 외형을 감추게 했고 슬픔을 잊게 할 새로운 사연을 마련해놓고 있었다. 그래서인지 모든 절차를 마치고 난 후 무척 변해 버린 것 같은 나를 의식하며 망우(忘憂)의 길을 재촉하여 다시 다다른 나루터의 표정은 나와 닮아있는 듯했다. 말없이 걷는 나를 위해 길은 침묵한 채 이따금 외롭다는 듯이 추욱 늘어져 지루한 감을 주었고 여태와는 달리 그 길은 너무도 멀기만 했다.

그런 세월 속에서도 봄은 왔고 개나리는 웃으며 상춘객을 맞이했다. 그리고 원생(院生)들은 활기찬 대지와 더불어 모두들 새로운 꿈을 엮고 있었다. 진달래의 노래가 봄을 한창 가꿀 무렵부터 이따금 아가씨들의 외로운 발길이 수도원 뜨락에 머물기 시작했고, 그 걸음 속에 찾아 온 몇몇 여인들의 관심과 배려는 벚꽃의 낙무(落舞)와 더불어 더욱 봄을 만들어 가고 있었다. 그리고 언제부터인가 몇몇 원생들이 대표로 그 여인들을 배웅해주는 나루터에로의 길은 봄내음이 그윽했음직했다.

초여름의 싱그러움이 움틀 즈음엔 그 여인들의 걸음은 매주 토요일 오후 세 시경으로 고정되어 갔고, 여인들의 수(數)도 사오 명으로 늘었다간 두세 명으로 고정되어 갔다. 표정없이 지켜만 보던 나의 심중에도 서서히 철잃은 인생의 늦봄이 영글어가고 있음을 의식하지 못한 채 이따금 그들을 전송하기 위하여 나루터까지 가곤 했다.

초여름 저녁은 개구리의 합창과 뭇벌레들의 교향악, 그리고 여름밤 특유의 청록빛 시원함이 있어 젊은이의 가슴에 알 수 없는 생의 열락을 일깨우곤 했다. 무덥고 긴 여름도 그 여인들에게 예외라는 걸 허용치 않았고, 장마로 질펀한 길에 흙투성이의 신발을 끌고서 물구덩이에 빠지면서도 찾아온 그들을 나루터까지 배웅할 때면 어떤 극성스러움 같은 걸 느끼면서도 그 여인들이 밉지 않았다.

여름도 가고 종성이 더욱 낭낭하게 들리는가 하면, 달빛은 그리움을 자아내듯 사내들의 가슴을 설레이게 하는 계절이 되었다. 여인들의 내왕을 그저 지켜만 보던 무심한 세월은 이제금 기다리는 세월로 바뀌고 그 기다림은 금요일 아니 목요일로 앞당겨져 있었다.

토요일 오후의 휴식을 위해 그 여인들은 다과를 준비했고 우린 저녁을 대접했으며 저녁식사가 끝나고 그 여인들을 배웅하는 초가을의 저녁 무렵은 많은 연인들의 짝지은 내왕 속에 이따금 뒤엉키긴 했어도 우리들에겐 조그만 잡스러운 언어나 선정적 분위기란 찾을 수 없었다.

가을이 되면서부터 한두 사람이 배웅하던 나루터 길은 이제 한두 명의 당번만 남고 모두 참여하는 저녁 산책코스로 바뀌었다. 연상의 누이들을 배웅하는 나루터에로의 길은 가곡과 동요로 짜여져 청순함과 영원의 그리움이 교차되는가 하면 이따금 진리에 관한 이야기와 민족과 국가의 장래에 관한 염려가 깔려 어떤 성스러움이 밀려오는 듯해서 가슴 뿌듯하기도 했다.

노래와 이야기로 엮어지는 전송은 그 여인들이 나룻배를 탈 때까지 계속된다. 정작 배가 떠나고 돌아서서 걷는 원생들만의 귀로는 침묵과 적막으로 고요를 더할 뿐 누구 하나 입을 열지 않는다. 그러나 그런 분위기가 좋아서인지 누구도 그 침묵을 깨려고 하지도 않은 채 걷는다.

웃음을 엮던 배웅길과 말없이 돌아오는 귀로는 대조적이 아닐 수 없다. 어쩌면 이별을 아쉬워하여 그 아쉬움을 달래고자 노래를 불렀다면 정작 이별하고 돌아서는 길엔 회자정리(會者定離)의 무상함을 익히는 구도자적 깨달음의 침묵이 오히려 제격인지도 모른다.

가을이 깊어감에 따라 그 여인들을 배웅하는 시간도 길어만 갔고, 저녁 예불시간을 어길 정도로 나루터에로의 길은 마냥 끝이 없는 듯했다. 그러나 원내 규율을 맡은 나로서는 어떤 용단을 내리지 않을 수 없어 나루터와 수도원의 중간지점인 한강과수원 앞 다리에서 배웅을 끝내도록 종용하고, 다음 주부터 실시하기로 했다.

기다리던 다음 주말이 되자 나루터에로의 배웅길은 아쉬움이 깊어진 듯 노래와 이야기는 더욱 청순한 분위기를 자아냈고 그 다리에 가까워졌을 때엔 한껏 무르익은 분위기 속에 몰입되어 갔다. 정작 그 다리 앞에 왔을 때, 우리는 약속이나 한듯 다리곁 둑에 주저앉아 노래와 이야기를 계속했고, 저녁노을을 뒤쫓아 찾아든 별들의 미소마저 우리와 함께 있는 듯해서 누구 하나 작별의 인사를 나누고자 하지 않았다.

오가는 발길도 뜸했고 주변의 고요와 옅은 어둠은 우리들의 이야기와 노래를 도와주었으며 어느 결엔가 주변의 자연과 일체를 이룬 듯 영원히 머물고 싶은 분위기 속에 모두 녹아들어 있었다.

사규(舍規)에 따른 시각의 촉박감 때문에 작별 인사를 나누도록 하여야 하는 직분이 서글플 정도로 몰아(沒我)의 일체감은 감동의 덩어리였다. 누구의 마음이 그 다리를 넘어 나루터까지 향하지 않았으리오만 돌아오는 길이 어쩌면 그리도 허전한지 모두들 말이 없었다.

인간으로 태어나면 시간적 전후와 정도의 차이는 있으나 크게 여덟 가지 괴로움〔八苦〕[1]을 겪게 되어 있으니 우리네 젊은이들이 지금 엮고 있는 이 상황은 애별리고(愛別離苦) 즉 사랑과 이별하는 괴로움일진저, 이를테면 사랑하는 사람이나 좋아하는 물건 또는 머물고 싶은 분위기에서 언젠가는 이별하게 되고 그 이별은 우리가 사랑한 만큼 괴로울진대 누가 이를 부정할 것인가!

아버님의 별세가 나에겐 애별리고였고, 양귀비를 타계로 보내야 했던 현종, 불치병으로 삶을 갈구하는 연인의 시한부 인생을 지켜보는 등등의 괴로움 모두가 애별리고가 아니겠는가! 하면 우리 원생들이 한강과수원 앞 다리곁에 앉아서 일구는 분위기, 이

분위기를 각자의 심중에 간직한 채 일주일을 기다려야 하는 이별 또한 애별리일진대, 이러한 애별리고가 얽히는 다리를 애별리교(愛別離橋)라 명명함직하다는 생각이 들었다.

그리고 만나는 자 반드시 이별〔會者定離〕하듯, 이별한 자 반드시 만난다〔離者定會〕는 부처님의 가르침에 의하면 이별은 새로운 만남의 준비이기에 이별을 괴로와하기보다는 이를 극복할 수 있는 지혜를 깨우치자는 뜻에서, 앞으로도 계속 이 애별리교(橋)에서 애별리고(苦)를 깨닫도록 유도해야겠구나 하고 마음먹었다.

다리의 이름을 애별리교로 하자고 제안했을 때 뜻깊은 웃음과 환성으로 축하해 준 원생들, 그후 작별은 애별리교에서 아쉽게 이루어졌고 벼알이 영글어 갈 즈음 작별인사도 애별리의 추억으로 자연스럽게 엮어져 제나름의 인생 밑거름이 되었다.

이 가슴 아련한 일들이 내 마음에 지리잡을 즈음 나는 수도원을 떠나야 할 개인적인 사정으로 애별리의 인고(忍苦)를 조용히 새겨야 했다. 정든 명성암 뜨락, 행복의 샘이 있을 것만 같아서 못내 갈 수 없었던 S자길, 의아한 표정으로 말없이 지켜보는 원생들의 눈빛, 그토록 알찬 생의 결실을 보라는듯이 뽐내던 빨강고추의 윤기가 퇴색되어가는 늦가을의 하늘은 어찌도 그리 푸르렀던지…….

고추잠자리의 춤이 그리움을 자아내게 하고 애별리의 사연을 청순하게 수놓아 주던 여인들에게 작별인사도 없이 떠나가는 나의 발걸음은 옅은 안개처럼 흔들렸다. 애별리교를 지나 나루터에 다다를 때까지도 나는 그저 망연하기만 했다. 이별은 이래서 슬픈 것인지도 모른다.

그리곤 승(僧)도 속(俗)도 아닌 번민의 늪에서 굳혀진 방황의 타성과 투병으로 세속살이도 무능하고 출세간의 경력도 인정받지 못한 채 몇 번이나 고추잠자리의 무용발표회가 있었는지조차 잊을 만큼 분주한 세월이 흘렀다. 문득 옛 추억이 아련할 즈음 나는 직장생활을 일단락짓고 뚝섬 나루터를 다시 찾았다. 만감이 교차되는 그리움이 샘솟을 즈음 나룻배가 와 닿고 나는 성큼 뛰어 배를 탄 후 빨리 건너편 나루에 닿기만 기다렸다. 그 기다림의 시간은 지난 수 년 만큼이나 길게 여겨졌다.

그러나 사공의 힘겨운 신음소리에 밀려 나룻배가 강위로 떠가자 예나 다름없이 흐르는 강물은 이내 시공을 앗아가 버렸고, 나는 곧 그 옛날의 일과에 묻혀있는 듯한 착각으로 버릇처럼 사색에 잠겨들었다. 약간의 충격이 있은 후 나룻배는 피안에 닿고 우르르 행인들이 하선하여 제각기 걸음을 재촉하자 나는 호흡을 길게 한 후 배에서 내렸다.

그리고 천천히 나루터의 비탈길을 올라섰을 때, 내 앞에 펼쳐진 정경에 아연실색했다. 영원에 대한 그리움을 일구어 주던 추억의 꽃길은 어디로 갔는지, 트랙터가 밀어붙인 흙더미와 새로 뚫린 넓직한 길이 시신처럼 누워 있었다. 젊은 연인들이 즐겨 찾던 논길마저도 흔적이 없어 도시 딴 곳에 온 느낌이었다. 먼 하늘을 바라보는 나의 가늘어진 시선엔 추억이 일시에 무너져버린 아쉬움과 탄식이 서렸다.

황량한 길을 따라 봉은사에 당도하니 절 주변도 몰라보게 변했고 대학생수도원은 간판뿐 나그네가 돼 버린 나를 주체할 수 없었다. 비가 많이 올 때면 봉은사 앞엔 큰 호수가 생겨 교통은 두절되지만 간혹 보트가 오가는 정경이 좋아서 혹자는 그 호수를 동정호라 했건만 그런 추억을 매몰시킨 구획정리며, 행복이 있음 직한 S자길마저 앗아가 버린 부동산 붐 앞에 나는 또 한번 애별리고와 제행무상(諸行無常)을 절감했다. 코스모스와 가을 달이 머물던 뜨락에 함께 어우러지던 종소리하며, 숱한 만남과 헤어짐, 이 모두가 어쩌면 이처럼 무상터란 말인가!

터벅터벅 길을 더듬어 한강과수원 앞 애별리교를 찾았을 때 옛 모습은 하나도 남아있지 않고 오히려 공허감만 안겨 주었다. 너무도 변해버린 주변을 두리번거리는 뜻은 추억의 한 모서리만이라도 찾자 함이었으나 눈을 감고 회상하는 편이 정녕 마음 편했다.

나는 서서히 걸음을 나루터로 옮기면서 애별리교의 추억을 어떤 형태로든 살려내고 싶었다. 어딘가에 수도원을 건립하고 적당한 위치에 다리를 놓아 그 다리를 애별리교라 명명해야지…….

나루터에서 뒤돌아 본 봉은사에로의 길은 시난 모든 것을 삼켜버리고 새로운 꿈으로 꿈틀대는 커다란 용(龍)과 같아 보였고, 나룻배로 건너는 한강도 이제 마지막이 될지도 모른다는 아쉬움이 쓸쓸함을 더했다. 등전만리심(燈前萬里心)이라 했던가, 역사의 애환을 안고 쉼없이 흐르는 한강의 끈기를 지켜 보며, 최면에 걸린 듯 나의 생각은 수도원 건립을 평생사업으로 구체화하고 있었다.

그러나 애별리교의 건립은 아랑곳없이 세월은 또 흘렀고, 나의 생활 역시 가난한 소시민의 테두리를 벗어나지 못하였다. 하지만 애별리교 건립의 뜻을 버릴 수 없었기에 나의 안타까움은 고조되어만 갔다. 그런 세월속에서도 나는 애별리의 사연들을 지켜 보았고, 많은 애별리의 곡(曲)도 들었다. 그럴 때마다 나의 생각은 더욱 왕성하게 미래의 수도원으로 치닫곤 했다.

청년수도원에서부터 노년의 봉로원(奉老院)에 이르기까지 아니 출생 이전부터 사후문제에 이르기까지 일련의 사업[2]들이 마치 활화산처럼 나를 들뜨게 하였다. 강물이 나에게 사색의 최면을 걸듯 수도원 건립에로의 집념은 무한한 사업의 연쇄발상을 창출해냈다.

입만 열면 버릇처럼 새로운 사업들을 얘기했지만 나에겐 서푼의 현금도 없었고 너무나 이상적인 사업이라는 주변의 몰이해 때문에 나의 사업은 서서히 꿈으로 화하여 가는 가슴 아픔을 맛보아야 했다. 이른바, 구하나 얻어지지 않는 괴로움〔求不得苦〕은 계획을 심화시켜 주면서도 실현 곤란이라는 현실 앞에서 제자리 걸음하게 하는, 그래서 신기루 보듯 나의 수도원사업은 세월만 앗아간 결과가 되었다.

이렇게 안타까움만 고조되는 세월이 길어지자 나의 애별리교는 엉뚱한 사색의 나들이를 시작했다. 다리〔橋〕라는 것은 강위에 있는 부동체인 돌이나 나무로 만들어진 것만이 아니라, 어떤 형태의 장애든지 그 장애를 극복하는 데 이용되는 모든 것이 다리다. 그런 의미에서 내계(內界)의 사색의 단절을 이어주는 것이 다리이고, 미혹한 중생(衆生)을 깨달은 불(佛)의 경지에로 이르게 해 주시는 부처님의 가르침이 뗏목에 비유되듯, 모든 가르침이 다리가 아니겠는가?

그렇다면 나는 곧 '나'를 다리로 삼아 사랑과의 이별로 빚어지는 괴로움으로 번민하는 모든 이에게 애별리고를 일깨워 줌으로써 애별리고의 피안으로 건네 줄 교(橋)의 역할을 할 수 있지 않을까? 그럴진대 애오라지 나를 '애별리교'라 명명(命名)하고, 이들

사업의 출발점으로 삼자는 뜻에서 성(姓)도 이름도 두루 뭉친 사
자명(四字名)을 나의 새로운 이름으로 삼게 되었다.

그후 나의 이름을 애별리교로 소개했으며 즐겨 '사랑과 이별하
는 괴로움'을 얘기했고 이 이름으로 한때 강의를 한 적이 있어 수
강생들은 나를 '애별리교선생님' 혹은 '애선생님'이라고 불러주었
다. 나는 이 이름처럼 서서히 사랑과 이별하는 괴로움을 극복하는
데 조금씩은 기여하는 하나의 교량으로서 역할을 해 나가고 있어
나의 사업이 꿈에서 마악 깨어난 듯한 자부심과 긍지를 갖고 새
로운 여건이 갖추어질 때까지 꾸준히 이 이름으로 강의를 맡아
인생사를 얘기하고 싶어졌다.

누구에게나 이별은 있는 법, 그러기에 사랑에 대한 갈증으로 허
덕이는 갈애하(渴愛河)에 사는 우리 누구에게나 애별리의 괴로움
은 있을진저! 언젠가 이렇다 할 외형을 갖춘 수도원을 건립하여
그 수도원으로 이어지는 길목을 애별리교로 명명할 때까지 애오
라지 이 글이 또한 애별리교의 역할을 해 줄 것으로 믿으면서 나
는 이 이름의 주인공답게 새로워지려는 끈기과 꿈을 계속 일깨워
본다.

—1975년 초고를 1986년에 다듬다—

---

1) 팔고(八苦) : 인생살이가 괴로움 투성이인 바 이를테면 늙고〔老〕, 병들어〔病〕,
   죽어가는〔死〕 괴로움과 이 괴로움을 견디며 살아가야 하는〔生〕 괴로움 등 네
   가지와 원망스럽거나 미운 것을 만나는 괴로움〔怨憎會苦〕, 사랑하는 것들과 이
   별하는 괴로움〔愛別離苦〕, 구하나 얻어지지 않는 괴로움〔求不得苦〕, 색·수·상·
   행·식(色·受·想·行·識) 등 오음(五陰)이 치성하여 일어나는 괴로움(五陰盛苦)
   등 모두 여덟 가지 괴로움을 일컬음.

2) 대부분의 사업은 의(衣)·식(食)·주(住)를 중심으로 전개되나, 생로병사 등 인간의 팔고(八苦)를 중심으로 이를 해결해 주는 방향으로 구상하면 많은 새로운 사업이 창출될 수 있음.

이웃사랑

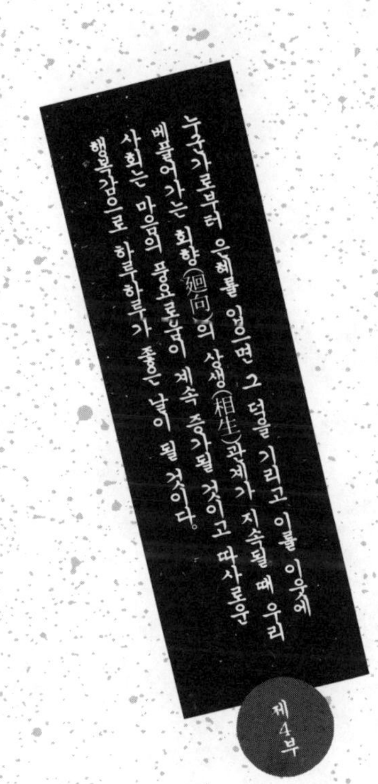

누구가로부터 은혜를 입으면 그 덕을 기리고 이를 이웃에
베풀어가는 회향(廻向)의 상생(相生)관계가 지속될 때 우리
사회는 마음의 평화로움이 계속 증가될 것이고 따사로운
행복감으로 하루하루가 좋은 날이 될 것이다.
제4부

생 트 집

해인사(海印寺)로 수학여행을 갔던 30년 전의 일로 기억된다. 해인사 신부락 여관에서 맛본 갈치조림은 냄새부터가 꽤나 신선도가 떨어진 것이었다. 학생들은 여관 안주인에게 갈치가 상했다고 항의를 했다.

안주인은 이상타는 표정으로 우리 식탁에 놓인 갈치조림을 먹어보더니 싱싱한데 왜 그러느냐고 반문을 하며 차라리 다른 반찬을 더 달라고 할지언정 갈치가 상했다는 얘기는 생트집이라고 도리어 역정을 냈다. 한동안 서로 옥신각신했지만 다른 반찬을 더 내온 것으로 그 다툼은 일단락이 났다.

돌이켜보면 갈치가 상했다는 학생들의 항의도 옳았고 싱싱하다는 여관주인의 주장도 옳았던 것 같다. 그 이유는 간단하다. 수학여행을 간 학생들은 항구도시 부산에 살고 있었기에 늘 신선한 갈치만 먹어 왔으나, 그 당시 해인사 신부락은 교통도 불편하고 냉동차도 없었던 터라 갈치가 그곳에 도착할 즈음엔 꽤나 상했음직했고 여관 안주인은 상한 갈치만 먹어 왔을 것이므로 서로의 주장은 다 옳을 수밖에. 그러나 요즈음도 그 여관 주인이 그곳 신부락에 살고 있다면 학생들의 항의를 이해하고 씨익 웃었으리라 생각된다.

생각컨대 갈치 하나만 두고 보더라도 지역별로 신선도에 따라 맛이 달라서 다툼이 생기는데 생선이라고는 먹어 보지도 못한 사람과의 논쟁은 가히 '서울 안 가 본 사람이 이긴다.'는 속담대로 될 수밖에 없을 것이다. 나는 그런 가능성을 종교간의 갈등에서 이따금 체험하고 있다.

자기가 신앙하는 종교만이 옳다는 주장은 우리 주변에 좌악 깔려 있는 사연이다. 그래서 서로 종교가 다르면 이웃도 형제도 멀기만 한 존재가 된다. 부부간이나 부자간도 예외는 아니다. 대가족의 경우 제삿날은 우상숭배론과 조상공경론으로 분위기를 망친 사례도 심심찮게 접하게 된다.

종교백화점, 종교박람회장으로 운위되는 우리나라의 종교상황을 염두에 둘 때 실로 심각한 사회문제가 아닐 수 없다. 역사상 수많은 종교전쟁 그 참혹한 소모전 앞에 다들 속수무책이다. 극단으로 치닫는 칭 성전(聖戰 : 종교전쟁)은 '네 이웃을 사랑하라.'거나 애인경천(愛人敬天) 또는 불살생(不殺生) 등등 모든 성인의 가르침을 무색케 한다.

전선 없는 전쟁, 어느 한 쪽이 다 죽어야 끝날 것만 같은 전쟁이 종교전쟁이다. 그야말로 해결전망이나 해결방안이 없는 것처럼 보인다. 이로 미루어 우리나라의 경우 만약 종교간 분쟁이 빚어지면 지역감정으로 인한 혼란은 비교되지 않을 정도로 사태는 심각해질 것이 명약관화하다.

생각컨대 종교전쟁의 해결방안이 전혀 없을 것 같지는 않다. 이를테면 노인과 어린이는 홍시를 좋아하고 젊은이는 딱딱한 단감이나 곶감을 즐기고 또 떫은 생감을 좋아하는 이도 있다. 즉 제각기 감을 즐기되 그 종류나 맛이 다 다르지만 자기가 즐기는 감이 유일하게 맛이 있다고 주장하거나 다투는 일은 없다. 그건 각자 홍시도 먹어 보고 단감이나 곶감 또는 생감도 다 먹어 본 후 자기 형편이나 입맛에 맞는 감을 택하기 때문이다.

노인은 과거에 단감이나 곶감을 두루 즐겼지만 이빨이 무력해진 후로는 홍시를 즐길 수밖에 없는 터이라 단감이나 곶감을 즐기는 사람을 탓하거나 홍시를 먹으라고 강요하지도 않는다. 종교의 경우도 이와 마찬가지로 각 종교를 섭렵해 보거나 각 종교에 두루 통하면 특정 종교의 신앙을 강요하거나 종교가 다르다고 하여 다투거나 하는 어리석음은 사라질 것이다.

상대방의 종교에 대해서는 전혀 아는 바가 없이 또 알려고도 하지 않으면서 무턱대고 다른 종교를 비방하거나 다른 종교를 신봉하는 이를 측은하게 생각하는 것은 지나친 오만이요 문외한의 일시적 오기에 불과하다 하겠다. 곶감은 곶감대로 단감은 단감대로 독특한 맛이 있듯이 각 종교는 그 나름으로 특성이 있다. 마치 사람마다 개성이 다르듯이 각 종교마다 교리의 비중이 다르다.

어쩌면 개성시대와 다종교사회(多宗敎社會)는 필연적 동반자인지도 모른다. 부디 종교백화점 내지 종교박람회장으로 운위되는 다종교사회에 모여사는 우리는 전시된 각종 종교의 특성을 두루 살펴보는 여유와 자기의 형편에 맞는 종교를 선택하는 지혜와 능력을 갖추도록 노력하여야 하겠다. 마치 백화점에 전시된 상품을 고를 때의 신중함과 지혜를 다 동원하듯이.

그리고 특정상품의 강매가 시장질서를 어지럽히는 것처럼 특정 종교의 맹신이나 강요는 종교시장의 질서를 어지럽히는 일로서

엄정히 규제되어야 할 것이다. 국가는 이점에 착안하여 국민들로
하여금 다종교사회에 능동적으로 대처할 수 있는 능력을 길러줄
수 있는 정책구현에 머뭇거림이 있어서는 안 될 것으로 본다.

-1988. 5. 10-

종교 편력

　대학 1학년 이후 근 26년 동안 예배를 보기 위해 교회에 간 적은 없다. 장중한 의식에 끌려 성당엘 두어 차례 가 본 것과 설교가 독특하다거나 탁월한 치유 능력이 있다는 얘기에 끌려 못 이긴 척 한 번쯤 가 본 것이 고작이다. 무교회주의자가 아닌 나로서는 교회에 나가지 않는 한 기독교인이라고 할 수도 없거니와 기독교인이라고 자칭하지도 않는다.

　그러나 성서(聖書)의 가르침 중 참으로 호감이 가서 이끌리는 부분에 충실하고자 노력해 왔다. 그리고 좋아하는 찬송가 몇 구절은 그 신앙적 분위기에 젖어 공명될 정도여서 때때로 불러 보기도 한다. 그런 측면에서 좋게 보아 주면 나는 기독교인인지도 모른다.

　내가 교회에 나가게 된 것은 찬송가에 이끌려서였고 교회를 돌아선 건 목사님의 거짓 울음 때문이었다. 그러니까 자주 가던 교회를 돌아선 건 대학 1학년 때였다. 그 당시 나는 성숙의 문턱에서 빚어지기 쉬운 실수로 나날이 증폭되는 죄책감에 사로잡혀 한껏 울고 싶어 교회엘 갔다. 진실한 참회의 눈물로나마 스스로 죄를 씻고 싶어서였다.

　예수의 고난에 의한 대속(代贖)이나 원죄(原罪)는 편리한 설명이긴 하나 나에겐 전혀 설득력이 없었다. 잘못을 저지른 나 자신을 스스로 용납할 수 없는 주제에 설령 하느님의 구원인들 어찌 내가 감히 받아 들일 수 있겠는가! 하여 먼저 자신의 과오를 용납할 수 있는 단계까지 이르기 위해 스스로 참회하고 싶은 심정만 간절할 뿐이었다.

오늘은 혼자 실컷 울어 보리라. 그 눈물로 나의 죄책감이 시원히 가시어지도록 한껏 울어 보리라 하는 간절함이 일어 마악 눈물보가 터지려는 순간 목사가 흐느껴 울기 시작했다. 그 울음은 건성으로 지어낸 듯 거부감이 일었고 울부짖으면서 끌어내는 설교도 틀에 박힌 그래서 억지로 참회하게 하고 울게 하려는 것 같았다.

그 목사의 울음은 정작 울고 싶은 나에겐 깔아 논 멍석이라도 된 듯 나의 울음도 간절한 참회의 바람도 앗아가 버렸다. 멋적게 홀로 일어서서 흐느끼는 목사를 뒤로 한 채 교회를 나선 후론 나는 교회를 잊었다.

그런데 그 죄책감은 긴긴 방황 끝에 절간에서 비로소 후련히 씻게 되었다. 천수경(千手經)에 보면

죄의 자성 본래 없어 마음 따라 일어난 것,	無罪自性從心起
마음 한번 비어지면 죄업 또한 사라지네,	心若滅時罪亦亡
죄도 업도 없어지고 마음 또한 비어지면,	罪亡心滅兩俱空
이를 이름하여 진실한 참회라 하나니	是則名爲眞懺悔

라는 구절이 있다.

이 구절에 이르러 비로소 그간의 죄책감을 털고 마음의 안정을

얻었다. 얼마나 고마운 사연이었는지 그 때의 법열(法悅)을 필설로 옮길 수가 없다. 내가 만약 유일신(唯一神)의 울안에 체념하듯 안주했다면 그처럼 감동적인 순간을 어찌 맛볼 수 있었겠으며 안락한 법열의 문턱을 감히 접할 수나 있었을는지 의문이다.

아마도 어떤 이의 종교 편력은 나와 정반대인 사람도 있을 것이다. 아무튼 그 사연이 있은 후부터 나는 각 종교간의 벽이 너무 두터워져 간다는 불만에 사로잡혔다. 각 종교마다 지나치게 폐쇄적인 담이 높아만 가고 있지나 않은가 걱정도 해 보았다.

그 담 속엔 나와 같은 상황에 처해 있으면서도 관성으로 일요일마다 교회에 출석하는 것으로 위안을 삼는 사람도 없지 않을 것만 같다. 그래서인지 성직자의 그릇된 밥그릇 의식 때문에 종교간에 가로 놓인 장벽이 부디 없어지고 종교시장이 개방되어 누구든지 각 종교를 고르게 맛볼 수 있는 날이 하루속히 오길 기원해 본다.

종교백화점 내지 종교박람회장으로 운위되는 우리나라의 종교 상황하에서는 불량종교가 범람해질 수도 있음을 염두에 둘 때 욕심 같아선 불량종교가 종교시장에서 불량상품처럼 퇴치되어 오대양사건류가 재발되지 않았으면 한다. 그렇게 되려면 종교일반에 대한 공교육(公敎育)이 선행되어 국민 모두에게 종교선택능력을 길러 주어야 할 것이다.

그때쯤엔 우리 모두의 구미에 맞는 새로운 종교가 창출될 수도 있을 거라는 희망을 가져본다. 그땐 종교전쟁마저도 종식된 진정 평화로운 세계가 이 지상(地上)에 건설될 것이다. 생각만 해도 참으로 즐거운 인생살이가 펼쳐질 것만 같다.

—1988. 5. 18—

칠 성 재(七聖財)

어둠이 드리운 얼굴로 나를 주시하며 마주쳐오는 여인(女人)이 있다. 안면이 없는 낯선 얼굴이다. 누굴까 하는 순간 그녀는 "회개하여 예수 믿고 천당갑시다."하곤 지나쳐간다. 가벼운 안도의 웃음이 저절로 나온다. 혹시 아는 분인가 해서 약간 머뭇거린 사연이 멋쩍어서일 게다.

그녀는 비록 기계적으로 속삭이듯 흘린 말일지 모르나 그건 흔히 말하는 복음(福音)을 내게 들려준 셈이고 그녀는 복음을 전한 공덕으로 천당길이 그만큼 확실해졌음직하다. 걸프전(戰)으로 밀어닥친 불안 때문에 종말론이 부쩍 기승을 부리던 즈음의 일이어서인지 그녀의 한 마디는 한나절 사색(思索)의 활력소가 되었다.

이를테면 "회개하여 예수믿고 천당갑시다"라고 외쳐대는 기독교도의 '복음'을 불교도들이 조용히 읊는 '칠성재(七聖財)'[1] 즉 신(信)·계(戒)·참(慚)·괴(愧)·문(聞)·시(施)·사(捨)·혜(慧)와 대비해봄직하다.

우선 기독교에서 주장하는 '회개하여'라 함은 과거의 잘못을 자각하여 스스로 죄인임을 반성하고, 그로부터 이탈하려는 뜻을 세워 새로운 생활로 들어가는 일로서 이는 신앙생활로 들어가는데 필요한 요건의 하나라 할 것인 바, 이는 불교의 칠성재 중 '자기가 지은 죄를 스스로 부끄러워하여 죄를 다시 짓지 아니하려는 마음 즉 참(慚)과 자기가 지은 죄를 다른 이에 대하여 부끄러워하고 죄를 두려워하는 마음 즉 괴(愧) 그리고 이와 같은 '참'과 '괴'를 생활화하기 위하여 널리 착한 일을 행하고 악한 짓을 금하는 규범을 지키는 계(戒)를 종합하면 기독교의 '참회하여'와 다르지 않음을 알 수 있다.

다음으로 '예수 믿고'는 예수의 가르침을 듣고 그 가르침이 온당하다고 생각하여 예수를 믿고 따른다는 뜻인 바, 이는 불교의 칠성재 중 '부처님의 가르침을 듣고 그 본지를 헤아려 의심이 없어 이를 받아 들이는 문(聞)과 이를 믿어〔信〕 그 가르침을 따라 행하는 계(戒)'를 종합하면 기독교의 '예수 믿고'와 또한 다르지 않다.

그리고 '천당 갑시다'는 회개하여 예수의 가르침을 잘 지키면 천당에 갈 수 있으니 다 같이 회개하여 예수 믿어 함께 천당가자고 권청하는 것인 바, 불교에서는 부처님의 가르침인 칠성재는 불도(佛道)를 성취하는 법(法)이므로 이를 잘 지녀나가면 '극락정토'에 이름은 물론 더 나아가 스스로 부처를 이룰 수 있으므로 모두 함께 부처가 되자〔我等與衆生, 皆共成佛道〕고 서로 독려하고 있어 이 또한 기독교의 '천당 갑시다.'와 결코 다르지 않을 뿐 아니라 한단계 더 나아가고 있음을 알 수 있다.

이를테면 천당에 사는 사람들은 그 수명이 원체 길어서 우리네 인간들로서는 가히 영생(永生)한다고 할 만은 하나 불교에서는 천당에 가도 마냥 즐겁게 영생(永生)하는 것이 아니라 천당에서도 죽을 때가 가까워 오면 다섯 가지 고통〔天人五衰苦〕[2]을 느낀다고 한다. 그래서 불교도들은 진정한 영생(永生)을 천당에서 구하지 않고 '부처를 이룸〔成佛〕'에서 얻으려고 한다.

아무튼 여기서 '회개하여 예수 믿고 천당갑시다'라는 복음을 불교도들이 조금도 이상하게 여기지 않는 이유를 간파할 수 있겠다. 동시에 기독교인들은 자신이 외쳐대는 복음이 기독교만의 독창적 전유물이 아니라 불교의 칠성재(七聖財)중 일부분에 불과하다는 점 또한 알 수 있겠다. 단지 아쉬움이 있다면 불교도들도 기독교인처럼 의욕적으로 칠성재(七聖財)를 외쳐주면 좋을 것 같고 기독교인들은 같은 값이면 '예수 믿고' 보다는 '하느님 믿고'로 외쳐주면 우리민족에게 더욱 친근감이 갈 것 같다.

부분적이긴 하나 기독교의 복음과 불교의 칠성재(七聖財)의 대비를 통해 모든 종교가 갖는 공통성을 중시하고 나아가 종교인은 각 종교의 특성을 상호 이해하는데 인색하지 말아야 하겠다. 그런 맥락에서 금번 '석가탄신일' 봉축행사는 기독교인들의 축하속에서, 그리고 '기독탄신일'엔 불교도들의 축하가 함께 했으면 한다.

-1991. 4. 29-

---

1) 칠성재(七聖財) : 불도(佛道)를 이루는 성스러운 일곱 종류의 법(法)을 재물(財物)에 비유해서 일컫는 말.

2) 천인오쇠(天人五衰) : 천인(天人)이 그 복락이 다하여 죽을 때가 되면 나타다는 다섯 가지 쇠(衰)하여지는 모양으로서 ① 머리 위의 꽃〔花冠〕이 시들고 ② 옷에 때가 묻어 더러워지고 ③ 몸에서 더러운 냄새가 나고 ④ 겨드랑이에 땀이 배고 ⑤ 제 자리가 즐겁지 않는 등을 일컬음.

방 생(放 生)

　구경할 만한 절[寺]이 있다기에 강원도로 나들이를 했다. 서울서 중부고속도로를 따라 질주하는 시원함이 좋았고 영동고속도로는 이따금 정체되긴 해도 국도를 따라가는 듯한 아기자기한 멋이 있어 좋았다. 처음 가본 원주시는 전원에 싸인 한적한 도회 같아서 숨쉬기 한결 편했다. 도심에서 1km 남짓한 거리에 위치한 절은 야산에 싸여 있었고 주변엔 벼가 한창 자라고 있어 도회라는 생각이 전혀 들지 않았다. 맞은 편 언덕에 우뚝 솟은 현대식 건물만 아니라면…….

　낯선 절간이지만 참배하고 주변을 둘러보며 머물 만한 공간인지 여러모로 헤아려 본다. 다소 좁은 마당, 퇴락되고 있는 요사채, 조금 어두운 듯한 법당, 가파른 계단 등등이 아쉬움을 주긴 해도 맑은 샘물 그리고 도회속의 전원이 주는 신선함은 은근한 매력으로 무시할 수 없는 힘을 느끼게 한다. 함께 간 친우 외엔 마주친 이가 없을 정도로 그 절간은 인적마저 끊어진 듯 적막 속에 싸여 있음도 매력이라면 매력이랄 수 있었다. 이런저런 생각을 다듬기엔 적합한 공간인 셈이다.

　절간을 벗어나 맞은 편 언덕 위에 자리한 현대식 건물로 걸음을 옮겨 본다. 건물형태로 보아 카톨릭교단과 연관된 듯하다. 이름하여 '천사의 집'이라는 간판이 눈에 뚜렷이 다가온다. 그리고 널따란 마당에로 이어진 길목엔 '성당'과 '수녀의 집'이라는 아담한 표지판이 우릴 맞이한다. 건물의 외관과 간판이 일치하여 친근감이 감돈다. 그러나 '천사의 집'이 무얼 뜻하는지가 명확치 않아서인지 친구는 궁금증을 토로한다. 아마 정신박약아들이나 고아들을 보살펴주는 곳일 거라고 나의 추측을 편다.

호랑이 제말하면 온다더니 저 만큼에서 걸음걸이나 몸놀림이 온전치 못한 아이 하나가 다가온다. 반가이 인사하는 말 또한 온전치 못한 것으로 보아 정박아(精薄兒)인 듯하다. 그제사 친구는 "카톨릭은 인간방생(人間放生)을 하는군!"하며 약간 아쉬운 듯한 여운을 실은 찬사를 보낸다.

무릇 살아 있는 모든 생명체는 죽음을 싫어하고 살기를 좋아하니 이들 살아 있는 생명체는 죽이지 말고[불살생—不殺生] 나아가 널리 화락(和樂)한 삶을 영위할 수 있도록 도와주라고[방생—放生] 부처님께서 일깨워 주셨다.

이는 인간이 미물(微物)을 살생(殺生)할지라도 살생을 반복할 경우 급기야 인간이 인간을 죽이는 전쟁과 같은 대규모 살생업(殺生業)으로 치달려 전쟁의 역사를 되풀이하였기 때문이다. 이 악업(惡業)을 불쌍히 여겨 살생(殺生)을 방지하고 널리 방생(放生)을 하게 함으로써 이 세상에 영구평화를 이룩하도록 하시고자 간절히 일깨움을 펴신 바이다.

그런데 부처님의 가르침을 몸소 실천해야 할 절간에서는 방생한답시고 '미꾸라지' '자라' 등을 방생하는 것으로 부처님의 가르침을 제대로 실천한 듯이 자족(自足)하는 나머지 이웃 '사람'에 대한 배려 즉 인간방생에 소홀한 아쉬움이 있다. 인간방생에 대한 친구의 찬사는 절간의 미꾸라지 방생에 대한 아쉬움과 뒤엉켜 묘한 여운을 안겨준다.

천주교에서는 '이웃 사랑'의 한 실천으로 '천사의 집'을 운영하고 있는 것 같다. '방생(放生)'과 '이웃 사랑'은 표현은 다르나 그 추구하는 바는 분명 공통된다. 뭇 생명체를 살려줌은 방생(放生)이요, 이는 곧 이웃 사랑의 실천이다. 이를 통해 생명체간에 공존의 화락(和樂)을 맛보게 되면 사람들은 서서히 남과 내가 둘이 아니며〔人吾同胞〕 자연과 내가 둘이 아님〔物吾同胞〕을 알게 된다.

나아가 널리 인간을 이롭게 하는〔弘益人間〕 길이 곧 자신을 이롭게 하는 일임을 알아 이를 실천하고자 한다. 이른바 불교에서 말하는 자리이타(自利利他)의 보살도(菩薩道)의 구현인 셈이다.

진구는 아쉬움이 고조된 듯 탄식조로 한 마디 더 펼친다.

"방생(放生)을 가르치는 곳은 절간인데 이를 실천하는 곳은 교회요 성당이니 이게 도대체 어떻게 된 거요?"

무슨 얘길 하고자 하는지 훤히 집히지만 속으로만 내 할 말을 정리해 본다. '글쎄 표현은 다르지만 그 쪽에서는 이웃 사랑을 외치니 인간방생을 사랑의 실천이라고 하겠지요. 절간도 미꾸라지 방생에서 나아가 절간 나름의 인간방생(人間放生)의 방편(方便)을 사회현실에 맞게 구사해야겠고 나아가 종교간에 용어의 차이를 극복한 새로운 교리 해석을 통해 자기 종교에 대한 편애를 떨쳐야겠지요. 어디서건 좋은 일하면 함께 즐거워해야 할 때인가 합니다. 그러면 종교통일의 가능성도 한결 희망적으로 비춰어 올테고…….'

친구는 분명 절간에서도 인간방생쯤은 이제 보편화되어야 하지 않겠느냐는 아쉬움을 토로하고 있는 거다. 그런데 현실은 미꾸라지 방생(放生)수준에 머문 채 신도들을 어리석게 만들고 치부(致富)에 급급하고 있는 듯하다. 하물며 그와 내가 의논하고 있는 인류방생(人類放生)방안이 미꾸라지 방생에 급급한 절간은 고사하고 생활불교를 외치며 보살도 구현을 기원하는 불교신도들에게나마 납득이 될 수 있을 것인지 막연한 생각이 인다.

'진시도삭찬(秦時鍍鑠鑽)'이라는 말이 시사하듯 아방궁을 지을 때나 쓰인 도삭찬은 너무 커서 다른 데선 쓸모가 없듯이 인간방생도 못하는 동네에서 인류방생을 얘기해봐야 무슨 소득이 있을는지……. 하물며 삼계(三界)와 육도(六度)의 구류중생(九類衆生)을 두루 방생하시고자 한 부처님의 말씀은 어디메서 그 당처(當處)를 찾을 수 있을는지 망연하다.

외롭고 어려운 이웃을 보살피는 일이 인간방생이라면 전쟁(戰爭) 없는 인류세계건설은 인류방생이라 할 수 있다. 이 엄청난 계획은 인간과 우주의 근본을 꿰뚫어 아는 분만이 입안(立案) 가능하다. 공산주의(共産主義)를 입안한 자들이 우주와 인간의 근본을 바로 알지 못했기 때문에 무산자(無産者)와 유산자(有産者)의 대립·반목을 유발하게 하여 공산혁명 와중(渦中)에 수천만의 무고한 인명(人命)을 앗아가고 동서(東西)의 긴장과 대립으로 인류를 전쟁의 공포에 휩싸이게 했다.

무산자독재를 통해 '유산자'를 제거하면서도 마치 전(全) 인류를 잘 살게 해줄 수 있는 것처럼 떠벌린 공산주의는 인오동포(人吾同胞)도 모르는 거짓스럽고 거짓스러운 사상(思想)이다. 이는 소련을 위시한 공산국가의 인민들이 겪은 그간의 고초로 이제 명확해졌다. 이는 공산주의가 진정한 인류방생 방안(方案)이 아님이 명확해졌다는 얘기이다.

그리고 소련의 개혁과 개방을 탈(脫)이데올로기로 속단하는 자가 많다. 이는 단지 탈공산주의(脫共産主義)에 불과하다. 공산주의 국가가 탈공산주의를 지향한다고 해서 자본주의제도의 결함이 없어지는 것은 아니다. 빈부격차가 심화될 수밖에 없는 자본주의 제도의 결함도 극복되어야 일응 탈이데올로기 시대로 접어든다고 할 수 있을 것이다.

그러나 다시 생각해보면 인간은 행동에 앞서 가치지향적 판단을 먼저 한다. 즉 제 나름의 판단에 입각해서 행동한다. 그 판단을 이끌어내는 과정엔 자기 나름의 인생관과 이에 직결된 가치관에 따라 여러 단계의 사고(思考)를 한다. 이를 단적으로 말하면 인간은 사상(思想)을 지닌 존재요 사상에 입각하여 행동하는 존재라는 뜻이다. 이런 관점에서 볼 때 인류사회는 결코 탈(脫)이데올로기 사회가 될 수 없다 할 것이다.

공산주의나 자본주의가 불완전한 사상인 줄을 알게 되면 탈공산주의 내지 탈자본주의는 있을 수 있지만 어떤 사상도 필요 없는 탈이데올로기는 불가하다는 말이다. 따라서 진정한 인류방생은 탈이데올로기에서 이룩되는 것이 아니라 올바른 이데올로기에 의하여 가능하다는 얘기다.

분명 올바른 이데올로기가 등장된다면 종래 공산·자본의 대립과 갈등 그리고 냉전과 국지전(局地戰) 따위의 폐해는 해소될 것이다. 즉 인류방생을 저해하는 전쟁업(戰爭業)을 종식시킬 수 있다 함이다. 이 새로운 이데올로기는 우주와 인간의 근본을 바로 깨친 분에 의해서만 창안(創案) 가능하다.

놀랍게도 이 새로운 이데올로기가 창안되어 우리에게 제시된

지도 어언 40여 년이나 된다.[1] 그러나 지난 40여 년 동안 우리의 여건은 이 새로운 사상(思想)을 부끄럽게도 잠재우고 있었다. 이 사실을 더없이 안타까워한 나의 친구는 인류방생을 위한 사업에 투신하지 못한 아쉬움이 고조된 나머지 인간방생이나마 찬탄하고 있는 거다. 인간방생도 제대로 못하고 있는 절간 뜨락을 매일 오르내리면서 말이다.

미꾸라지 방생에 급급한 절간과 인간방생을 활발히 추진하고 있는 성당이 마주 바라보는 공간에 서서 인류방생을 위한 터잡기 여정(旅程)이 얼마나 어려운 일인가를 새삼 절감한다.

-1991. 8. 13-

---

1) 이 새로운 사상은 『韶天禪師文集』(서울. 불광출판부. 1993) 중 活功原論· 眞理刀·새생각 등 참조.

기 다 림

　누군가가 지어낸 이야기인지도 모른다. 그 얘기에 의하면 옛날에 어떤 사나이가 운명감정을 받으러 가서 자신의 생년월일시를 일러주었다. 한참 후 운명감정가의 표정이 환하게 밝아지면서 "이렇게 좋은 사주는 처음 봅니다."하고 감탄조로 자기를 우러러본다. 이에 그 사나이는 숨결이 가늘어지고 심장이 멎는 듯한 기대감을 억제하면서 점잖게 "무에 그리 좋습니까?"하고 묻는다. 그러자 운명감정가는 일어서서 큰절을 올리며 "상차 임금이 되실 사주이오니 자중자애(自重自愛)하시길 바랍니다."라고 공손히 아뢴다.

　순간 그 사나이는 숨이 딱 멎고, 온몸엔 야릇한 전율이 흐르는 감흥에 휩싸인다. 생전 처음 느껴본 야릇한 자부심과 객기(客氣)가 살며시 고개를 든다. 꿈이 아닌가 싶어 헛기침을 한다. 착 가라앉은 방안 공기도 그 기침소리에 대단한 공명(共鳴)을 하는 듯하다. 중대한 국정을 숙의하는 어전회의에서 중신들의 침묵을 깨우려는 상감의 헛기침과도 같이. 헛기침이 지나간 방안은 갑자기 정적에 휩싸인다.

　그 정적 속에 임금이 될 운명을 지닌 사나이도 운명감정가도 다음 말을 잊은 듯 한순간 제각기 제 생각에 잠긴다.

운명감정가는 그 사나이의 사주가 장차 임금이 될 사주라는 걸 알아볼 정도로 자신의 감정 능력이 성숙된 것까진 좋았으나 자기도취에 빠져 앞뒤 가리지 않고 해서 안 될 얘기(?)를 했구나 하는 후회가 살짝 피어 오른다. 마주한 사나이가 말없이 버티고 있는 모습이 자못 근엄해 보이고 곧 모종의 폭탄선언이 터질 것만 같아 불안하다. 그 사나이가 누구인지 알 수 없기에 더욱 그러하다.

혹시 변복(變服)한 임금이시라면 몰라도 그 주변인물이라면 자칫 역모(逆謀)로 절단날 상황이다. 소름이 끼치고 식은땀이 번진다. 사나이의 침묵이 증폭되어 그 위압감으로 입안이 바싹 말라온다.

그 사나이도 즐거워할 수만은 없었다. 지금 보위(寶位)에 계신 임금님은 출중한 성군(聖君)이시고 그 후계자이신 세자도 책봉되어 있는데 나더러 장차 임금이 될 사주라니…….

왕족도 아닌 자신이 역모(逆謀)의 길을 택하지 않는 한, 그렇다고 지금으로서는 역모를 꾀할 형편도 되지 않는 자신의 처지를 생각하니 오늘의 이 상황은 역모나 다를 바 없는 일인지라 임금은 고사하고 죽은 목숨이나 다를 바 없음을 간파한다. 기대감에 빠져 들떠 있던 감흥이 일순 급냉하여 온 몸이 긴장에 휩싸인다. 입이 꽉 다물어지고 등골이 오싹해진다.

고마워 보이던 운명감정가가 원망스럽게 비친다. 둘 다 살아남는 길은 그 사나이가 임금이 될 때까지는 오늘 일에 대해 침묵을 지키는 길뿐임을 절감한 쌍방은 서로의 입장을 확인한 후 오늘 일은 그때까지 꼭꼭 묻어두고 또 서로 만나지도 않기로 확약을 한 후 무거운 침묵 속에 헤어졌다. 기대와 불안이 극에서 극으로 교차되어 전개된 숨막히는 상황도 그래서 서서히 안정되었다.

그날 이후 그 사나이는 은연중 자신의 걸음걸이와 어투에 신경을 쓰게 되었을지 모른다. 그건 장차 임금이 될 것이라는 운명감정가의 예언에 자리한 희망찬 노력의 일환일 테고, 그래서 공부도 꽤나 열심히 하고 나름대로 의미있는 교분도 찾아나서곤 했음직하다.

그런 세월 속에 나이는 차고 체력은 기우는데 아직도 임금이 될 기미는 보이질 않는다.

이에 운명감정가가 자신의 사주를 잘못 감정했을지도 모른다는 의심이 없진 않았지만 만약 다른 감정가도 꼭같은 감정을 할 경우에 예상되는 위험부담을 감당하기 어려울 것 같아 다시 운명감정을 받기가 주저되었다. 그리고 만약 임금이 될 사주가 아니라고 했을 때 그 허망감과 무산된 꿈을 어떻게 수체할 수 있을지 자신이 없어서 끝내 다른 운명감정가를 찾지 않았다.

세상만사가 무상(無常)하듯, 그 사나이도 늙을 대로 늙어서 가쁜 호흡을 거두어야 할 시점에 다다랐다. 운명의 시각이 가까웠음을 직감한 그는 유언(遺言)을 해야 할 절박한 순간에 그의 아내더러 비장한 어조로 이르길 "왕후(王后)여, 태자를 불러라. 왕위(王位)를 선양하겠노라."하는 말을 남긴 채 숨을 거두었다고 한다.

이 옛날 얘기에 대해 상반된 평가를 한다. 어떤 운명감정가는 무릎을 치며 그 옛날의 감정이 정확했다고 찬탄을 한다. 이유인즉 운명의 순간 그 사나이는 스스로가 임금임을 명확히 선언했으므로 임금이 된 거라는 거다. 그럴싸하다.

그러나 대부분의 사람은 자신의 사주만 믿고 이렇다할 적극적인 대처를 하지 않은 채 기다리기만 해서는 안 된다는 교훈을 일깨워 주는 얘기로 평가한다. 그래서 얘기 속의 그 사나이를 지극히 어리석은 위인으로 지목하면서 모종의 우월감을 갖는 자신을 돌이켜 볼 여유도 갖지 않고 웃어들 넘기는 것 같다.

생각컨대 이 세상의 숱한 기다림 중에는 그 사나이의 경우와 다를 바 없는 어리석은 경우도 있어 보인다. 이를테면 천지개벽이나 최후의 심판을 예비하라고 외치는 부류와 그 외침에 휩싸인 부류들은 낭만적 희망으로 호도된 새로운 세상이나, 지상천국 등에 도취되어 그날을 기다리고 있다. 그들은 자신의 기다림이 혹시 얘기 속의 그 사나이 꼴은 아닌지 돌이켜 봄직하다.

등불을 밝힐 기름도 준비하지 않은 채 신랑맞이 할 꿈을 꾸는 여인들처럼 혹시 그대들도 지상천국이나 영생(永生)의 꿈만 꾸면서 기다림의 세월을 삭이고 있지는 않은지 스스로에게 반문해볼 때인 것 같다. 재림 예수를 기다리는 자(者)건, 정도령의 출현을 손꼽아 헤아리는 자(者)건, 강증산의 후천개벽날을 짚고 있는 자(者)건, 미륵부처님의 출현을 기원하는 자(者)건 마냥 그날을 기다리기만 할 것이 아니라 등불을 밝힐 기름을 준비하듯, 이제라도 지상천국이나 새로운 세상을 맞이하기 위해 예비해야 할 것을 찾아 성실히 차근차근 준비해야 하지 않을까 한다.

예수를 찬양하고 예수의 재림을 희구하기만 함은 장차 재림예수에게도 또 다시 모든 짐을 지우려는 몰염치한 생각이 아닐 수 없다. 이 세상이 범죄와 질병과 빈곤 그리고 전쟁이 끊이지 않는 것은 바로 준비 없는 기다림, 입으로만 떠드는 거짓 신앙이 수천 년간 타성으로 이어져 왔음을 명백히 입증(立證)하는 바라 할 것이다.

성직자들의 거드름, 그리고 제 자신도 언제인지 모르는 최후의 심판을 울궈 먹는 위선과 그 위선에 스스로도 속는 자기최면, 단박에 울궈 먹고자 최후의 심판날을 예언(?)하고선 그날이 오면 해석착오를 이유로 예정일을 연기하는 철면피 교주와 그 추종자들! 이런 거짓된 사이비 성직자들은 마치 얘기 속의 운명감정가가 그 사나이에게 기다림의 덫을 씌우듯 근 2,000년간이나 선량한 많은 사람들에게 기다림의 올가미를 씌워오지 않았는지 돌이켜 봄직하다.

만물이 그 생성과 성장, 발전과 변멸의 법칙을 밟듯, 우주 또한 그러할진대 언젠가는 분명 변멸의 대변혁이 있을 것이다. 그 불안한 상황에 대처하기 위한 인류의 몸부림이 결코 기다림만으로는 해결되지 않을 것도 명확하다.

하긴 우주 창조자를 상정하여 그 절대자의 처분을 기다릴 수밖에 없다는 체념적 신앙에 길들여진 자(者)에겐 분명 그 나름의 희망이 있어 보인다. 그런 류의 창조자를 인간이 스스로 상정한 것이라는 걸 모르는 한은 말이다. 그래서 근 2,000년간이나 전쟁과 범죄가 뒤범벅이 된 이 세상을 방치한 채 오직 기다림의 세월만이 이어져 오지 않았던가 말이다.

새로이 태어나는 어떤 계기가 마련되지 않는 한 기다림의 타성에서 벗어날 희망은 까마득해 보인다. 예수가 니코데모에게 이른 "다시 태어나라!"는 일깨움은 오늘에도 새롭기만 하다. 생각컨데 근간에 펼쳐지고 있는 '내 탓이오!'라는 자각은 예수의 일깨움과 맥을 같이하는 새로 태어나기 위한 첫 걸음마로 여겨진다. 구호에서 끝나지 않고 모든 이의 가슴에서 끈끈이 이어지는 자기혁신으로 승화되어 일상생활 속에 체질화될 때, 비로소 천국(天國)의 도래를 운위(云謂)할 자격이 있음직하다. 마치 등불을 밝힐 기름을 준비한 신부만이 신랑을 맞이할 자격이 있듯이.

부디 기다림의 타성에서 벗어나 내 탓으로 전쟁과 범죄가 끊이지 않는 세상이 되었음을 자각하고 전쟁과 범죄를 종식시킬 수 있는 방안의 강구에 초종단적 범종교적 지혜를 모으고 그 실천에 임해야 할 때임을 모든 종교인들이 함께 깨달았으면 한다.

그때 비로소 사이비 종교와 거짓된 성직자의 범람을 막을 수 있는 길이 열릴 것이다. 그리고 부자가 천국가기 낙타가 바늘구멍 통과하기처럼 어렵다고 외쳐대면서 자신은 치부(致富)에 혈안이 되고 있거나 '하나님은 만왕(萬王)의 왕(王)'이라는 의미를 속화(俗化)시켜 그 권세를 배경(背景)으로 삼아 못된 짓만 골라서 서슴치 않고 행하는 사악한 무리들은 칭 성직자이거나 칭 교인이거나간에 도태될 것이고, 교회의 물량화(物量化)도 시정될 것으로 보인다. 우후죽순처럼 이곳저곳에서 불쑥 나타나곤 하던 자칭 재림예수나 미륵불·정도령 등 사이비의 출현도 예방될 것이다.

그런 의미에서 '내 탓이오!'는 이 시대의 모든 이들이 가슴 깊이 새겨야 할 성구(聖句)임을 일깨우고자 한다. 이 성구(聖句)를 찬송가 삼아 모두 '내 탓이오!'를 함께 노래하며 내탓으로 야기된 죄악을 더불어 거두어들이길 고대한다. 그렇게 하여야만 내탓으로 비롯된 범죄·질병·전쟁·빈곤·공해 등등이 없는 지상천국이나 극락이 분명 도래할 것이기에 기다림의 타성을 말끔히 청산할 수 있는 성구를 다시 한 번 일깨우고 싶다. 모든 게 '내 탓이오!'하고.

－1990. 12. 2－

부처님 오신 날에

　사노라면 번다한 사연으로 때로는 까닭 모를 외로움으로 삶이 부담스럽게 여겨질 때가 있다. 그럴 땐 나는 시장바닥을 헤맨다.

　난장에 널려 있는 온갖 상품이 성주괴공(成住壞空)의 나들이를 하듯, 장꾼들은 다 팔아봐야 겨우 하루를 이어갈 정도의 하잖은 상품을 꿈많은 소녀의 희망처럼 품고서 생주이멸(生住異滅)의 나들이를 맛잡아 엮고 있다. 이런 장꾼들을 보노라면 나는 분명 행복에 겨워 값싼 고민을 하고 있구나 하는 자책감으로 그간의 빈민을 놓아 버리고 활기찬 삶을 다시금 노래하게 된다.

　그러나 시장바닥에서도 고뇌의 보따리가 해결되지 않을 때도 있다. 그럴 땐 나는 부처님의 일생을 쭈욱 훑는다. 지극히 선택된 삶에서 일상적인 행복을 마다하고 영원에 대한 그리움으로 몇 톨의 낟알과 한 모금의 물로 하루를 엮어 나가며 정진(精進)하시는 모습이 생생히 떠오른다. 나의 고뇌가 부처님의 고행담(苦行談)에 녹아 자취를 감춘다. 그리곤 감탄과 묘한 희열이 온몸을 감싸온다.

　'부처님의 일대기(一代記)'가 그러하듯이 부처님의 가르침은 분명 내 삶의 의미를 새롭게 창출해내는 활력이 된 지 오래다. 일찌기 불법(佛法)을 만나지 못했다면 나의 삶은 게으름과 무기력의 나락으로 끝없는 방황을 지금껏 계속하고 있을 것이다. 그런 의미에서 내가 부처님의 가르침을 접하여 법열(法悅)을 느끼는 순간순간은 나에게 곧 '부처님 오신날'이 되고 있는 셈이다.

그래서인지 초파일(初八日)을 맞는 나의 감회는 늘상 새롭고자 한다. 외로운 암자(庵子)의 곱디고운 하이얀 등(燈)처럼 추억 속에 해맑은 사연 또한 그러하다. 부처님 오신 뜻을 기리느라 삼각산 도선사에서 밤새며 지켜 본 연등꽃밭엔 아직도 밤바람은 차가웠지만 무명(無明)과 졸음을 쫓아버리고자 하는 초발심(初發心)은 한껏 피어오르고 있었다.

오랜 기다림에 지친 행자(行者)의 꿈나들이를 견책하듯 아침으로 잔뜩 부풀려진 모인(某人)의 연꽃등 하나가 탄다. 어린 행자의 당혹감이 안쓰러웠다면 어른 스님네들의 무관심이 서럽게 밀려오던 밤도 새롭기만 하다. 대학생들이 봉은사(奉恩寺) 명성암 뜨락에 밝혀 둔 연등은 밤이 깊어갈수록 고요와 밝음을 더했다. 이는 아마도 학생들의 맑은 꿈이 빈자일등(貧者一燈)처럼 이공양(利供養)을 넘어 경공양(敬供養)으로 이어졌음인가 싶다.

이제 추억의 뜨락을 쓸고 부처님 오신 날을 봉축하는 등불이 온 절간에 밝혀질 즈음이다. 등(燈) 하나하나에 실릴 기원도 각양각색일 테지만 대체로 세 가지 모습을 나타내지 싶다. 하나는 석가모니 부처님께서 출현하신 뜻과 그 유업을 찬탄하며 세 고을의 절을 찾아 바쁜 걸음으로 밝힌 등불이다. 그 등불의 모습은 다소 기복적이긴 하나 소박한 기원이 실려 있음직하다.

'세 곳'에 의미를 부여하다 보니 등촉대가 부담스러워서 더러 흥정(?)하는 어리석음도 매력일 수 있다. 그러나 그들에겐 빈자일등의 사연을 통해 경공양의 의미를 바로 일깨워 주어야 한다. 그렇지 않으면 십일조로 매월 적립식 천당행(天堂行) 표(票)를 사고 있는 것으로 착각하는 류의 어리석은 믿음과 다를 바 없기 때문이다.

또 하나의 등(燈)에는 현대위기로 말기적 파멸에 직면한 인류를 구원하실 미륵부처님께서 출현하실 인연이 성숙되었으니 조속히 자비를 나투어 주십사 하는 기원이 실림직하다. 석가모니 부처님께서 일대사인연(一大事因緣)으로 출현하셨듯이. 그리하여 말법(末法)시대를 돌이켜 새로이 정법(正法)시대가 열리고 온 누리에 조각난 종교가 만법귀일(萬法歸一)하듯 다시금 본래의 모습으로 되돌아와서 종교전쟁이 더 이상 심화되지 않았으면 하는 바람이 실린 등불은 무명(無明)으로 찌든 어둠을 밝힘직하다.

또 하나의 등(燈)은 참으로 알찬 모습일 것이다. 남이 밥먹어 내 배 부르지 않듯이 미륵부처님 오신다 한들 내가 깨쳐 '부처' 이룸만 같으랴 하는 자각적 서원의 몸부림을 실은 등(燈)이다. 이는 석가모니 부처님처럼 먼저 깨달아 부처를 이룬 다음에 하화중생(下化衆生)하듯 초파일을 맞아 자신의 깨달음을 더욱 채찍질하는 자등명(自燈明)의 모습일 것이다.

하 아쉽고녀! 부처님 오신 날을 맞아 스스로를 등불삼아 깨달음의 서원을 연등에 실은 이가 몇이나 될까? 스스로 부처 이루겠다고 출가하여 수도(修道)한 사람은 부지기수인데 석존 입멸 후 근 삼천년 동안 부처 이룬 이 종무하니 이 어인 변고런가?

알차 보인 등(燈)은 남보다 먼저 부처 이루겠다는 이기심으로 만심(慢心)만 부풀려 놓은 허풍이었나 보다. 성자(聖者)의 유품(遺品)을 나르는 나귀마냥 고불고조(古佛古祖)의 보따리를 마치 제 보따리인 양 풀어 제끼는 사이비 대덕처럼. 이제 등(燈) 밝힘에 앞서 미륵보살이 수기(授記)를 먼저 받은 까닭과 지장보살이 서원하길 "지옥을 없애기 전에는 성불하지 않겠다〔地獄末除 誓不成佛〕."한 뜻을 돌이켜봄직하다.

부처님 오신 날을 봉축하고자 불 밝히러 산사(山寺)로 향하는 많은 발걸음 속에서 내가 금년에 밝힐 등(燈)은 어떤 모습일까 하고 반문해 본다. 늘상 그랬듯이 집밖을 나설 즈음은 세계평화와 불국토의 구현을 염원하기에 등(燈)의 색깔은 두 번째의 모습일 테고 절간 뜨락을 오르는 순간까지도 그 색깔은 지속될 것이다.

그러나 등을 받아들고 어느 위치에 매달까 하고 좋은 장소를 고르는 동안 등은 어느새 첫 번째 색깔과 뒤섞여 퇴색된 모습을 띨 것이다. 그런 줄도 모르고 합장례하고 돌아 내려오는 길목에선 출가수행하지 못한 아쉬움으로 옅은 한숨을 쉬는 순간 세 번째 색깔도 뒤섞여 등은 온통 욕심 사나운 모습으로 퇴색되어 버릴 것만 같다. 그런가 하면 남북통일과 국태민안 그리고 개개인의 소원성취를 내건 우리 승가(僧伽)의 등(燈)은 어떤 모습일까 하는 궁금증도 인다.

돌이켜보면 사회가 발전되어 기능의 분화가 불가피함에 따라 정치와 종교가 분리되었음은 주지하는 바다. 그러나 이들 두 기능의 근원(根源)으로 거슬러 가 보면 정치는 종교가 제시한 전향적 비젼(vision)에 따라 구체적 실현방안을 강구함이 바람직하다. 그러나 오늘날 종교계는 국태민안의 기도로 겨우 실낱같은 명맥을 유지할 뿐 현대위기 극복을 위해 이렇다 할 비젼 제시가 없고 정치계는 교만에 빠져 독불장군이 된 지 오래다.

정치계가 혁명을 구실로 수많은 생명을 앗아간 부도덕한 공산(共産)놀이에 휘둘려 오랜 동서냉전의 늪에 빠져 인류를 불안하게 했고, 이제 탈공산화(脫共産化) 몸부림에 세계의 이목이 집중되어 있으나 그 전망이 불투명한 등등이 바로 이를 입증하고 있다. 종교를 부정한 공산종주국의 '고르바초프'가 교황을 만나러 가야 할 정도로 종교부재의 공산정치가 안고 있는 문제점이 심각함도 정치와 종교의 기능적 공조의 불가피성을 웅변으로 증명하는 바다.

이즈음에 이르러서도 우리의 승가는 공산·자본의 사상적 대립을 종식시킬 새로운 사상의 창출이나 여타의 현대 위기 극복을 위한 비젼 제시에는 함구(緘口)한 채 그 무슨 흘러간 가요 같은 법난(法難)(?)타령이나 하면서 대승보살도를 곁들여 읊고 있으니 딱하기도 하다.

부처님의 출현이 우리네 인류의 새로운 삶의 물꼬를 트기 위한 것이라면 하화중생(下化衆生)을 선도할 승가(僧伽)가 응당 먼저 새롭게 태어나야 할 것이다. 바라건대 부처님 오신 날을 맞아 부디 종교자체가 승가와 더불어 새롭게 태어났으면 하는 바람이다. 그리하여 희망찬 미래가 온 누리에 펼쳐지길 두 손 모아 빌어 본다. 올해의 연등이 더욱 밝게 빛나게 말이다.

−1990. 4−

벙 어 리

　난생 처음 듣는 이상한 울부짖음에 놀라 잠을 깬 대중(大衆)은 뜨락을 밝힌 차가운 달빛에 더욱 묘한 전율을 느낀다. 심산(深山)의 적막도 그 울부짖음에 숨이 막힐 지경이다. 평소에 곧잘 짖어대던 흰둥이마저 기척이 없다. 심상찮은 사연을 직감한 스님은 흰둥이 걱정이 앞서 방문을 열고 마루에 나선다.

　달빛을 가르며 내달리는 놈은 검둥이다. 절 입구쪽 나무 아래로 달려가선 울부짖는데 그 울음이 개 짖는 소리도 아니고 처음 들어보는 기성(奇聲)이다. 나무 아래에서 울부짖던 검둥이는 부엌으로 달려와선 또 울부짖는다. 그참 기이하고도 신기하다. 평소 벙어리 개라고 냉대받던 검둥이가 어인 일로 울부짖는가?

　검둥이를 따라 부엌 안으로 들어가 본다. 흰둥이가 머리를 쳐박고 끙끙 앓고 있다. 그새 검둥이는 또 나무 아래로 내달려가선 울부짖는다. 평소 그리도 잘 짖던 흰둥이가 갑자기 어디가 아픈가 보다 하고 걱정하며 걸음을 옮긴다. 뜨락을 지나 꽤나 멀리 떨어진 나무 아래에서 검둥이는 계속 기성을 토해내고 있다.

　서둘러 나무 아래에 이르니 절간의 가마솥이랑 취사도구며 쌀가마니 등이 널려 있어 스님은 한순간 움찔 놀랜다. 나무 위를 쳐다본다. 사람 둘이 나무 위에서 굳어 있다. 스님은 검둥이를 달랜다. 기성이 멎자 스님은 두 사람을 내려오게 하여 대중방으로 안내한다.

형색이 초췌한 부부도둑의 모습이 촛불에 떨고 있다. 스님은 아무런 말씀이 없다. 침묵의 무게가 가속적으로 증가된다. 떨군 고개가 쪼그린 무릎팍에 닿을 듯이 무겁다.

그 순간 "으흠." 하시는 스님의 헛기침에 터질 듯한 침묵의 무게가 뚝 멈춘다. "자아, 편히들 앉으시오. 어려운 걸음을 한 손님들이신데……." 의아한 듯 마주보는 부부도둑의 표정에 안도의 빛이 스친다. 끊어진 줄만 알았던 숨결이 한숨으로 탁 트인다. 스님은 간곡한 어조로 "좀 쉬었다가 변변찮은 아침이나마 들고 가시오."라고 말씀하신다. 다시금 침묵이 흐른다.

참으로 살기 어려웠던 일제말기(日帝末期)인지라 식구가 많은 절간살림은 희멀건 죽물에 짠 무우 한 쪽으로 끼니를 이어가는 지경이었다. 스님은 밤이슬을 마다 않고 찾아든 이들 부부에게도 죽물 한 그릇과 짠지 한 쪽으로 아침을 대접한다.

햇살이 산사의 이른 아침을 놓칠세라 뛰어 오르자 스님은 쌀됫박을 챙겨서 이들 부부를 전송하려고 절 입구까지 따라 나선다. 쌀자루를 받아 안은 여인은 입술을 깨문다. 사내는 간밤에 매달려 있던 나무를 올려본다.

모양은 분명 개 같으나 소리는 개소리가 아닌지라 어찌나 놀라고 급했던지 나무에 오르긴 했으되 도둑 주제에 "사람 살려!"라고 외칠 수도 없었던 간밤 사연이 떠올라 숨을 길게 내쉰다. 그리고 검둥이가 울부짖을 때마다 줄어든 간을 되찾은 지금 그 놈의 개새끼에게 속은 게 억울하고 분해서 이를 악물어 본다.

스님은 서운한 듯 작별을 아쉬워하며 잘 가라는 손짓을 한다.

순간 사내는 찌든 살림살이에 끼어 든 도둑을 잡아 넘기기는커녕 나무라지도 않고 쌀자루까지 안겨서 전송해 주시는 스님에게서 어버이 같은 정을 느낀다. 눈물이 흐른다. 갑자기 온 몸에 힘이 빠진다. 터벅터벅 걸어 내려가는 걸음이 마냥 무겁다. 뒷 모습을 내려다 보는 스님은 가슴이 답답해 온다. 하늘을 쳐다본다. 절로 되올라 가는 걸음 또한 무겁다.

대중방엔 얘기꽃이 한창 핀다.

"절에서는 키우지도 않는 강아지를 시주받아 왔다고 그리도 나무라더니만 그래 강아지를 안 키웠더라면 오늘 아침부터 다들 굶을 뻔 안 했나! 오늘에사 화주의 공덕이 온전해졌구먼……."

"그런디, 벙어리 검둥이가 어째서 갑자기 그 이상한 소리를 내며 울었는지 통 알 수 없구만……, 그라고 흰둥이 놈은 알고 보니 영 겁쟁이라, 짖어야 할 땐 숨고 말이여……."

"도둑이 들어 물건을 훔쳐 나가는데 평소 잘 짖어대던 흰둥이는 겁이 나서 부엌에 숨어 있지, 짖어야 사람들을 깨울 터인데, 저는 벙어리지…… 벙어리 냉가슴이라더니, 검둥이 놈의 속이 오죽 탔으면 목청이 탁 터져서 그 기성이 산중을 울렸겠어…… 참으로 신기하지, …… 궁하면 통한다더니 위기상황이 벙어리 목청을 틔웠구만……."

"난 뭐니뭐니해도 그 도둑들이 어디서 그런 힘이 나왔는지 알 수 없군! 가마솥이 좀 무거워……, 남녀가 힘을 합치면 그리 되는가?……"

"허 참, 죽 먹고 어디서 그런 입담들이 나오는지…… 이 사람들아 더 희멀개질 죽물 먹을 걱정이나 하게……."

찌든 산중 살림에 나누재비한 쌀뒷박에 대한 원망이 실린 듯한 투정에 스님은 정신을 가다듬는다. 조용히 대중방을 나서서 법당에 오른다. 염불 기도하는 스님의 음성이 더욱 낭낭해진다. 그 기도가 일제(日帝)를 물리치고 오늘의 풍요로움을 안겨 준 위대한 염력(念力)으로 영글었지 싶다.

하, 아쉽고녀! 죽물로 연명하던 그 즈음엔 나누재비하는 여유와 인정이 있었다. 그리고 도인(道人)이 계셔서 무한한 감동으로 우리의 마음을 풍요롭게 하고 주린 창자를 잊게 했다. 그러나 푸짐한 식단에 돈보따리까지 안은 오늘의 사중(寺中)엔 난투극이 계속되고 있어 입에 담기조차 부끄러운 상황은 많은 불자에게 벙어리 냉가슴 앓게 하고 있다.

부디 이 냉가슴을 탁 털어버릴 획기적인 사연이 산사(山寺)의 옛 그 밤처럼 찾아들었으면 히는 바람이다. 검둥이의 안타까움이 벙어리를 몰아냈듯이 머지않아 그리 되소서!

─1988. 8. 20여 년 전 해인사 용탑에서 펼쳐진 스님의 얘기보따리 중 하나를 다듬다.─

환 희 심

　먼 친척 노인 한 분이 해인사에 다녀와서 이웃 노인에게 이르시길, "나, 종정스님을 뵙고 왔어!"하시며 기쁨이 넘치는 표정으로 환히 웃으신다. 즐거운 행복감이 감도는 감흥 또한 넘치는 듯하다. 종정스님을 예전에 자주 뵈온 이웃 노인은 따라 기뻐한다. 그 모습이 천진하기 이를 데 없다. 종정스님을 뵈온 사연이 뭐가 그리 대단하기에 저리들 기뻐하는지 이해가 되질 않아 늙으면 어린애같이 된다더니 그래서 그런가 보다 하는 정도로 여기고서 속으로 웃고 그냥 지나쳤다.

　그 후 약 한 달 뒤 그 친척 노인이 타계(他界)했다는 이야기를 근 10년 후에 이웃 노인에게서 우연히 듣게 되었다. 그러자 그 옛날 상황이 자연스럽게 얘기거리가 되어 궁금증을 내비쳤다. "종정스님을 뵈온 게 뭐가 그리 대단한 일이라고 그 노인은 그렇게 기뻐하셨습니까?" "그건 도인(道人)을 뵙게 되면 지옥(地獄)의 고통을 면하게 된다고 믿고 있었기 때문이지……." 그 말씀을 듣는 순간 믿음의 소중함과 싱그러움이 확 밀려와서 한동안 말을 잊었다.

　도인(道人)도 도인 나름이겠고 그 믿음이 사실인지 여부도 궁금한 일이지만 타계한 친척 노인은 그걸 믿고 있었기 때문에 종정스님을 뵙는 순간부터 죽는 날까지 기쁨에 겨운 즐거운 나날을 보냈을 것으로 추측된다. 믿음이 창조해낸 환희의 나날은 상상만 해도 싱그러운 부러움이 인다. 죽는 날까지 평온한 즐거움을 줄 수 있는 사연이 이에 더한 것이 또 있을까 하는 궁금증이 싱그러움을 증폭시킨다.

나는 일찍이 그 종정스님을 뵙게 되었지만 세인(世人)들이 생각하는 것처럼 도인으로 여겨지지도 않았고 남달리 아는 게 많은 학승(學僧) 정도로 가볍게 여겼다. 그건 그분의 법문(法門)이 내겐 이렇다 할 의문의 실마리도 일구어 주지 못했고 그렇다고 특정 경전(經典)의 내용이 내 가슴에 와 닿을 정도로 명쾌하게 풀이해주는 바도 없었기 때문이다. 세인의 소문에 부풀려진 나의 기대에 미흡한 아쉬움만 고조되었을 뿐 무엇 하나 물어보고 싶은 것조차 없을 정도로 내겐 그저 그렇고 그런 사람이었다.

돌이켜보면 풋나기의 건방이 세상을 돈짝만한 것으로 착각하게 하듯 그 즈음의 나는 분명 불법(佛法)에 갓 입문(入門)한 풋나기 중 풋나기에 불과했기에 내 근기(根機)는 생각지 않고 내 작은 뼘으로 하늘을 재듯 종정스님을 잘못 짚었던 모양이다. 실로 부끄럽고 부끄러운 사연이 아닐 수 없다. 그건 부끄러운 사연으로 끝나지 않고 끝내 하늘을 알지 못한 채 침이나 뱉은 바보스러운 삶을 영위했다는 후회로까지 이어진다.

멋 모르고 너무 일찍 만난 사연이 이제금 아쉬운 탄식을 자아내게 한다. 영웅 곁에는 영웅이 없다더니 그래서 도처엔 청개구리 같은 사연이 풍성한가 보다. 이제금 순진한 미쁨을 갖기엔 너무 겉늙은 것 같아 옛사연을 돌이켜 새롭게 고쳐 일구어 낼 수도 없을 것 같다. 그러기에 설령 바보스러운 믿음일망정 믿음에서 싹트는 환희심을 간직하는 것만큼 소중한 사연도 드물게 여겨져서 그 친척 노인의 환한 기쁨이 마냥 선하다. 하물며 진정한 믿음에서 싹트는 환희심의 공덕을 어찌 헤아릴 수나 있을지……!

오늘따라 믿음이 일구어 낸 환희심과 건방에 가린 우치(愚痴)의 탄식을 헤아리니 부끄러움이 쫘악 밀려온다. 그 부끄러움이 순간순간 증폭된다. 아쉬움도 고조된다. 얼마간 회한의 시간이 흐른다.

그러자 부끄러워할 줄 아는 선한 마음 어디선가 묘한 선율이 인다. 그건 '믿음'이 지닌 무한한 힘을 노래하는 가락이자 이제금 신행(信行)에 새롭게 입문하는 기쁨을 노래하는 환희의 어우러짐인 것 같다. 그 짧은 사연 한 토막이 가져다 준 '믿음의 환희'를 죽을 때까지 아니 세세생생(世世生生) 지닐 것 같은 행복감으로 한나절이 마악 밝아오는 감흥에 휩싸인다.

—1991. 3. 12—

서푼의 여유

오랜 실업(失業)의 계절에 있었던 일이다. 얼마간의 집세로 겨우 하숙생 같은 궁색함에 쪼들리면서도 안빈낙도(安貧樂道)를 구가하기라도 하는 듯 나름대로 자족(自足)한 착각에 사로잡혀 있던 어느 날이었다.

껌을 사라고 끈질기게 졸라대는 여학생과 실랑이가 벌어졌다. 마침 내 주머니 사정은 공교롭게도 껌 한 통을 살 수 없을 정도였다. 껌값이란 게 시중 판매가격이 아니라 고학하는 학생의 학비를 조달하기 위한 장학기금이 포함된 가격이어서 억지춘향으로나마 그 껌을 사야 했지만 내 형편이 말이 아니었다. 그나마 느즈막한 산책길이어서 주머니 속엔 동전 몇 개가 더듬어진다. 정상가격으로 껌 한 통을 팔면 예상되는 수익은 될 것 같아서 미안한 표정으로 동전을 내밀었다.

그러자 그 여학생은 정색을 하며 껌을 '사라'고 한다. 나는 돈이 없어서 미안하다고 했다. 그녀는 멀쑥한 내가 그만한 돈이 없을 리 없다고 생각했는지 자기는 거지가 아니라며 다시금 껌을 '사라'고 한다. 아마도 내가 자기를 놀리는 줄 알았는지 몹시 서운해하는 어조로 그녀는 고학생일 뿐 거지는 아니라고 강조한다.

난처하기 이를 데 없는 상황이다. 내 뜻은 그게 아닌데 그 여학생은 내가 실업자라는 걸 알 리 없었고 또 실업자의 상황을 이해하지 못할 것 같았다. 내 뜻이 무시된 서글픈 감회와 실업의 자책감이 뒤엉켜 온다.

무슨 용심이 그러했는지 나는 동전을 계속 내밀며 그걸 가지라고 버틴다. 그녀는 자존심이 몹시 상했는지 다시금 껌을 '사라'고 한다. 나의 딱한 상황이 빚어낸 고집과 그녀의 자존심이 팽팽히 맞서 한동안 서로를 마주 본다. 침묵의 순간에 그녀는 모욕감을, 나는 아타까움을 무언(無言)으로 토로한다.

무의미한 시간낭비를 절감했는지 그녀는 어이없다는 듯 묘한 웃음을 지으며 아무 말 않고 지나쳐 간다. 그녀는 고학생으로서의 자존심을 결코 훼손당하고 싶지 않다는 강렬한 의지를 행동으로 보여주면서 동시에 그녀에게 비열하게 비친 나의 행동을 짐짓 불쌍하게 여기기라도 한 듯하다. 어언 20여 년 전의 일이다. 그러나 무어라 시원하게 표현하기 힘든 그녀의 표정과 강렬한 의지는 아직껏 내 뇌리에 생생하다.

돌이켜보면 그 당시 껌을 사줄 수 없었던 사정에 대해 나는 진정으로 미안한 생각이 없었던 것 같다. 진정으로 미안한 생각이 있었다면 그 마음은 그녀에게 전달되었을 것이다. 이심전심(以心傳心)으로 말이다. 내가 미안하게 생각한 것은 진정 그녀에게 서푼의 지원을 하지 못하는 것에 대한 부끄러움 때문이라기보다는 자신이 실업자로서 궁박한 상황에 처한 부끄러움이 더 앞섰기 때문이 아니었을까 싶다.

그건 그날 이후 경제적 여건이 호전된 오늘까지 나는 단 한 번도 누군가의 학자금을 지원해준 적이 없다는 사실로 미루어 알 수 있다. 참으로 부끄러운 일이 아닐 수 없다. 자신의 삶을 성찰

(省察)하며 살아가고 있다는 착각 속에서 서푼의 여유도 없이 살아온 지난날이 부끄럽기 그지없다.

지난날을 돌이켜보는 이 한 편의 글이 그녀의 손상된 자존심을 다시금 자극하는 일은 없어야겠기에 나는 마음 조이며 이제금 진정으로 미안한 마음을 일으켜 본다. 그녀에게 진정한 내 마음이 전해지길 바라는 염력(念力)이 되었으면 해서다.

— 1991. 12. 20 —

[후기] 지난 사연이 무의식속에서나마 정리되어 있어서인지 '92 세계일보 신춘문예 수필부문 당선 원고료 백만원을 몇몇 청소년단체 등에 모두 나누었다. 지난 사연의 아쉬운 회포를 풀어 가는 물꼬를 이제사 트기 시작한 셈이다. 껌을 '사라'는 그녀의 말 뜻을 새삼 새기는 계기로 삼고자 한다.

— 1992. 4. 11 —

행복의 문턱

함께 근무할 여직원이 새로 오는 날이다. 은근한 기다림에 이어 찾아든 여인은 석고상 같은 균형미가 가려질 만큼 어두워 보인다. 밝은 여인이길 바랐던 기대가 무산된 만큼 어두움은 새로운 짐이 되어 한순간 밀려 온다. 그 짐을 반감시켜 보려고 '그래도 예쁘니까'하고 뇌어 본다.

그런데 기대와 실망과 체념을 안겨 준 첫날의 지루한 기억은 급속도로 잊혀져가기 시작했다. 언제부턴가 밝아진 그녀의 표정이 예쁨을 더욱 돋보이게 하였기 때문인가 보다. 게다가 그녀의 나이가 예쁜 얼굴에 가려진 채 결혼 적령기를 훨씬 넘어 있었고 심성 또한 착했기 때문에 그녀의 행복된 삶을 기원하는 연민의 정마저 일고 있었다.

그러던 어느날 친구로부터 귀국 연락을 받았다. 사연인즉 해외에서 생활기반을 잡느라고 결혼할 나이가 지났으나 마땅한 사람이 없어 선보러 왔다고 한다. 웬지 어울릴 것만 같은 생각이 들어 그녀의 의중을 타진했지만 고개를 흔든다. 그래도 내친 김에 좀은 억지를 부려 시간과 장소를 정했다.

그녀가 나타나길 기다리는 초조로움이 모종의 기대감을 비집고 살며시 얼굴을 내민다. 술 석 잔과 따귀 석 대 사이로 이 생각 저 생각이 오갈 즈음 그녀가 들어선다. 그 순간 나는 기대가 무산되는 아픔을 또 맛보았다. 어쩌면 그날따라 그녀의 얼굴이 그리도 어두워 보이더란 말인가!

이튿날 나는 어제의 사연에 대해선 무심한 척하기로 했다. 그러나 놀랍게도 그녀의 표정은 밤 사이에 밝고 시원스럽게 돌아와 있었다. 그래서인지 중매극의 실패보다 하필이면 어제 같은 날 왜 그녀의 표정이 첫 출근하던 날과 같이 어두웠던가 하는 의문이 나를 사로잡았다.

그날 이후 그녀를 대하면 어디선가 많이 본 듯한 얼굴형이라고 생각되었다. 그리고 그 얼굴형이 한결 뚜렷해지자 수녀(修女)의 모습과 자태에서 느낀 분위기를 연상케 했다. 그 순간 제복만 입히면 누구보다도 돋보일 수녀같은 그녀가 자연스럽게 노처녀가 된 것이라든지 선보이려 한 날 극히 어두웠던 분위기 등 그간의 사연이 이해되는 듯했다.

나의 느낌을 자연스럽게 이야기하자 그녀는 말없이 웃기만 한다. 그 웃음 속에 수행의 과정에 있는 성직자의 두 얼굴이 떠 오른다. 내면의 완성에 다다르지 못한 안타까움으로 고뇌하면서 자기를 향해 있는 신도들에게는 지극히 평온하고 만족스런 표정으로 자신의 길을 은근히 힘주어 표현하는 상반된 모습. 그래서 웬지 허전해 보이고 이따금 감추는 듯한 한숨 때문에 제복에 갇혀 있는 듯한 수행인의 모습이 그녀의 두 표정과 겹쳐온다.

그런 영감이 스쳐간 후 나는 그녀를 제복 없는 수녀로 대하는 조심스러운 발돋움을 하게 되었다. 그리고 수녀의 제복을 입은 그녀를 상상해 보곤 했다. 이는 어쩌면 출가의 뜻을 이루지 못한 나의 아쉬움이 자연스럽게 탈바꿈된 것이었는지도 모른다.

그런 세월 속에 어느덧 그녀를 향한 세속적인 연민의 정은 사라지고 이따금 높다란 빌딩 숲을 내려다 보며 나는 근원적인 의문에 다시금 도전하고 싶은 충동과 좌절을 되풀이하는 새장 속의 꿈에 묻혀 갔다. 그리고 계절의 색깔마저 앗아가는 도회의 세월은 근무부서의 잦은 이동으로 그녀를 잊고 살게끔 했다.

그러던 어느날 그녀가 위암으로 수술을 받았으나 정작 위에는 칼을 댈 수 없을 정도로 결과는 절망적이라는 소식이 병원으로 나를 몰고 갔다. 부서별로 줄을 이은 문병인사에 세련된 자세로 그녀는 웃으면서 수술경과를 들려 준다.

"수술이 아주 잘 되었대요. 그리고 수술 자국이 거의 표가 나지 않을 정도라서 좋은가 봐요."하며 그녀는 수술부위를 보여 줄 듯이 신바람을 피운다. 덩달아 다행스러운 표정을 지어본다. 그러나 저 숨겨진 사실에 자리한 불안한 행복이 언제까지 계속될 수 있을까 하는 의문이 슬픈 감회로 바뀌는 순간 그녀의 머리맡에 놓인 성서(聖書)에 눈을 돌려 애써 감탄하는 체 해본다.

그녀의 천진한 행복감을 무너뜨릴 만큼 진실을 얘기해 줄 수 있는 사람도 없겠거니와 그래서도 안 될 것이기에[1] 함께 간 동료들은 한결같이 조속한 쾌유를 바라는 인사로 병실을 가꾸어 주곤 떠난다. 성서를 읽고, 또 만져보는 그녀는 분명 하느님의 구원을 받은 행복감에 심취된 채 행복의 문턱을 막 넘어서 있다는 착각으로 한동안은 즐거울 것이다. 그러나 숨겨진 진실이 문득 노정되고 죽음이 그녀를 엄습할 때 행복감이 무너져 내릴 공간을 무엇으로 채울 수 있을는지…….

아무리 인생무상이라지만 수녀같은 그녀가 아직은 꽃다운 나이에 저렇게 죽어야 한다니, 삶은 무엇을 위한 베풂이며, 죽음은 무

엇을 위한 예비인지 서글픔이 앞선다. 병실을 떠난 나의 허전한
귓가에 옛사람은 속삭여 온다.

삶은 어디로부터 오며   生從何處來
죽음은 어디로 향해 가는가   死向何處去
삶은 피어난 한 조각 뜬 구름   生也一片浮雲起
죽음은 사라진 한 조각 뜬 구름   死也一片浮雲滅
뜬 구름 자체는 본래 실다움 없는 것   浮雲自體本無實
삶과 죽음, 오고감도 이같으리니   生死去來亦如然

나 자신이 죽을 즈음에도 이 속삭임은 나에게 평온과 너털웃음
을 안겨줄 수 있을는지 의문이다. 그래도 그녀가 자리한 행복의
문턱을 바라보는 아련함을 다소간 완화시켜 주는 고마운 일깨움
이 되었다.

체념과 망각을 약으로 삼는 부족된 삶에서 행복은 신기루 같은
것일테지만 거긴 대문도 있고 문턱도 있어 보이겠지. 그래서 바
라보며 치달리는 숨결이 세파를 이루고 그 근저엔 고해(苦海)를
이루겠지. 그러기에 즐거움을 추구하는 갈증으로 갈애하(渴愛河)
가 생기고 애갈(愛渴)은 더욱 심해지나 보다.

이 모두 곧 나 자신의 문제이지만 성현(聖賢)의 일깨움을 빌어
뇌이다보면 나 자신이 초월한 경지에 도달한 듯한 착각으로 망각
의 세월을 또한 익혀 가게 된다. 마치 생사의 늪을 지나 피안(彼
岸)에 이른 것처럼 때로는 큰 소리로 호기를 부리며 도인연(道人
然)에 취해 더욱 만심(慢心)[2]에 젖어가는 자신을 망각하게 되나
보다.

그녀가 퇴원한 후 한 달쯤 지나서 전화가 왔다. "그전처럼 배가

다시 단단해지는 것 같아요!” 나는 짐짓 놀란 듯이 “아니, 왜 그
럴까?”하고 걱정스럽게 반문한다. “글쎄 모르겠어요…….” 하곤
행복의 문턱이 약간은 내려앉은 듯한 숨결에 한동안 그녀의 말은
가려진다. “병원엘 다시 가 보세요!”라는 말 이상으로 진실을 토
(吐)할 수 없는 안타까움이 나의 다음 말을 앗아간다. 서로의 숨결
이 전파에 실려 한동안 침묵의 늪을 이룬다.

　행복의 문턱이 내려앉고 있음을 알려온 그녀의 전화가 있은 며
칠 후 암에 효력이 있다는 약초를 알려 주고자 그녀에게 전화를
했을 땐 그녀는 이미 예비된 거처로 옮겨져 있었고, 그녀의 언니
는 간밤의 약초꿈 이야기를 하며 나의 전화를 고마워한다. 한 번
쯤은 다시 그녀를 찾아봐야 하는 건데 일과를 핑계로 세월을 잊
었다.

　정작 그녀가 죽었다는 얘길 전해 들은 것은 장례를 치루고 난
한참 후였다. 그녀의 묘소에 들러 “미스 리, 남쪽 고향 하늘을 한
껏 보소서…….”하며 눈물을 삼켜야 했다고 말한 동료직원은 자
신의 전하지 못한 애틋한 사랑을 울먹인 음성에 실어 보인다. 수
녀같은 그녀에게 세속적인 사랑이야기는 차라리 전해지지 않은
편이 그 친구를 위해 다행스럽게 여겨진다. 그의 가슴에 간직된
사랑의 꽃망울이 활짝 필 수야 없겠지만 그녀를 그리워하는 눈매
는 어언 10년이 지난 지금에도 생생하기만 하다.

　오늘따라 그녀 특유의 웃음과 눈매가 나의 지친 병상(病床)의
꿈을 깨운다. 그녀는 서툰 나에게 자기 이야기를 그려 주길 바라
는 것만 같다. 모처럼 맛있게 먹은 팥죽을 토하며 아쉬운 불안에
사로잡히던 그녀에게 이따금 드리운 어두움, 그리고 가볍게 흔든
고개짓은 못다 필 젊음을 예고한 것이었을까? 수녀가 되었더라면

그녀의 청초함은 더 오래 지속될 수 있었을 것만 같은 아쉬움이 밀려 온다. 죽음의 발자국을 숨죽여 기다리며 무너져 내리는 행복의 문턱을 바로 세우고자 안간힘을 쓰던 마지막 순간에 토해 낸 그녀의 언어는 그녀의 언니도 차마 말할 수 없었고, 나도 물어 볼 수 없었다.

-1987. 3. 22-

---

1) 병을 간호하는 사람은 병자가 꼭 죽을 것을 안다 해도 죽음을 입밖에 내서는 안 되며 병의 괴로움은 모두 전생의 좋지 않은 인연 탓이니 지금 마땅히 참회하라고 일깨워야 하며, 병자가 이 말을 듣고 성내거나 욕하더라도 대꾸하지 말며, 또 그를 버리는 일이 없어야 한다.(善生經)

2) 만심(慢心)을 일곱 종류로 구분할 경우에는 ① 만(慢). 자기보다 못한 이에 대하여 우월감을 품고 높은 체하는 것. ② 과만(過慢). 자격이 같은 이에게 대하여 우월감을 품고 높은 체하는 것. ③ 만과만(慢過慢). 자기보다 나은 이에 대하여 우월감을 품고 높은 체하는 것. ④ 아만(我慢). 자기의 능한 것을 믿고, 다른 이를 업신여기는 것. ⑤ 증상만(增上慢). 자기를 가치 이상으로 보는 것. ⑥ 비열만(卑劣慢). 겸손하면서도 일종의 자만심을 가지는 것. ⑦ 사만(邪慢). 덕 없는 이가 덕 있는 줄로 자기를 잘못 알고 높은 체하는 것 등이 있고 아홉 종류로 나누기도 한다.

행운의 편지

　나는 익명(匿名)으로 된 '행운의 편지'를 수차례 받은 적이 있다. 그 편지는 길흉화복을 내세워 불안한 믿음을 강요하는 부족된 종교의 포교 방법 같아서 도저히 다른 사람에게 그 내용을 전할 수 없었다.

　그런데 근간에 20여 년 전의 그 내용을 복사한 행운의 편지가 또 왔다. 그는 분명 나를 아끼는 마음에서 띄웠음이 역력해 보이는 구절을 말미에 덧붙이긴 했다.

　그러나 다른 사람의 행운을 위해서라기보다는 자기에게 불행이 미칠 것만 같은 불안 때문에 띄우기 쉬운 행운의 편지는 우리 이웃의 행운보다는 현대인의 막연한 불안감을 더욱 조장할 가능성이 있어 보인다. 만약 행운의 편지를 복사하여 발송하는 것으로 위안을 삼는다면 이는 마치 교회에 나가기만 하면, 또는 헌금만 하면 구원을 받을 수 있고 그날 그날 구원을 받은 것 같은 자기 최면에 걸려 안심하는 부류의 믿음과 다를 바 없다.

　추측컨대 행운의 편지는 믿음·소망·사랑 그 중 사랑이 으뜸이니 네 이웃을 사랑하라는 외침의 홍수 속에서 이웃과 단절된 채 '풍요 속의 빈곤, 대중 속의 고독'으로 표현되는 외로운 서구인의 몸부림에서 비롯된 듯하다. 이웃사랑의 외침보다는 한 통의 편지에 더 깊은 연민의 정을 느낄 수밖에 없는 서구산업사회의 한계상황은 서구의 종교와 성직자가 제 구실을 못한 증좌이며, 현대산업사회의 불행으로 사료된다.

이 행운의 편지는 분명 많은 성직자와 교육자에게도 전달되었을 것이다. 어쩌면 이 편지는 현대의 성직자에게는 그들의 잠을 깨우시려는 하느님의 메세지인지도 모른다. 그러나 내가 알기로도 내용이나 방법의 개선없이 20여 년간이나 행운의 편지가 계속되고 있다는 것은 서구 성직자를 위시한 현대 지성인 그리고 현대 종교의 또 하나의 문제점이 아닌가 한다. 성직자들의 과오 때문에 초래된 종교개혁이 현대산업사회를 낳았다면 이제 인류는 "잘못은 인지상사요, 용서는 신(神)의 본성이다.(To err is human, to forgive is divine!)"하며 하느님에게 모든 책임을 전가하는 과오를 범해서는 안 된다고 생각한다.

그런데 행운의 편지를 익명으로 보내는 것은 발송인이 이른바 상(相)에 머물지 않은 베풂〔無住相布施〕의 공덕을 알아서라고 보기는 어렵다. 이는 행운의 편지를 발송한 사람이 겁쟁이로 따돌린다거나 또는 수신인이 발송하지 않아 불행한 사연이 발생한 경우 그 불행이 마치 행운의 편지 탓으로 돌려져 발송인이 원망을 살 수 있기 때문으로 사료된다.

그리고 대부분의 사람에게는 보이지 않는 하느님의 권능이 사랑보다 두려움을 주는 쪽으로 기억되기 쉽다. 그래서 이따금 하느님을 빌어 겁을 주는 사이비 성직자와 같이 겁을 주거나 불안을 조성하는 데는 익명이 더 효과적이기 때문인 것 같다.

돌이켜보건대 이 행운의 편지는 이웃에 대한 관심 즉 이웃사랑으로 이어져서 활기차고 따사한 사회가 건설되길 바라는 간절한 소망에서 시작된 듯하다. 이 행운의 편지가 행운을 가져다 주는 이유는 그 편지의 내용 때문이 아니고 이 편지를 띄울 이웃을 한 순간이라도 생각하는 마음이 행운을 이끌어 오는 인(因)이 되기 때문이다.

그런 관점에서 볼 때 겁을 주는 문구(文句)는 행운의 편지에 전혀 어울리지 않는 것임을 알 수 있다. 따라서 상대방에게 불안을 주는 문구는 행운의 편지에서 삭제되어야 하며, 겁을 주기 위한 익명으로 보내는 일은 무의미하다 하겠다.

그러므로 이유야 무엇이든 진정으로 상대방의 행운을 바란다면 떳떳하게 자기의 이름을 밝혀야 할 것이며 행운의 편지는 이제 그 내용이 다듬어져야 한다고 본다. 예컨대 우리 이웃의 마음의 평화를 가져다 줄 수 있는 성현(聖賢)의 말씀을 옮겨 실은 새로운 행운의 편지를 띄움직하다. 그러면 그 이웃은 이 말씀에 감동되어 그 구절을 다른 이웃에게 전하고 싶은 간절한 소망이 저절로 일어나서 다시금 새로운 행운의 편지를 하게 될 것이다.

누군가로부터 은혜를 입으면 그 덕을 기리고 이를 이웃에 베풀어 가는 회향(廻向)의 상생(相生)관계가 지속될 때 우리 사회는 마음의 풍요로움이 계속 증가될 것이고 따사로운 행복감으로 하루하루가 좋은 날이 될 것이다.

나의 부족된 이 글이나마 오늘을 거짓되고 불안하게 이끌어 가는 사이비 성직자들에게 각성을 촉구하는 조그마한 계기가 되길 희망한다. 나아가 행운의 편지를 받고 망설일지도 모를 분에게 새로운 행운의 편지를 쓸 수 있는 용기와 희망을 일깨우고자 내가 즐겨 읊조리는 다음의 말씀을 나의 새로운 행운의 편지로 삼아 독자에게 띄우고자 한다.

- 친구를 사귀되 내가 이롭기를 바라지 말라. 내가 이롭고자 하면 의(義)를 상하게 된다. 그래서 성인이 말씀하시길 순결로써 사귐을 깊게 하라 하셨느니라.-

-복(福)은 검소에서, 덕(德)은 겸손과 양순(良順)에서, 지혜는 고요히 생각하는 데서 생기고 근심은 애욕에서, 재앙은 물욕에서, 허물은 경망에서, 죄는 참지 못함에서 생기느니라.-

-1987. 4-

노사관계와 생활불교

　최근 총체적 난국의 한 요인으로 지목되고 있는 '위법한 노동쟁의'에 효율적으로 대처하기 위해 정부는 공권력(公權力)을 때맞춰 투입시키고 있다.

　이는 설령 적법한 쟁의라 하더라도 당해 기업뿐 아니라 연대협력 관계에 있는 기업에게 막대한 손실을 초래하므로 날로 심화되는 국제경쟁과 보호무역의 장벽 그리고 시장개방압력 등 주변상황을 감안할 때 불가피한 조치임에 틀림없다.

　그러나 공권력의 개입만으로는 근로자의 손상되기 쉬운 여린 감정이나 사업주의 저하된 기업의욕이 치유되지는 않는다. 여기에 노사문제에 대처하는 공권력의 한계, 곧 정치권력의 한계를 엿볼 수 있다. 노사간의 묵은 감정적 앙금의 제거나 근로자의 손상된 여린 감정의 치유 그리고 저하된 기업의욕의 고취 등은 종교영역의 문제다.

　그런데 부처님의 가르침에 의하면 "모든 악(惡)을 짓지 말고, 널리 선(善)을 받들어 행하여야 마음이 스스로 맑아져서 비로소 부처님의 가르침을 알게 된다[諸惡莫作 衆善奉行 自淨其心 始知佛法—대개 마지막 구절은 是諸佛敎(이것이 모든 부처님의 가르침이다)로 인용하고 있음]."라고 말씀하셨으나, 기업이윤을 교묘히 은폐하거나 분배의 공정을 내세워 이기심(利己心)을 감춘 채 다투고 있는 노사간에는 부처님의 말씀도 '쇠귀에 경 읽기'가 될 지도 모른다.

그리고 우리의 현실은 착하기(善)보다 이롭기(利)를 바라는 물결이 강하여 도덕률이 붕괴된 상황이어서 법규의 준수를 거부한 채 투기·부정·비리 등을 마다않고 이익추구에 과감한 부류마저 속출하고 있다. 이기심을 충족하기 위한 온갖 몸부림이 민주화라는 이름으로 분출되는 등 스스로를 돌이켜 부끄러워할 줄도 모르는 상황하에서 굳이 사용자나 근로자더러 법규를 준수하라고 할 처지도 못 되었다.

하물며 쟁의 중에 있는 기업의 사업주더러 도덕률의 근저가 되는 종교규범, 예컨대 부처님의 말씀을 빌어 인욕(忍辱)하라거나 임금인상 부분은 보시(布施)하는 셈치라고 할 형편은 더더구나 아니었다.

그러나 근간에 부동산 투기억제책과 공직자의 기강확립을 위한 문책인사, 그리고 노사간에 법규의 공평한 적용 등 그간 민주화 열기로 사회전반에 걸친 들뜬 분위기가 진정될 전망이다. 무역적자와 실업률의 증가 등 주변여건의 변화로 노동쟁의 등 각종 민주화 욕구의 분출 역시 자제 움직임이 역력하다. 오늘의 총체적 난국에 대한 위기감으로 위정자는 물론 국민도 과거를 돌이켜 반성의 시간을 갖게 된 듯하다.

스스로 반성하는 시간은 '제악막작 중선봉행(諸惡莫作 衆善奉行)'과 맞잡이로 우리의 마음을 맑혀주는 바라서 이제금 부처님의 말씀에 귀기울임직하다고 사료되어 노사관계에 관한 부처님의 가르침과 그 의의를 살펴보고자 한다.

232

「육방예경(六方禮經)」에 이르시길 "주인은 종(從)을 돌봄에 있어 남녀 구분없이 다섯 가지 행할 바가 있으니 ①음식과 옷을 주고 ②병이 나면 의사를 불러 치료를 해주며 ③함부로 때리지 않아야 하고 ④사유물(私有物)을 빼앗지 않으며 ⑤물건을 평등히 나누어 주는 것 등이다."하셨고, 또한 「선생자경(善生子經)」에서는 ①힘에 알맞게 일을 시키고 ②제 때에 옷과 음식을 주며 ③때때로 식사를 함께 하고 ④심신(心身)을 청정히 하고 행위를 삼가도록 교육시키며 ⑤병이 나면 쉬게 하도록 일깨우고 있다.

물론 석가모니 부처님 당시엔 오늘날과 같은 자본주의 생산방식하의 노사관계는 없었다. 그러나 부처님의 가르침은 자본주의 생성 당시의 자본전제적 노사관계가 온정적·완화적·민주적 노사관계로 발전하는 모든 과정에 걸쳐 시사하는 바가 크다.

단적으로 말해서 앞서 제시된 부처님의 가르침은 오늘날 선진산업국의 노동법을 계수한 우리나라의 법령에 수용되어 있다. 예컨대 우리의 현행 근로기준법에 의하면

①근로자에 대한 폭행금지규정(제7조)은 「육방예경」의 세번째 가르침의 법적 반영이라 할 수 있고 ②근로시간의 제한과 적절한 휴식을 주도록 규정한 '근로시간과 휴식'(제4장)에 관한 조항은 「선생자경」의 첫째 가르침과 그리고 ③보건(제6장)과 재해보상(제8장)에 관한 규정은 「육방예경」의 둘째, 「선생자경」의 다섯째 가르침과 연계시킴직하다. ④부분적이긴 하나 기능습득(제7장)과 각종 직무교육은 「선생자경」의 넷째 항목과 ⑤임금체불을 규제한 조항(제36조 ·제109조)은 「선생자경」의 둘째, 「육방예경」의 첫째 가르침과 다르지 않고 ⑥균등처우규정(제5조)과 남녀고용평등법의 정신은 「육방예경」의 다섯째 가르침 그대로라 하겠다.

즉 봉건적 주종관계하에서 주인이 지켜야 할 종교규범이 오늘날 민주적 노사관계하의 사용자가 지켜야 할 법률상 의무와 다르지 않다 함이다. 달리 말하면 사용자(使用者)가 근로기준법 등 노동관계법을 지키면 이는 곧 부처님의 가르침을 믿고 지녀 받들어 행함(信受奉行)이 되는 셈이다. 따라서 이들 법령(法令)의 준수는 곧 성불(成佛)하기 위한 수행(修行)을 성실히 함과 같다 할 것이다.

마리 앙트와네트가 베르사이유 궁전에 막대한 비용을 들여 조성한 호수가에 앉아 "자연(自然)으로 돌아왔다."고 외친들 루소가 주장한 자연으로 돌아감이 아니듯이 도회 중심가에 사찰(寺刹)이나 크게 짓는다고 하여 곧 불교의 근대화 내지 불교의 생활화가 되는 것은 아니다.

부처님은 '깨달은 이'를 뜻하므로 중생(衆生)을 깨닫게 하는 일련의 사업이 불사(佛事)다. 신도의 주머니를 잘 거머쥐어 사찰이나 불탑을 웅대하게 조성하는 것이 결코 불사가 아님은 주지하는 바다. 그럴진대 이기심(利己心)을 교묘히 감춘 삼천배(三千拜)나 생색을 내기 위한 각종 헌금과 불전(佛錢)보다는 체불(滯拂)임금을 일소하고 나아가 근로자의 후생복지에 힘씀이 상(相)에 주(住)하지 않은 보시〔無住相布施〕에 더 가깝다는 점을 사업주는 익히 알아야 한다.

미꾸라지나 자라 등 물고기류를 살려보내는 방생(放生)보다는 이 지구상에 전쟁을 예방하여 무고한 인명(人命)이 살상(殺傷)되는 것을 막아 주는 것이 더욱 시급히 요청되는 방생이다. 나아가 창의적 기업활동을 통하여 빈곤과 좌절의 고통으로 서서히 시들어 가는 많은 실업자들에게 취업의 문을 넓혀 줌이 더욱 바람직한 방생(放生)일지니 이런 사업주(事業主)들이야말로 참다운 방생의 선업(善業)을 닦는 현대적 의미의 보살(菩薩)이라 할 것이다.

복전(福田)[1]으로 받들어 존중됨이 마땅하거늘 이들 사업주(事業主)를 존중하기는커녕 쟁의과정에서 감금·폭행함은 이 무슨 파렴치한 폭거인가? 부처 이루기가 세수하다가 코만지기처럼 쉬운 일이라 하나 코를 만지면서 코만지는 줄 모르듯이 사업주들이 세간의 법령을 준수함이 곧 부처 이루는 수행인 줄 모르고 탈법적(脫法的) 행동을 통해「선생자경」이나「육방예경」등 부처님의 가르침을 어기면서 목불(木佛) 앞에 엎드려 부처되고자 하니 이 일을 어찌할꼬!

기업경영이 곧 방생의 선업(善業)을 실천하는 보살행이거늘 어찌 근로자에게 정당한 몫의 임금(賃金)을 주지 않는 도업(盜業)을 지으려는지? 바로 곁에 동업중생이자 빈궁전(貧窮田) 곧 복전(福田)인 근로자를 두고 따로이 깊은 산골을 더듬어 '성자(聖者)의 짐을 나르는 나귀' 같은 화상(和尙)만을 복전으로 받드니 이를 어찌할꼬! 어물전 망신시키는 꼴뚜기같은 몇몇 기업인이 착한〔善〕방생업(放生業)을 제껴두고 서민의 내집마련 꿈을 앗아가는 살생(殺生)과 같은 부동산 투기를 했다 하니……

이제 지난 사연에 대한 탄식을 거두고 산업평화를 이룩하자면 사업주는 법령을 준수함이 곧 부처님 법을 수행하여 성불(成佛)하는 길임을 깊이 깨달아 근로자에 앞서 모범을 보여야 한다.

나아가 근로 대중(大衆)의 여린 삶을 풍요롭게 하는 기업활동이 곧 방생의 선업(善業)을 닦는 보살도이니 성심성의껏 올바른 기업활동을 전개하면 이 또한 부처되는 지름길임을 믿어 의심치

말지어다. 생활불교가 예서 더한 진전있기를 바라며 사부대중(四部大衆)[2]은 오늘날과 같은 어려운 여건하에서도 방생의 선업을 꾸준히 닦고 있는 사업주들을 인욕(忍辱)보살로 알고 이들 사업주를 복전(福田)으로 삼아 받들어 공경함으로써 이들의 기업의욕을 고취시켜줌은 물론 스스로의 깨달음 또한 증장되길 기원한다.

근로자 역시 부처님께서 '선생자경'과 '육방예경'을 통해 일깨워 주신 가르침의 본지[3]를 근로현장에서 생활화하여 이를 부처 이루는 방편으로 삼아 주길 기원해 본다.

나아가 사업주든 근로자든 상불경보살(常不輕菩薩)이 누구에게나 이르시길 "나는 그대들을 깊이 공경하고 경만하게 생각하지 않나니, 이는 그대들은 모두 보살도를 행하여 반드시 부처를 이룰 것이기 때문이니라〔我 深敬汝等 不敢輕慢 所以者何 汝等 皆行菩薩道 富得作佛〕."고 하신 뜻을 생산현장에서건 쟁의현장에서건 새겨보는 여유를 가질 때 우리의 노사관계는 도반(道伴)관계로 성숙되고 노사(勞使)의 장(場)은 성불(成佛)을 위한 수행 도량(道場)이 되어 하루하루가 즐거울 것이다. 부디 생활불교가 모든 영역에서 이러히 활성화되길 거듭 기원한다.

-1990. 6.-

---

1) 복전(福田)이란 부처님이나 수행하는 이 등 공양(供養)을 받을 만한 법력이 있는 이에게 공양하면 복이 되는 것이, 마치 농부가 밭에 씨를 뿌려 다음에 수확하는 것과 같으므로 복전이라 함.

2) 사부대중(四部大衆)이란 ①불교교단을 구성하는 4종류의 사람으로서 ⅰ출가(出家) 성직자인 비구(남자 스님)·비구니(여자 스님)와 재가(在家) 신도인 우바새(남자 신도)·우바이(여자 신도) 또는 ⅱ비구·비구니와 사미·사미니를 가르

키거나 ②불교법회에 참석하는 자를 4종류(發起重·當機衆·影響衆·結緣衆)로 구분하여 사부대중·사부·사중(四衆)이라 하나 여기서의 ①의 ⅱ을 가르침.

3) 부처님께서 '선생자경'을 통해 근로자가 지켜야 할 사항으로 제시한 바의 본지를 현대적 노사관계와 연계하여 요약해보면 ①근로계약, 회사의 사규(취업규칙)등 관계법령을 준수하고 ②맡은 바 직무를 성심성의껏 수행하며 ③회사의 비품·생산설비·자재 등을 훼손하거나 낭비하는 일이 없도록 하고 ④사용자의 좋은 점을 칭송하여 기업가로서의 자긍심을 갖도록 고무하며 ⑤사용자를 맞이하거나 전송함에 있어 공경하는 마음을 지닐 것 등이다.

속 앓 이

　누구나 자기가 하고 싶은 일이 있게 마련이다. 그리고 그 일이 성취될 때 모종의 행복감을 맛본다.

　나도 하고 싶은 일이 있다. 첫째 동양(東洋)과 서양(西洋)의 체질적 특성과 차이점을 비교 분석해보면 동양인은 동양인으로서 장점이 명확하므로 우리네 젊은이에게 이를 일깨워 동양인으로서의 자긍심을 갖게 하고 무분별한 서구화(西歐化)로 인한 동양의 공동화(空洞化) 능 혼란을 극복하여 동서공화(東西共和)의 길을 트는 일이요.

　둘째는 자본주의와 공산주의 결함을 극복한 새로운 사상을 소개하여 낡은 이념(理念)투쟁에 청춘을 허비하는 젊은이들을 일깨우고 정치 경제의 안정적 발전에 기여하는 일이다.

　다음으로 인간은 정신[心]과 육체[物]의 조화체(調和體)이므로 인간이 모여 사는 사회도 모든 영역에서 물(物)과 심(心)이 조화를 이룰 때 비로소 인간은 평화로움을 맛볼 수 있음을 일깨우고자 한다. 특히 과학[物]과 종교[心] 또한 조화를 이루어야 하는 바 이는 제3의 종교개혁에 의해서 비로소 실현 가능함을 주지시키는 것이 나의 셋째 번 일이다.

　어느 하나도 쉬운 일은 아니다. 그러나 나는 이 일을 해야겠다는 소명의식에 사로잡혀 긴긴 날을 노심초사한 나머지 속앓이를 하고 있다.

돌이켜보면 우리는 서구화(西歐化)과정에서 동양인으로서의 체질적 특성을 잊고 자기비하(自己卑下)를 거듭하고 있으며 현란한 과학문명에 현혹되어 자아(自我)를 상실한 나머지 자아를 일깨워줄 종교마저 기복적 신앙으로 따돌리고 있다. 이에 도덕성 상실과 범죄의 증가 등 현대위기는 고조될 수밖에 없다.

그리고 동서(東西)의 사상대립은 소련의 개방과 개혁으로 해빙되고 있으나 양대진영 모두 불안과 혼란의 와중에 있어 그 결함을 극복한 새로운 사상의 창출이 요구된다. 우리의 염원인 통일한국의 정치체제나 진정한 동서(東西)화합의 새시대 구축에도 새로운 사상의 창출이 필요 불가결하나 다들 탈이데올로기 정도에 최면이 걸린 듯 막연한 낙관론에 안주(安住)하고 있다.

그런가 하면 과학일변도의 뜀박질에 따른 공해와 자원난, 그리고 종교간 민족간 갈등과 분쟁에 대한 대처능력도 심히 의심스러운 상황이다.

이상의 과제에 대한 해결방안이 우리 민족에 의하여 이미 강구되어 있다고 하면 누가 믿으려고 할지 의문이나 사실은 사실이다. 이 글이 낡은 이념과 화염병을 모두 버리고 새로운 사상에 관심을 갖는 계기가 된다면 타살(打殺)과 열사(烈士)아닌 열사(熱死)와 투사(鬪士) 아닌 투사(投死) 등 5월의 비극은 종식될 수 있겠고 나의 속앓이도 치유될 것만 같은 행복감이 밀려온다.

—1991. 5. 3—

더불어 사는 삶

네모난 표지판, 경쟁적으로 질주하는 차량행렬, 도로에서 대치한 경찰과 데모군중, 예리하게 싸뚝싸뚝 잘린 듯한 도회의 마을을 스카이라인이 모두 우리의 시선을 각지게 하고 우리의 마음을 모나게 한다. 화합보다는 대립을 수리보다는 그다음을 강요하는 각으로 둘러싸인 도회생활을 보지(土地)는 되돌아 보게 한다.

제5부

봉 로 원(奉 老 院)

　양로원(養老院)을 방문해 본 사람은 정년퇴직 후 자신의 모습을 그려보기 마련이다. 거기서 살아야 하는 사람들이 오갈 데 없는 버림받은 노인뿐 아니라 핵가족 시대의 거추장스런 존재로서의 바로 자신일 수 있기 때문이다.

　그래서 혹자는 퇴직금 사기(詐欺)에 말려들지 않기 위한 방안을 다짐해 보거나, 경로효친을 위한 세제혜택 등 각종 국가시책이 핵가족화의 흐름을 역류시켜 줄 것을 희망하기도 한 것이다. 그러나 세상살이가 뜻같지 않았다는 체험은 희망보다는 절망을 전제로 한 대책마련으로 번민하게 한다.

　양로원 생활에 대한 거부반응은 시간에 따라 다양하겠지만 전통적인 우리의 가족의식과 현재의 복지정책 수준에 비추어 한 마디로 '불쌍하다'는 생각에서 비롯될 것 같다. 인생여정은 생로병사(生老病死)의 정해진 코스로 질주하게끔 짜여져 있어서 늙는다는 것 자체만으로도 서글프다. 더구나 가족과 헤어져 지내는 쓸쓸함 그리고 그 늙음은 죽음과 맞닿아 있어, 보는 이로 하여금 더욱 불쌍한 감회에 젖게 하기 때문이다.

　그러나 노인을 새로운 시각에서 볼 때 우리는 불쌍한 감회를 말끔히 씻을 수 있다. 그 새로운 시각이란 첫째 고려장을 폐지한 사연에서 보는 바와 같이 노인은 험난한 인생여정을 헤쳐나온 체험적 지혜를 갖고 있다는 점, 둘째 죽음의 발자국에 귀 기울이며 내생(來生)을 준비하는 초연함은 어떤 성직자나 수행인에게 뒤지지 않을 만큼의 절실함이 있다는 점이다. 따라서 노인들의 삶에 대한 이 지혜와 남 아닌 자기의 죽음에 대한 너그러움 그 인생관으로 하여 그들의 삶터인 양로원은 '지혜의 샘'이자 '인생 교육의 장(場)'이 될 수 있기 때문이다.

그런데, 원래의 한자어가 아무리 그런 의미가 아니라 하더라도, 이미 우리 의식에서 이곳을 배불리 먹여주고, 함께 놀아주며 마치 노인을 사육하는 듯한 느낌으로 받아들이기 쉬운 '양로원' 이라 이름함은 늙음을 바라보는 우리 모두를 스스로 모욕하는 짓이다. 마땅히 이름부터 '봉로원(奉老院)'으로 고쳐 우리의 그릇된 시각을 바로잡아야 할 때라고 본다.

하면 인생살이에 얽힌 문제의 해답을 이 봉로원에서 구할 수 있을 것이며 설익은 성직자보다는 봉로원의 노인에게서 삶의 지혜를 배움이 더욱 시의(時宜)에 맞지 않을까 한다. 이 새로운 시각에서 노인문제를 접근하여 장차 노인이 될 우리 자신도 불쌍한 노인의 모습에서 구제될 수 있으면 하는 바람이다.

-1987. 4.-

주 례 유 감(主禮有感)

　주례를 맡아 주기로 한 친지로부터 전화가 왔다. 알고 보니 결혼식이 겹쳐서 내가 부탁드린 주례를 맡을 수 없다는 말씀이었다. 결혼식은 일요일 오전인데 금요일 저녁에사 일러주시니 갑자기 주례로 모실 분을 찾을 수도 없는 형편이다.

　난감해하는 나더러 이제는 주례를 맡음직한 나이가 되었으니 직접 해보라신다. 제자인 신랑으로부터 주례부탁을 받을 즈음엔 '나이'와 '무경험' 그리고 '부넉함'을 핑계로 그 친지를 모시도록 주선했는데 이제 피치 못할 상황이 되었다. 망설임 끝에 주례를 맡아보기로 했다.

　이튿날 아침 주례하는 요령을 터득하기 위해 마산 시내에 있는 결혼식장을 두루 누볐다. 웬 일인지 그날따라 단 한 건의 결혼식도 없었다. 나는 종교의식에 의거 결혼식을 올렸고 남의 결혼식엔 봉투나 전하는 정도여서 눈요기 예행연습을 해볼 겨를도 없이 얼떨결에 첫 주례를 맡게 된 셈이다.

　걱정이 앞서서인지 식순을 몇 차례 읽어 봐도 도움이 되질 않았고, 단지 '주례사를 5분 이상 하면 촌놈'이라는 조언에 온 신경이 집중되었다. 서툰 주례를 멋진 주례사로 가꾸고자 밤잠을 설쳐가며 나름대로 짤막하나 알찬 주례사를 준비했다. 그리곤 새벽같이 두어 시간을 달려가선 애써 태연한 척하느라고 식장 주변을 산책하는 여유를 보였다.

정작 예식(禮式)이 시작되자 교직에 첫발을 디딜 때와 같은 설레임과 긴장이 밀려오고 식장 뒷전에서 맴돌며 주례를 눈여겨 보지 않은 아쉬움이 인다. 더러 헤맨다 싶었지만 그런대로 결혼식을 끝낸 안도감으로 주례석을 내려온 순간 뭔가 허전하다. 사진사가 보이질 않는다. 주례사를 너무 짧게한 탓이란 생각이 스치자 사진사를 기다리는 시간이 초조롭기만 하다. 그때서야 내가 선 자리가 대도시의 30분짜리 속성 결혼식장이 아니라는 걸 비로소 알게 되었다.

주례사가 짧아서 도리어 촌놈이 되어버린 첫 경험은 더러 이야깃거리가 되었고 주례를 더욱 사양하게 했다. 그래도 주례사 내용이 좋았다는 뒷얘기에 현혹된 어떤 신랑의 끈질긴 권청에 못이겨 두번째 주례를 서게 되었다. 이즈음엔 눈요기 예행연습을 할 여유도 있었고 주례사를 다듬지 않아도 될 만큼 속성 결혼식이어서 이번엔 잘할 수 있을 것으로 믿었다.

그러나 대도회의 식장은 온통 시장바닥처럼 왁자지껄하고 신랑, 신부마저도 얼어 있어서 누굴 위한 주례사를 하는지 알 수 없는 외로움만 안게 되었다. 진부한 성현(聖賢)의 말씀으로 짜여진 주례사보다 친지의 안부를 묻는 인사말이 더 솔깃한 하객(賀客)에게 마이크 볼륨을 높인다거나 주례랍시고 언성을 돋울 순 없다. 그래서인지 장터 같은 예식장엔 주례가 불쌍하다는 생각이 한동안 지워지지 않았다. 그리고 주례를 해 갈수록 알찬 주례사나 의식의 원숙한 진행만으로는 멋진 주례가 될 수 없다는 생각 때문에 주례를 맡기가 퍽이나 부담스러워졌다.

결혼의식은 엄숙하고 장중한 멋이 있어야 하고 피로연은 걸쭉한 웃음과 푸짐한 막걸리의 맛이 제격인데 요즈음의 식장은 뒤범벅이 많아 보인다. 그래서인지 전속 주례는 타성에 젖어 체념한 듯 꼭같은 내용의 주례사를 맥없이 반복하여 멋을 잃어 버린 것 같다. 하객들은 식장을 소란스럽게 메꾸어 주기 위한 행차인 양 떠들어야 제 몫을 다하는 것으로 착각하고 있어 예식장인지 연회장인지 분간하기 어렵다. 이런 와중에서 출발되는 신혼부부의 인생여정은 과연 축복된 내일로 이어질는지, 그리고 새로 태어날 아이가 혹시 신경쇠약증으로 시달리지는 않을지 심히 걱정스럽다.

생각컨대 이런 걱정을 시원스럽게 떨쳐 버리기 위해선 직업주례일수록 멋을 더욱 찾아야 할 때인 것 같다. 그 멋은 의식을 이끌어 가는 요령과 성의(誠意) 그리고 기도하듯 간절한 바람을 요구한다. 의식이 멋을 잃을 때 이들 신랑 신부의 결혼생활은 속된 맛에 젖어 품위를 잃게 될 염려가 있기 때문이다. 한 가정이 품위를 잃을 때 나아가 품위를 잃는 가정이 늘어갈 때 우리 사회의 존립을 위태롭게 할 무질서가 팽배할 것은 명약관화하다.

생각이 이에 이르게 되자 나는 주례를 권청하는 젊은이에게 남편으로서 또는 아내로서 지켜야 할 다섯 가지 도리(道理)[1]를 지키겠다는 서약을 받기로 하였다. 그리고 어떤 일이 있더라도 주례를 서기로 한 당일엔 목욕하고 이들 부부의 결혼이 행복되고 진실된 생활의 연속이길 간절히 기도한 후 집을 나서는 조심스러운 발걸음을 익히고 있다. 그래야만 주례를 선 뒷맛이 개운하고 모종의 흐뭇함이 이어지기에 새로운 감흥으로 다음 주례를 맡을 수 있는 여유도 생기나 보다.

어언 가을이 그리워진다. 이 가을에도 주례할 일이 꿈만 같아 설레이는 마음으로 지난 사연을 되새겨 본다.

-1987. 여름-

---

1) 남편은 다음 다섯 가지 일로 그 아내를 경양(敬養)하여야 하는 바 ① 올바른 마음으로 경애하고 ② 아내로 하여금 원한을 품지 않도록 하며 ③ 다른 여인에 대해 애정을 지니지 말며 ④ 때에 맞추어 의식(衣食)에 필요한 재원을 마련해 주고 ⑤ 때때로 보석이나 장신구 등을 마련해 주는 일이다.(善生子經)
아내는 다음 다섯 가지 일로 남편을 섬겨야 하는 바 ① 남편이 돌아오면 반드시 일어서서 맞이하고 ② 남편이 외출하여 집에 없을 때는 밥짓고, 집안을 청소하고서 기다리며 ③ 다른 남자에게 음탕한 마음을 지니지 말며 ④ 남편의 가르침대로 행하여 살림살이에 숨김이 없어야 하며 ⑤ 남편이 잠자리에 든 후 휴식을 취하는 등이다.(六方禮經)

결혼상담소

나는 꽤나 오래전부터 '결혼상담소'를 운영하고픈 꿈을 꾸어 왔었다. 그건 이상적인 부부(夫婦)의 만남은 곧 이상적인 인물(人物)의 출현을 기약할 수 있기 때문이다. 만약 이상적인 부부의 만남으로 이 땅에 석가나 공자 같은 성인(聖人)이 출현하신다면 우리의 마음을 천연본심(天然本心)으로 돌이켜 안심입명(安心入命)케 함으로써 다들 삶의 열락(悅樂)을 맛보며 평화롭고 행복하게 살 수 있을 터이기에 말이다. 아니 사심(邪心)을 버린 정치가 정도의 인물이라도 몇몇 출현한다면 동서냉전의 질곡을 제거하고 전쟁 없는 세계를 건설하여 인류로 하여금 영구평화의 안락을 맛보게 할 수 있을 것이다.

요즈음 대권경쟁의 회오리에 휩싸인 우리나라의 정치현장을 볼 때 대통령 할 만한 인물도 없는 우리의 현실이 안타깝다. 그러기에 하다못해 이상적인 정치적 인물 정도라도 출현되었으면 하는 심정은 이상적인 부부의 만남을 주선할 결혼상담소의 운영을 더욱 절감하게 한다.

그런데 근래 혼수감 시비로 파경을 빚는 사례가 허다하고 중매사기극으로 여러 가지 폐해가 속출하고 있다 하니 칭 '관인'결혼상담소의 운영 또한 뚜쟁이류의 속성을 선도적으로 발휘하고 있는 것은 아닌지 심히 우려된다. 결혼상담소가 짝짓기 위주로 실적을 높이고 수입을 늘리기 위해 수단 방법을 가리지 않고 경쟁적으로 뛸 때 파경과 이혼율의 증가로 인한 당사자의 심적 물적 타격은 물론 사회전반에 미치는 악영향은 걷잡을 수 없을 지경이 될 것이다.

근래 젊은층의 이혼율이 증가하고 있는 것은 이들의 이성관과 결혼관이 성숙되지 못한 탓도 있을 것이다. 그러나 잘못된 결혼관을 은연중 부추긴 현실 또한 간과해서는 안 된다. 예컨대 개인주의적 서구의 영향으로 주거는 핵가족화되어 시부모와 한 집에 살지는 않지만 의식구조는 동양적 대가족제에 익숙할 수밖에 없다. 그럼에도 불구하고 정작 배우자 선택 기준은 당사자 위주여서 시부모나 형제간과의 불화를 배제할 수 없다는 점이다.

이를테면 혼수감시비로 인한 파경도 그 근저에는 시부모와의 불화가 주된 원인이고 그것이 표면화된 핑계가 혼수감의 부족인 경우가 대다수일 것으로 사료된다. 이는 정작 사랑하는 당사자간에는 사회적 지위나 재산 등이 큰 문제가 되지 않듯이 며느리가 귀여우면 혼수감의 과소 따위는 아무런 문제가 되지 않기 때문이다. 이로 미루어 전통적 궁합법(宮合法)이 대가족 위주였다면 오늘날의 궁합법은 서구적 개인주의 영향으로 당사자 위주여서 대가족적 화합에 차질이 예상된다는 말이다.

또 결혼을 앞둔 청춘남녀의 건전한 '만남의 광장'이 우리사회에 제대로 형성되어 있지 않고 이에 대한 국가적 제도적 배려가 전무한 것도 문제다. 결혼은 결코 당사자들만의 개인적 문제가 아니라, 제2세 국민을 창출하는 중요한 국가적 과제다. 그럼에도 불구하고 우리 모두는 결혼을 개개인의 은밀한 성생활을 공공연히 보장해주는 제도(制度)쯤으로 착각하고 있다. 심지어 일부일처(一夫一妻)의 결혼제도를 뿌리째 뒤흔들 위험이 있는 '간통죄폐지론'이 대두될 정도로 서구적 개인주의가 팽배하고 있어 민족적 자긍심을 살려야 할 이즈음에도 무분별한 서구화의 몸부림을 보는 듯하다.

이에 필자는 몇 가지 제안을 하고자 한다. 하나는 결혼적령기에 이른 젊은 남녀가 공개적으로 자유스럽게 사귈 수 있는 놀이마당을 다양하게 마련하는 일이요, 그 둘은 전통적 궁합법을 현대 감각에 맞도록 확충하여 이를 최대한 활용하는 일이요, 그 셋은 결혼 후 신혼여행기간은 임신가능기간이므로 부부생활 자체가 좋은 자녀를 갖기 위한 간절한 기도로 이어지도록 종교적 분위기를 조성해주는 그러한 신혼여행지를 마련해주는 일이다. 이 세 가지 제안 중 첫째와 둘째는 좋은 인연이 맺어지도록 하는 적극적 측면과 결혼 후 불화 내지 이혼율을 최소화하는 소극적 기능을 염두에 두면 그 필요성은 쉬이 납득이 되리라 본다.

그리고 세 번째 제안의 배경은 다음과 같다. 임신 후의 태교는 물론 필요하고도 소중하다. 그러나 입태(入胎) 이전의 기도보다는 한 단계 낮은 발상이다. 떡잎이 난 후 아무리 정성을 다해도 '보리'가 '쌀'이 되지 않듯이 씨앗부터 살펴보자 함이다. 즉 좋은 씨앗 곧 좋은 영(靈)이 깃들어야만 태교의 효험이 100% 나타나지 저열한 영이 깃들면 태교의 효험은 기대하기 어렵다. 이는 학교교육에서 우열반을 편성하여 교육시키는 경우나 영재교육의 효

250

과 등을 염두에 두면 쉬이 이해가 될 것이다.[1] 즉 훌륭한 자녀를 갖기 위해서는 좋은 영(靈)이 깃들도록 기도하는 것이 태교에 선행되어야겠기에 세 번째 제안을 한 것이다.

이들 세 제안은 결혼상담소들이 연계하여 추진할 수도 있다. 그러나 개인별 전산망을 운영할 수 있는 국가가 국민복지와 국가번영 차원에서 범국민적으로 추진해야 할 일이라 생각된다. 이 때 이 땅에는 대통령감의 인물이 출생할 것이요, 나아가 위대한 정치가나 성자(聖者)의 출현 또한 기대해볼 수 있을 것이기에 말이다. 인재난(人才難)에 허덕이는 우리의 현실을 깊이 성찰하여 정책입안자들의 안목이 차원 높게 열려야 할 것이다.

부디 새 시대를 이끌 새로운 인물의 출현을 기리는 염원이 우리 모두의 꿈으로 영글었으면 한다. 그러기 위해 새로운 결혼문화를 선도적으로 이끌 국가적 제도적 배려가 성숙되어야겠다. 그 이전에는 애오라지 앞서 제안한 세 가지 방안을 수용한 한 차원 높은 결혼상담소만이라도 출현되었으면 한다.

—'92. 5. 25—

---

1) 묘법연화경 '관세음보살보문품'에 의하면 '…만일 어떤 여인이 아들 낳기를 원하여 관세음보살을 예배하고 공경하면 곧 복덕과 지혜가 있는 아들을 낳게 되고, 만일 딸 낳기를 원한다면 곧 단정하고 아름다운 모양을 갖춘 딸을 낳게 되리니….'라고 한 바, 이는 입태기도의 소중함과 영험을 단적으로 일깨워 주는 가르침으로 이해된다.

위 화 감

　일간신문에 따르면 국내 8개 생수(生水)업체가 보건사회부장관을 상대로 생수업체 영업허가시 생수의 국내판매와 대중광고를 금지한 부관부행정행위가 무효임을 확인해 달라는 소송을 서울고등법원에 제기했다고 한다. 그간 보건사회부는 생수제조업체를 허가하면서 식품위생법에 의거, 생수를 전량 수출하거나 또는 주한 외국인에 한해서 판매하도록 규제하고, 이를 위반한 경우 영업 정지나 취소 등 행정처분을 해왔다고 한다.

　생수의 국내 판매를 허용할 경우 마시는 물에서조차 빈부격차가 드러나 국민간에 위화감을 조성할 우려가 있기 때문이라는 것이 보사부 쪽의 설명이다.

　반면 생수업체들은 생수의 전량수출 내지 주한외국인에 한해서 판매토록 한 것은 ① 국민들이 건강을 위해 맑고 깨끗한 물을 골라 마실 수 있는 권리를 박탈한다는 점에서 헌법 제10조에 보장된 인간의 행복추구권과 소비자 기본권을 제한한 것이며, ②내국인과 외국인을 차별한다는 점에서 헌법 제11조 제1항에 보장된 평등권에 위배된다고 주장한다. 아무튼 보건사회부가 우려하는 '위화감'도 일리가 있고 생수업체들의 주장도 그럴싸하므로 앞으로 법원의 판결이 주목된다.

그러나 내 생각으로는 보사부가 국민간의 위화감을 이유로 생수를 전량수출 내지 주한 외국인에 한해서 판매하도록 규제한다는 것에는 하나는 알고 둘은 모르는 어리석음이 있어 보인다. 위화감을 이유로 든다면 인삼도 전량수출 내지 주한 외국인에 한해 판매할 조건으로 경작을 허용해야 할 것이다. 또한 자동차의 생산이나 아파트의 평수도 전면 재조정해야 할 것이다.

획일적인 동등이 결코 평등일 수는 없다. 그럼에도 불구하고 위화감을 이유로 모든 국민이 한결같이 생수를 먹어서는 안 된다는 획일적 발상은 행정편의 위주의 관료적 발상으로서 결코 합리적일 수 없다.

사정이 이렇고 보면 보사당국이 위화감을 이유로 생수의 전량수출 내지 주한 외국인에 한해서 판매하도록 한 규제조치는 실상 무언가를 숨기기 위해 둘러대는 구실일 수도 있다. 이를테면 상수원의 오염으로 수돗물을 식수로 사용하는 것을 꺼려하는 국민들이 별 수 없이 수돗물을 계속 식수로 애용(?)케 하려는 속셈이 아니냐는 것이다.

따지고 보면 계층간에 위화감을 조성하지 않는 사안은 하나도 없을 것이다. 도회생활에서는 태양과 공기마저도 모든 사람에게 고르지 못한 실정이다. 빌딩 숲속에서 일조권은 제대로 보장받을 수 없으며 고층아파트는 층별로 태양맞이 시간이 다르다. 을지로 입구와 남산주변의 공기신선도가 다르고 달동네와 고급주택가의 굴뚝냄새가 다르다. 여기에도 위화감이 있기 마련이다. 이런 경우에 유발되는 위화감을 보사당국식으로 해결하려면 건물은 높이를 획일적으로 규제하고 연료도 연탄이면 모두 연탄, 기름이면 모두 기름으로 획일화해야 할 것이다.

상수원이 날로 오염되고 있는 현장을 TV는 계속 보여주고 있는데 그 물을 식수로 사용하는데 아무런 문제가 없는 것처럼 천연덕스럽게 발표하는 것 이상으로 정부당국에 대한 불신과 의구심을 불러일으키는 사안은 없을 것이다. 차라리 보사당국은 정직하게 수돗물의 순도를 수치로 밝혀 수질오염에 대한 경각심을 촉구하고 식수만은 국민 모두가 1급수를 마실 수 있는 방안을 적극적으로 강구함이 떳떳하리라고 본다. 어줍잖은 위화감을 내세우지 말고 현실을 현실로 받아들여야 한다는 말이다.

그런 의미에서 생수의 국내판매를 규제하기보다는 오히려 국내판매를 허용하여 시장기능에 맡김으로써 경쟁적으로 생수개발을 유도함이 옳은 방법임을 지적하고자 한다.

인체에 해로운 독주(毒酒)도 비싼 세금 물어가면서 마시는데 인체에 이로운 생수를 거저 마시길 바라는 사람은 없을 것이다. 즉 초기 단계에는 생수에 대해 적정한 수세(水稅)를 부과하여 그 재원으로 여타의 생수 개발을 적극 지원해 나가면 머잖아 지금의 수돗물과 비슷한 가격으로 국민 모두가 생수를 마실 수 있을 것으로 예상된다. 실제로 국민이 마시는 수돗물의 양과 비율은 목욕 세탁 등 여타의 생활용수로 사용하는 수돗물에 비하면 극히 적기 때문이다.

우리나라는 물 맑기로 유명하다. 어디서나 그냥 마실 수 있는 좋은 물을 찾기란 어렵지 않다. 이 천혜의 자원을 썩히는 보사당국의 생수정책은 비난받아 마땅하다고 본다. 국내시판용으로 생수개발을 적극 유도하여 경쟁력을 갖게 한 다음 국제시장에 진출토록 함이 국가 경제와 국민 보건상 훨씬 바람직하지 않을까 한다.

만약 보사당국이 생수의 국내판매를 규제하는 소극적 정책을 고집할 경우, 조만간 생수시장의 개방압력에 봉착하게 되는 날이 오지나 않을지, 그리고 그때 너나없이 외국의 저질 생수를 비싸게 사먹는 한심스러운 작태가 외제선호 바람을 타고 만연되지나 않을까 심히 우려된다. 또한 언젠가 수돗물을 계속 마신 탓으로 이름 모를 새로운 병이 혹시라도 만연된다면 그 책임을 보사당국이 어떻게 질 수 있을지도 자못 걱정스럽다.

부디 보사당국은 이번 소송을 계기로 국민 모두가 좋은 물을 마실 수 있는 방안을 적극적으로 강구하는 지혜와 결단이 필요한 즈음임을 깊이 자각했으면 한다. 생수(生水)업체들의 기업이윤을 세금으로 흡수하여 그 재원으로 생수개발의 지원은 물론 상수원의 보호 및 개발에도 한 몫을 해낼 때 생수를 마시는 계층과 쳐다보는 계층간의 위화감은 완화·해소될 것임을 첨언하면서 보사당국의 인식 전환과 새로운 발상력의 계발을 촉구한다.

—1990. 8. 20.—

궁 금 증

　동료 교원이 출결확인에 얽힌 옛날 얘기 한 토막을 소개해준다. 내용인즉 어느 날 두 학생이 수업시간에 영화구경을 갔는데 한 학생이 자기만 결석처리된 것을 알고 "아무개와 같이 극장엘 갔는데 왜 저만 결석처리를 했습니까?"하고 항의를 하더라는 거다. 어이가 없어서 그 후론 출결확인을 철저히 하고 있다며 푸념조로 학생에 맞추어서 선생노릇해야 한다고 교직에 첫발을 디딘 나를 일깨워 주었다.

　그런 경우는 극히 예외적인 사례이겠거니 하고 잊으려고 하나 이따금 출결확인에 이의를 제기한 그 학생이 떠올라 갈피를 잡지 못하곤 한다. 영화구경을 같이 갈 정도의 친구가 운수 좋게 출석으로 처리된 것을 알았으면 그것으로 함께 한바탕 웃고 넘어가는 게 일반적인데 그 학생은 왜 이의를 제기했는지 이해하기 힘들었다.

　극장에 같이 갔다고 이의를 제기하면 자기도 출석으로 봐줄 것으로 잘못 알 정도로 바보였는지 아니면 정확을 기하지 못한 출결확인이 형평에 반하기 때문에 이의를 제기할 정도로 정의감이 강한 학생이었는지 아니면 한순간 선생을 곤경에 빠뜨려 골탕을 먹이고 싶은 충동에 사로잡혔던 것인지 여지껏 그 궁금증에서 헤어나지 못하고 있다.

　그런데 근래에 이와 유사한 사안이 한둘이 아니어서 더욱 갈피를 잡지 못하고 있다. 이를테면 수도물 오염사건이 대대적으로 보도되어 여론의 질타가 계속되면 시중에 판매되고 있는 생수(生水)에는 기준치의 몇 배 이상을 초과하는 세균이 득실거린다는 발표가 뒤이어 뉴스거리로 보도되곤 한다.

　법상(法上) 생수의 시판 자체가 규제되고 있는데 그 단속을 제대로 하지 못한 행정당국의 책임에 대해서는 한 마디의 언급도 없고 단지 생수에는 세균이 많다는 점만 부각시켜 발표한다. 듣기에 따라서는 그래도 수도물이 생수보다는 더 좋은 음용수라는 말로 이해됨직하다. 그걸 노린 발표인지도 모른다.

　그러나 시판되고 있는 생수에 세균이 많다고 해서 오염된 수도물이 깨끗해지는 것은 결코 아니다. 단지 수도물뿐만 아니라 생수도 마시기에 부적합할 정도로 행정당국이 무능하고 무책임하다는 것을 스스로 고백한 이상의 의미는 없어 보인다. 생수도 마시기에 부적합한데 왜 하필 수도물만 나무라느냐고 항의하기 위한 것이라면 앞서 본 극장 같이 간 학생의 항변과 너무 흡사하여 행정당국의 성숙도에 대한 의구심이 증폭된다.

　그리고 수서(水西)사건이나 국회의원 뇌물외유사건의 관련자들이 주고 받은 돈이 뇌물이 아니라며 발뺌하는 것을 지켜볼 때 그래도 극장 같이 간 학생의 항변은 순진한 맛이라도 있구나 싶어 미결(未決)의 궁금증이 다소 위안이 된다.

―1991. 5. 22―

장제공단(葬制公團)

근래 한국 천주교가 포화상태에 이른 교회묘지문제를 해결하기 위하여 납골당식 묘지조성을 추진하는 등 장제(葬制) 개선방안이 검토되고 있다. 통계에 의하면 매장률(埋葬率)은 84%로 해마다 '여의도' 면적의 1.3배(倍)인 10㎢의 묘지가 새로 생겨나고 있어 심각한 묘지난과 국토의 묘지잠식현상을 실감나게 한다.

이에 대처하기 위해 보건사회부는 ① 묘지 1기당 면적을 9평에서 6평으로 축소하고 ② 공설 및 법인묘지는 15년을 기준으로 사용계약하는 묘지시한부 사용제도를 시행하고 있으며 ③ 17.8%에 불과한 화장률(火葬率)을 대폭 끌어 올리기 위해 현재 45개소인 화장장과 42개소인 납골당을 생활권별로 확대설치할 계획이라고 한다. 아울러 국무총리를 위원장으로 하는 '묘지정책 개선을 위한 중앙협의기구'와 보사부에 '묘지제도자문위원회'를 설치·운영키로 했다고 한다.

생각컨대 묘지 1기당 면적의 축소 및 묘지의 시한부사용제도가 큰 실효를 거두지 못하고 있음을 감안하면 '협의기구'나 '자문위원회'의 설치·운영 또한 그 효율성은 기대에 미흡할 것으로 예상된다.

이에 필자는 장제(葬制)문제를 묘지난(墓地難)에 국한하여 해결방안을 강구하는 것보다 그 원인인 죽음[死]을 중심으로 보다 종합적인 대안을 강구·추진하는 것이 바람직하다고 생각되어 '협의기구'와 '자문위원회'의 자문·협의를 거쳐 확정된 정책을 효율적으로 추진할 가칭 장제공단(葬制公團) 혹은 노인복지공단(老人福祉公團)을 보건사회부 산하에 설치할 것을 촉구한다.

그 배경을 개괄적으로 살펴보면 사람은 누구나 죽어가고 있으며 언젠가는 죽는다. 이 피할 수 없는 죽음에 대한 공포로 사이비종교가 발흥하고, 죽은 자의 묘지로 좁은 국토가 잠식당하며 장례비용 등은 저소득층의 주름살을 늘린다. 그리고 가진 자의 호화장례나 호화분묘는 계층간의 갈등을 심화시키고 핵가족화와 더불어 죽음이 가까워진 노인들은 경제적 이유 등으로 유기(遺棄) 내지 스스로 가출(家出)하는 현상이 증가될 전망이어서 경로효친(敬老孝親)의 도덕률은 급속히 손상될 위험이 예상된다. 근래에는 병원(病院) 영안실의 독점장의사들의 폭리와 횡포 또한 사회문제가 되고 있다. 이에 이상의 모든 문제를 전담하여 효율적으로 처리할 국가기관으로 가칭 장제공단(葬制公團)의 설립이 요청되는 바이다.

이 장제공단이 수행하여야 할 업무를 개관하면 ① 공설 및 법인묘지 등의 허가와 관리 감독 ② 국유림 군유림 등을 묘지로 개발, 조성 및 관리 ③ 화장률을 높이는 등 묘지의 최소화 방안과 장례절차 및 의식의 간소화 등 장제전반에 관한 연구 ④ 저소득층의 장례, 매장 내지 화장 등을 실비(實費)로 대행 ⑤ 국장(國葬)·사회장 등의 대행 ⑥ 장의사의 인가·관리감독 등을 들 수 있겠다.

그리고 장제공단(葬制公團)의 설립운영으로 예상되는 기대효과로는 ① 장제(葬制)의 표준화 및 전문화로 능률성과 경제성 제고 ② 장례절차 및 의식의 간소화 내지 합동장례 등을 통한 허례·허식의 배제, 장제비용의 절감, 과소비 억제 등 ③ 저소득층의 장제 대행으로 이들의 복지증진 ④ 노인의 유기 내지 가출현상의 완화와 경로효친의 도덕성 회복 ⑤ 묘지의 개발관리 등에 의한 토지가치의 증대 및 막대한 수익금으로 노인복지사업의 추진 ⑥ 매장 후 5~10년이 지난 다음 화장을 유도함으로써 화장률을 높이고 매장과 화장의 장단점을 보완하는 등 국토의 효율적 이용 및 환경보전 ⑦ 장의사의 폭리나 횡포의 적절한 규제 ⑧ 장제공단이 조성·관리할 묘역을 국민 특히 청소년의 심신수련장과 노인복지시설로 연계활용하면 청소년문제와 노인문제의 상당 부분이 해결될 수 있고 공간 및 시설확보에 소요되는 예산의 절감과 아울러 ⑨ 올바른 생사관(生死觀), 곧 올바른 인생관의 정립(定立)도 용이해지므로 사이비종교의 정화에도 한몫을 하리라고 본다.

청소년의 달, 가정의 달 오월(五月), 그리고 어버이날, 스승의 날을 맞아 온통 청개구리 같은 사연을 세차게 몰고온 핵가족제도를 우리 모두 돌이켜 보자. 한 송이 꽃, 한 차례의 떠들썩한 잔치로 얼버무릴 것이 아니라 장제공단을 설립·운영함으로써 어버이 은혜와 청소년의 내일을 그리고 묘지로 꽉차게 될지도 모를 금수강산도 곱상하게 함께 가꾸었으면 한다.

―1991. 5. 초고를 1992. 5. 3.에 다듬음―

용기와 몸부림

삼일천하(三日天下)로 끝난 소련 보수파의 쿠데타에 즈음하여 옐친이 보여준 일련의 저항에 대해 각국 정치지도자와 언론은 '용기있는 행동'으로 격찬하고 있다. 그러나 시각(視角)에 따라서는 개혁파의 주동인물(人物)인 옐친은 보수파의 쿠데타하에선 죽임을 당할 수밖에 없는 절박한 상황이어서 그의 반쿠데타 저항은 진정한 용기라기보다는 살아남기 위한 몸부림으로 볼 수도 있다.

삼일천하 후 소련 정치권력의 핵(核)이 옐친에게로 이동되고 있는 과정에서 고르비를 다그치는데 급급해 보일 정도로 옐친은 여유가 없어 보인다. 그 역시 삼일천하로 뒤틀린 감정의 반사적 충동에 휩싸인 듯한 감을 주고 있어 진정으로 용기있는 사람으로 보이진 않는다. 정치지도자가 여유를 갖지 못할 때 소련의 내일이 혼돈으로 치달을 것 같아 불안하다.

옐친은 오늘의 소련 경제난을 타개하기 위해 요구되는 일련의 개혁이 부진한 까닭은 공산당 보수파 탓으로 돌릴 수 있었다. 그러나 공산당을 해체한 금후로는 개혁이 부진할 경우 개혁의 기수답게 스스로 "내 탓이요"라고 외칠 수 있는 진정한 용기와 책임의식이 강력히 요구되는 상황이다.

그리고 시장경제로 전환하기만 하면 소련의 경제난이 단기간에 해결될 것으로 기대하고 있는 국민들을 등에 업고 보수파를 향해 외쳐대던 개혁을 이젠 국민들을 향해 외쳐야 할 상황임을 옐친은 알아야 한다. 이는 공산당은 해체되었지만 공산주의에 은연중 길들여진 국민의식은 쉬이 탈바꿈되는 것이 아니어서 개혁의 걸림돌이 될 것이기 때문이다. 인내와 진정한 용기를 필요로 하는 상황인 셈이다.

주지하는 바와 같이 종교를 부정하던 무신론의 종주국 소련은 동방정교회의 영향력을 빌어 마약이나 알콜중독, 자살(自殺) 그리고 50%에 달하는 이혼율 등 퇴폐윤리를 타파해야 할 정도로 도덕적 파탄상태에 있다. 이는 종교부재 탓도 있지만 개인은 "능력에 따라 일하고 필요에 따라 분배(分配)를 받는다."고 한 공산주의의 허황된 환상에 고무된 나머지 일보다는 분배에 현혹된 도둑심리가 은연중 잠복된 탓도 있이 보인다. 이 도심(盜心)에 길들여진 도덕적 파탄상태 그리고 각종 특권을 누리던 공산당원들의 금후 몸부림이 몰고 올 역작용 등을 염두에 둘 때 서방국가의 경제지원도 허사로 끝날 위험이 있다.

옐친이 진정 용기 있는 정치지도자라면 소련국민을 향해 개혁을 위한 도덕성회복을 함께 외칠 수 있어야 할 것이다. 그렇지 않으면 개혁은 벽에 부딪치고 혼란 속에 새로운 쿠데타에 직면할 위험이 예상된다.

소련의 개혁 몸부림이 성공하려면 '달가스'류(類)의 '옐친'은 물론 '그룬트비히'같은 인물(人物)이 꼭 필요한 상황인 것 같다.

—1991. 8. 27—

나폴레옹의 비극

　"나에게 불가능은 없다."며 유럽대륙을 주름잡던 나폴레옹도 자신의 장점을 제대로 관리하지 못한 데서 그의 비극은 초래되었다. 주지하는 바와 같이 나폴레옹은 속전속결의 공격형 장수였다. 그의 지론에 의하면 싸워서 이기면 적(敵)의 보급품을 활용하고 싸워서 패(敗)하면 가진 것은 필요 없게 된다. 따라서 식량 등 군수품을 최소화하여 신속히 진격함으로써 적(敵)에게 준비할 여유를 주지 않고 단숨에 전투를 끝내는 게 그의 장기(長技)였다.

　그런데 대륙봉쇄령을 어긴 소련을 응징하는 전쟁에서도 나폴레옹은 군수품을 최소화했다. 이를 간파한 소련은 나폴레옹이 모스크바에 입성(入城)할 즈음 군수품으로 활용할 수 있는 것은 모두 태워버리는 초토화작전을 폈다. 적에게 노출된 장점은 결코 장점이 될 수 없었던 것이다. 예기치 못한 상황에 피치못해 감행된 퇴각은 추위와 굶주림으로 점철된 처절한 패배였다. 호랑이가 발톱을 감추듯 사람은 자신의 장기(長技)를 제대로 감추기가 쉽지 않은가 보다. 그리고 마지막 워털루전투에서 공격형 장수로서의 장기를 살렸던들 승리는 나폴레옹의 것일 수 있었다.

　그러나 승리를 목전에 두고 나폴레옹은 자신의 호위를 위해 5천의 기병(騎兵)을 공격에 가담시키지 않는 수비형(守備型) 장수로 변해 있었다. 운명이라면 운명이라 할 그의 비극은 이렇게 초래된 것이다. 자기의 장점을 제대로 관리하지 못한 실수와 장점을 끝까지 살리지 못한 사연은 우리들 소시민의 삶에도 큰 교훈이 됨직하다.

생각컨대 최근 강(姜) 군 치사사건을 계기로 증폭되고 있는 일련의 사회적 정치적 불안에 대처하는 노대통령의 위기관리능력도 그의 장점과 관련하여 살펴봄직하다. 한때 '물태우'라는 별명이 운위된 것으로 보아 노대통령의 장점은 '물'의 좋은 점, 이를테면 유연하고 은근하며 한결같이 꾸준하고 포용력과 조화력을 지닌 분으로 평가된 듯하다. 그러나 '물'은 봇물이 되어 터지면 엄청난 위력을 과시하는 잠재력도 지니고 있다.

'물태우'의 장점은 과연 어느 쪽인지 작금의 사태에 대처하는 방안을 통해 명확해지겠지만 언론은 '공안(公安)통치' 내지 '강성(強性)대책'에 우려를 표하고 있다. 이는 노대통령의 장점을 봇물 쪽보다 혼탁해진 민주화(民主化)를 맑히는 유연·은근·한결·포용·조화로운 윗물로 파악한 듯하다. 아니면 언론이나 국민들이 아직도 노대통령의 장점인 '물' 성(性)을 제대로 파악하지 못한, 달리 말하면 장점이 노출되지 않은 상황인지도 모른다.

아무튼 금후 위기상황에 대처함에 있어 노대통령은 자신의 장점을 끝까지 잘 살려서 나폴레옹과 같은 비극을 초래하지 않기를 바라는 마음 간절하다. 이는 나 역시 선거권을 행사한 민주시민으로서 훗날 역사(歷史)에 오늘의 상황이 비극으로 기록되길 원치 않기 때문이다. 더욱이 집권후반의 권력누수현상이나 퇴임후의 불안에 급급한 나머지 대통령으로서의 소임(所任)을 제대로 하지 못한 '졸장부'로 기록되는 것은 더더구나 원치 않는다.

　오늘의 불행은 우리 모두의 책임으로 역사상 기록될 것을 알기 때문이다. 대통령도 우리 시대의 산물이기에.

－1991. 5. 11－

담 배

　내가 담배를 처음 피워본 것은 다섯 살 적 일이다. 어른 흉내 내느라고 집안 사람들 몰래 숨어서 피운다는 게 하필 집밖 대로변이어서 동네사람들을 놀라게 한 사건이 되었다. 담배 피우면 학교에 갈 수 없다는 으름장에 밀려 담배 피우는 장난은 단번에 끝났다.

　어린 심정에 그게 아쉬웠던지 대학생이 되어선 마음껏 멋지게 피워 보리라고 아무런 맛도 모르면서 한동안 열심히 익혔다. 드디어 담배맛을 알게끔 된 것 같았다. 학우들이 담배 피우는 것을 보면 입안에 침이 고이는 조건반사가 나타나는 거다. 그런데 마침내 주머니엔 담배가 없었고 남에게 담배를 구걸하기엔 내 성격이 지나치게 편협한 편이어서 목을 타고 흐르는 침을 삼킬 수밖에 없었다.

　추한 게 바로 이런 것이구나 하는 생각이 일순 스친다. 구걸하길 싫어한다면 굶어야지. 그리고 굶기가 싫으면 아예 익히질 말아야지. 담배는 굶어도 생명에 지장 있는 게 아니니까! 그래서 그날 이후 담배를 자제하고 자연 끊게 되었다.

　그런데 근래에는 흡연이 폐암을 유발한다는 이유로 금연공간을 설치하는 소극적 방안에서 나아가 흡연공간을 설정, 최소화하는 방향으로 바뀌었다. 담배가 그렇게 건강에 나쁘다면 국가가 생산·판매를 금지시켜야 옳은데도 국가가 전매사업으로 삼아 국가재정에 보탠다고 하니 자가당착도 이만저만이 아니다. 그러나 국가가 전매사업으로 계속 담배를 생산하면서 흡연공간을 최소화하는 것은 담배가 갖는 부정적 측면과 동시에 긍정적인 측면도 있기 때문이 아닌가 한다.

이를테면 일과 후 담배를 피우는 듯한 모습에서 한없이 평화로운 한가로움을 엿볼 수 있다. 동(動)에서 정(靜)으로 전이(轉移)되는 모습은 모종의 흡인력과 함께 어떤 재창조의 느낌이 교차되고 있어 동정불이(動靜不二)의 묘미마저 일깨운다. 초조로운 기다림, 풀리지 않는 안타까움, 한으로 점철된 찌든 세월 등등에 이르기까지 담배는 자정(自靜)의 묘기를 연출해내지 않는가!

불어난 체중을 조절하기 위해 애써 끊은 담배를 다시 시작한 사연은 딱하기도 하다. 정직하지 못한 형사 피의자를 감정적으로 대하지 않으려고 하루 두세 갑의 담배를 피운다는 동문 검사의 표정은 연민의 정을 불러일으킨다. 사형수에게 주어진 한 개비의 담배가 갖는 의미는 '맛'보다는 '시간'일 게다. 그 짧은 시간에 지난 일생을 밀도 있게 돌이켜 보는 순발력이 어쩌면 생사(生死)의 분별에 따른 고뇌를 초월하게 할지도 모른다.

자녀의 건강을 위해 겨울에도 아파트 밖에 나와서 피우는 담배의 맛이 그렇게도 좋은지 궁금하다. 고속버스 승객과 기사의 눈치를 살펴가며 뒷쪽 구석자리에서 삼키듯 피우는 담배맛은 또 어떤지…… 그리고 이들에게 담배가 차지한 공간을 앗을 경우 무엇으로 그 공허감을 채울 수 있을는지 염려된다. 혹여 더 큰 해악에 물들지나 않을까 해서다. 이 점 저 점 감안하여 금연공간과 흡연

공간의 적정한 배정을 세심하게 연구했으면 한다.

−1991. 5. 12−

곡 선(曲 線)

　나는 텔레비젼을 즐기는 편은 아니지만 KBS의 주말연속극 '토지(土地)'를 자주 본다. 줄거리, 배역들의 독특한 연기 그리고 경상도 사투리 묘사 등 모두 흥미롭다.

　그러나 뭐니뭐니해도 나를 끌어들이는 것은 초가지붕과 산세(山勢), 그리고 자연스럽게 굽어 곱게 흘러가는 강이다. 어떤 스카이라인(skyline)과도 조화를 이루는 둥그스름한 초가지붕 그리고 탁 트인 자연을 맞아들이는 마루와 뜨락은 푸근하다 못해 파묻히고 싶다. 그런가하면 뜨락에 묻힌 넋을 은연중에 일으켜 세우는 산세는 먼 하늘로 이어주는 디딤돌같아 마음은 파아란 하늘 가운데로 성큼 건너뛴다.

　거침없이 자유스런 창공에로의 나들이는 찌든 생활의 묵은 찌꺼기를 무변한 하늘가로 보낸다. 나도 모르게 한순간 심호흡을 한다. 후련하다. 파아란 하늘이 내 가슴된다. 그 가슴에 하나의 그리운 추억이 돛을 단다.

　수업시간에도 창밖 바다를 내려다보며 꿈에 젖던 고교시절, 파일럿(pilot)이 되어 바다와 하늘의 경계를 따라 끝없이 날아가고파서 공군사관학교엘 지원하려고 돗수 높은 안경을 몇 번이나 팽개쳐 보았다. 구하나 얻어지지 않는 괴로움[求不得苦]이 꿈을 미

화시키고 갈망을 더욱 부풀렸지만 약시(弱視)로는 끝내 파일럿이
될 수는 없었다.

　세월이 덧없이 흐른 이즈음 옛 꿈을 되뇌어 본다. 끝없는 비행
(飛行) 그건 영원에 대한 그리움이었는지, 아니면 철 이른 허무감
의 반영이었는지 분간이 되지 않는다. 생각처럼 빠르지도 시원스
럽지도 못한 수차례의 비행기 여행으로 파일럿의 꿈은 퇴색되어
버렸다. 그러나 텔레비전 화면에 비친 하늘은 가느다란 탄성을 토
하게 할 정도로 추억에 자리한 파아란 하늘이 지금껏 내 마음에
맑아 있었나 보다.

　화면이 바뀐다. 푸르른 들판을 가로질러 멀리 섬진강의 한 모퉁
이가 보인다. 거침없이 곧장 흘러가려는 물을 안아들여 굽이굽이
길들이느라고 곱게 굽어있는 강변(江邊)은 고된 인생살이의 한
모퉁이 같아서 오히려 정감이 솟는다. 굽어 있으되 왜곡(歪曲)이
나 부정직(不正直)을 연상케 하지 않는 강변은 분별지(分別智)의
허망성과 획일직 절대성이 곧 진리는 아니라는 걸 일깨워 준다.

　줄거리는 다음 줄거리에 대한 궁금증을 고조시켜 아쉬움을 안
겨 준 채 오늘 얘기는 끝난다. 줄거리를 쫓던 의식은 허전하다.
그러나 초가지붕의 둥그스름한 곡선과 변화있는 생동감을 주는
스카이라인을 창출하는 산세, 그리고 완만한 굽이로 멋을 더하는
강변은 곧은 도로, 위압적인 관청건물, 네모반듯한 아파트 등으로
각(角)이 진 시선의 피로를 은연중에 가시게 한다. 어느결엔가 마
음은 한결 부드러워진다.

　네모난 표지판, 경쟁적으로 질주하는 차량 행렬, 도로에서 대치
한 경찰과 데모 군중, 예리하게 싹둑싹둑 잘린 듯한 도회의 스카
이라인이 모두 우리의 시선을 각지게 하고 우리의 마음을 모나게

한다. 화합보다는 대립을, 순리보다는 극단을 강요하는 각으로 둘러싸인 도회생활을 '토지(土地)'는 되돌아 보게 한다.

민주화를 위한 선거축제를 거쳐 화합과 안정적 성장이 요구되는 이즈음 교차로에서부터 아파트의 베란다에 이르기까지 곡선의 은근함을 살려내는 지혜가 아쉽다.

—1989. 1.—

만우절유감(萬愚節有感)

　오늘날 인류는 동서의 사상적 대립과 상존하는 전쟁위협, 그리고 종교 기능의 약화로 인한 정신적 빈곤과 과학의 파행적 발전으로 인한 물질적 욕망의 심화 등으로 균형감각을 잃고 위기에 처해 있다. 뿐만 아니라 무분별한 서구화로 인한 동서의 혼란, 공업화에 따른 환경오염·자원고갈 및 무역전쟁, 종교의 다원화와 종교전쟁의 심화, 오욕(五欲)충족 위주의 인생관과 잘 사는 척도의 물량화, 풍요 속의 빈곤과 대중 속의 고독, 질병, 범죄 특히 청소년범죄의 증가 등등의 위기 상황을 더욱 악화시키고 있다.

　그러나 그 해결방안을 찾아내지 못한 채 일시적 미봉책에 급급하고 있어 문제의 심각성은 만인이 근심하는 바라 하루하루가 만우절(萬憂節)인 셈이다.

　그런데 오늘이 만우절(萬愚節)인지라 이들 근심거리가 모두 거짓이겠거니 하며 웃어넘길 수 있었으면 좋으련만 그럴 수 없기에 오늘따라 만우절의 한계를 절감하게 된다. 그래서 오늘을 차라리 만우절(萬憂節)로 삼아 오늘 하루는 짐짓 걱정있는 체하고 다른 날은 아무런 걱정 없이 살아가거나 아니면 오늘 하루만이라도 인류의 근심을 해결하기 위한 지혜를 함께 모았으면 한다.

　혜안(慧眼)으로 보면 현대 위기가 비록 복잡하고 심각하더라도 그 원인은 세계와 인간의 근본을 바로 알지 못하는 데에 있다. 이 근본에 대한 무지(無知) 때문에 인류는 인생목적을 잘못 설정하여 소아적(小我的) 오욕충족에 급급한 나머지 혼돈과 고통의 와중을 헤매고 있음을 알아야 한다. 따라서 현대위기의 해결방향은 먼저 세계와 인간의 근본을 바로 일깨워 인류로 하여금 올바른 인생목적을 정립토록 교육하고 국가가 이 인생 목적의 원만한 성취를 도와주는 제도적 배려를 하는 데서 출발되어야 한다고 본다.

이에 이르면 세계와 인간의 근본에 대한 무지로 주창된 공산주의나 자본주의의 결함이 명확히 노정되고 그 해결 방안으로 새로운 사상(思想)이 제시될 전망이다. 이 새로운 사상에 의하여 동서(東西)의 사상적 대립은 해소되고 세계대전의 위협은 사라지게 될 것이다. 또한 다원화되어 전쟁을 불사하는 오늘날의 종교는 인간의 근본과 인생목적에 부합되는 '새로운 종교'로 탈바꿈하지 않을 수 없게 되어 종교전쟁 역시 종식될 것으로 보인다.

뿐만 아니라 인간소외나 황폐화를 초래하고 전쟁에 이용되어 온 과학은 종교·정치·경제·교육 등 국가의 중심기능과 상생적 조화를 이루는 방향으로 전환되어 공해, 무역전쟁 등 산업화의 역기능을 해소시키게 될 것이다. 나아가 현대위기의 유발요인이 해소되므로 질병 범죄 빈곤 등도 자연히 소멸될 전망이다.

이 희망적 설계를 오늘이 만우절이라 하여 가볍게 웃어넘길 것이 아니라 인류 모두가 함께 환하게 만나는 내일의 만우절(萬憂節)로 가꾸는 전기가 되길 기원해 본다.

−1987. 4.−

서툰 농사이야기

제 6 부

고단한 허리를 펴는 순간 땀에 절리는 아카시아 꽃 향기가 그리도 시원할 수 없다. 간간이 코끝을 스치는 아카시아 꽃 향기도 몇차례 자리를 잡느라고 생기를 돋우다 소낙비에 늘어난 물집도 실없게 없다. 멀리 겹겹이 아련하나 경련을 쌓아감이라 무엇하나 파도치듯 밀려오고, 이름모를 펼쳐진 사리성이는 잔잔한 미소되어 저절로 열린 마음에서 솟아나는 산새울음이, 노래되어 나른다. 독백은 자연을 벗한 대화가 된다.

새로운 골프

나도 이젠 '골프'를 해야 할 나이가 되었다는 생각이 들어서 언젠가 연습장 이용 안내판 앞에 걸음을 멈춘 적이 있었다. 그러나 정작 필요한 준비를 하지 않은 채 얼마간 세월이 흘렀다. 그 세월이 어찌나 번다한 사연으로 짜였던지 큰 병을 앓아 대수술을 했고 그 후유증으로 파리한 나날을 연명하는데 급급했다.

그런 와중에도 다시 시작한 새로운 삶에 대한 고마움을 잊지 않으려고 지난 세월을 돌이켜 영원에 대한 그리움을 듬듬이 엮어 '수필집'을 한 권 펴냈다. 그건 소쿠리 비행기에 실린 어떤 집념의 소산이어서인지 별로 고단한 줄 몰랐다. 그러나 돌아갈 수 없는 지난 세월에 대한 아쉬움과 그리움으로 출판기념회장에서 울어버릴 정도로 여려진 감정의 봇물은 극히 쇠잔한 건강상태와 무관하지 않았음을 뒤늦게 알았다.

감동적인 사연에 눈물이 많은 터라 한동안은 '노을'이라는 작품이 지닌 어떤 감흥 탓인가 했다. 한 달이 지나도 허전한 피로감이 가시지 않았고 두어 달이 지나서부턴 주먹밥 먹기도 힘들었다. 또 배를 째야 할 사연인가 싶어 약간의 위기감이 고개를 든다. 병원 가기 싫어하는 미련스런 성미여서인지 병원 가기가 더욱 부담스럽다. 우선 식욕 부진과 식곤증을 치유할 약을 좀 먹어본 후 차도가 없으면 풀죽은 모습으로나마 병원엘 갈 수밖에 없겠지 하는 체념의 순간에 '골프'가 떠올랐다. 40대 이후의 건강 유지에 참 좋은 운동이라는 기억과 함께.

떠나가는 재산은 포기하면 차라리 마음이 편하지만 삭아져가는 건강은 결코 포기할 수 없는 생명 그 자체인지라 '골프'는 건강관리를 위해 더욱 매력적인 유혹이 아닐 수 없었나 보다. 그러나 '골프'를 하기 위해 익혀야 할 용어나 자세, 규칙, 기본기 등등 번다한 과정이 투병(鬪病)으로 허전한 걸음걸이에 도저히 어울릴 것 같지 않아 보인다. 아쉬운 한숨이 인다.

그래서 '골프'를 기다림의 세월 속에 다시 장식해 둔 채 아침 산책길을 익혀가기 시작한다. 산책길 뜀뛰기와 탕약은 어느 정도 식욕을 회복시켜 준다. 그러나 예기치 않은 설사 그리고 주먹밥 정도의 소식(小食)도 포만감으로 무기력한 자신을 주체할 수 없어 안타까움이 고조된다.

옛사람의 속삭임이 증폭되어 가슴을 두드린다. '재산을 잃은 것은 잃은 것이 아니다.'라고. 그 재산이 형성된 과정을 거슬러 가보면 이는 단지 전생(前生)의 빚을 갚은 것 아니면 내생(來生)의 저축에 불과하기 때문이리라. 그러나 '건강을 잃는 것은 많은 것을 잃은 것이다.'함은 건강상실이 삶 그 자체의 의미를 대부분 앗아가기 때문이리라. 즉 재산이나 명예, 사회적 지위나 권력도 죽음 앞에서는 무력하듯 죽음에 이르는 건강상실도 이와 같아서이리라. 그런가 하면 '희망을 잃는 것은 모든 것을 잃는 것이다.'라고 한다. 이는 희망을 잃으면 절망으로 이어져서 금생(今生)의 남은 인생여정은 물론 내생도 기약할 수 없기 때문이리라.

엷어지는 희망을 잃지 않으려고 건강상실로 인한 허전한 걸음을 나들이로 엮는다. 지난 삶을 자주 돌이켜 본다. 부끄러운 사연이 많기도 하다. 그 부끄러움을 잊고자 한순간 걸음이 허둥댄다. 몸을 숨기고 싶어 두리번거리다 먼 하늘을 본다. 하늘은 맑아 어디도 숨을 곳이 없다. 눈을 낮추어 먼 산을 바라본다. 안기고 싶은 푸근함이 아지랑이 피듯 한다. 그 아지랑이를 따라 텃밭으로 걸음을 옮겨본다.

팽개쳐둔 이랑이 토라진듯 반긴다. 삽을 들어 땅을 파 본다. 두어 평 남짓 파헤친 성취감이 어떤 희망으로 살짝 피어오른다. 그 희망에 이끌려 나는 호미며, 낫, 삽, 자그마한 쇠스랑으로 틈틈이 밭 일구는 일에 매달렸다. 식곤증으로 인한 무력감이 다소 완화되고 무직하게 여겨지던 위장(胃臟)도 밭 가운데 있는 동안은 잊을 수 있어서 좋았다.

땅 파는 일은 다른 운농과는 달리 순간순간 운동량이 쌓이는 게 보인다. 즉 성취감을 곧바로 확인시켜 주기 때문에 게으름을 피울 수 없게 하는 잇점이 있어 또한 좋다. 한동안 잊고 있던 땀이 난다. 힘에 겨웠던 모양이다. 그러나 신진대사가 제대로 되기 시작하나보다 생각되어 오히려 즐겁다.

고단한 허리를 펴는 순간 땀을 말리는 솔바람이 그리도 시원할 수 없다. 간간이 코끝을 스치는 아카시아꽃 향기가 피로감을 앗아 생기를 돋운다. 손바닥에 늘어난 물집도 몇 차례 자리를 잡느라고 아렷하나 경력을 쌓아감이라 무엇하나 싫은 게 없다. 멀리 겹겹이 펼쳐진 산등성이는 잔잔한 미소되어 파도치듯 밀려오고, 이름 모를 산새 울음은 노래되어 나른다. 저절로 열린 마음에서 솟아나는 독백은 자연을 벗한 대화가 된다.

이런 세월 속에서 마련한 큰 쇠스랑자루가 손에 꼭 맞아 쥠이 좋다. 손바닥과 손가락을 고루 압박하는 효과가 수지침(手指針)이나 박장(拍掌)처럼 뚜렷하다. 휘둘러 내리치는 맛 또한 후련하다. 순간 '골프'가 건강에 좋다는 이유가 나름대로 잡힌다. 채를 거머쥐고 공을 후려치며 거니는 일련의 운동은 쇠스랑을 거머쥐고 땅을 내리쳐 파가는 것과 건강 관리 면에서 그 이치나 효과가 다를 게 없어 보인다.

다만 땅 파기는 골프처럼 공을 맞추기 위한 정신집중이나 정확을 기하기 위한 반복연습 따위가 거의 필요치 않다. 즉 코치를 따로 받지 않아도 된다. 뿐만 아니라 땅 파기는 상대방과의 은근한 경쟁의식이나 어떤 목적을 숨긴 상업적 교제 따위로 인한 스트레스로 초조해 할 사연도 없다. 자신의 힘에 알맞게 파고, 고단하면 쉬고, 지루하면 호미나 낫자루로 바꿔 쥐면 느낌 또한 달라서 새롭다.

골프는 산업사회에 찌든 심신을 쇠락하게 하고 덤으로 교우관계를 돈독히 하거나 사업적 교제를 성숙시키는 부대효과가 있다. 내 경험으로 땅 파기는 골프와 마찬가지로 심신의 활기를 되찾게 하나 골프와 같은 부대효과는 당장 없다. 얼마간의 농산물을 수확하는 것마저도 그 경제성이 의심스럽다. 수확물에 치중하다 보면 무리하기 쉽고 몸살하거나 도리어 신경통을 앓을 위험마저 없지 않다.

그러나 골프를 끝내고 뒤돌아 본 들판이 그저 텅 빈 공간이라면 땅 파기는 되돌아봐도 충만된 가능성이 자리하고 있어 좋아 뵌다. 사교적이고 활달한 사람이라면 건강관리를 위해 가까운 어느 농촌의 부족된 일손을 돕는 셈치고 나와 같은 '새로운 골프' 나들이를 해봄직하다.

들녘에서 맛보는 푸짐한 막걸리는 그대의 혈(血)을 도울 것이고 순박한 농부와 그 아낙의 고맙다는 인사는 그대의 기분을 고무시킬 것이다. 이웃 농촌 일손돕기가 복(福)짓기의 선행(善行)으로 이어지고 기혈(氣血)을 돋우어 그대의 건강도 활기차게 하는 그런 골프임을 우리 모두가 함께 깨닫는 날이 빨리 왔으면 싶다.

나는 땅 파기와 같은 농사가 나에게 적합한 '새로운 골프'임을 절감하면서 경제성을 쫓는 무리한 행보(行步)만 자제하면 곧 건강도 되찾을 것같은 희망에 벅차 있다. 굳이 골프 연습장을 기웃거릴 필요도 없겠고 약에 마냥 매달리지 않아도 될 것 같다. 그래서 딸아이더러

"애야, 오늘은 현충일이니 충혼탑에 참배한 후 우리 골프하러 가자."

고 제안해 본다.

"아빠, 우린 골프채도 없지 않아요?"

하고 반문하면서 딸아인 어리둥절한다. 나는 웃으며 자신있게 말한다.

"너의 골프채는 호미고, 네 오라비의 골프채는 작은 쇠스랑, 내 껀 큰 쇠스랑이란다."

딸아이랑 아내는 일순 공휴일의 계획에 어이없다는 듯한 표정을 짓다가 이내 까르르 웃는다. 나는 파릇한 새싹이 우리 가족 모두를 반가이 맞아주는 텃밭 골프장으로의 나들이가 나날이 이어지길 기원하며 아내를 슬쩍 곁눈질해 본다.

―1990. 6. 6. 현충일에―

영 농 예 찬

　처음 농사를 짓는 사람이라면 크게 두 가닥이 있을 것 같다. 하나는 경험자나 전문서적을 길잡이로 한 올바른 영농일테고 하나는 누구나 쉬이 할 수 있는 게 농사이니 무턱대고 제 깜냥대로 해보는 고집통의 영농일 거다. 나는 후자에 속한다. 그래서 딴에는 '농약'이나 '제초제'는 절대 사용하지 않겠다는 다짐을 여러 차례 했다.

　건강회복을 목적으로 운동삼아 시작한 농사여서 이렇다 할 영농계획도 수확목표도 없다. 그저 재미삼아 땅 갈았으니 씨앗 뿌려본다는 여유자적한 나들이 같은 농사다. 땅을 일구는 대로 열무·콩·상치·쑥갓·들깨·땅콩·옥수수·호박 등등 닥치는 대로 뿌려 본다.

　땅을 일구어 나가는 동안 한 쪽에서는 파릇한 새싹이 돋아나는 모습이 참으로 좋아 보인다. 생명의 신비로움을 지켜보는 것도 생기(生氣)를 북돋아주는지 기분 또한 상쾌하다. 토질도 모르는 주제여서 마구 뿌렸는데도 씨앗은 그 나름대로의 삶을 찬미하며 태양을 맞이한다. 씨앗의 어쩔 수 없는 소명인지 아니면 자아실현의 묘기(妙技)인지 풋나기 농사꾼의 서툰 솜씨를 탓하지 않고 하루가 다르게 자라는 모습이 대견하다.

나날이 묘기 경쟁장 같은 텃밭엔 상치와 쑥갓이 성장을 멈춘 채 난장이로 버틴다. 뽑아 먹기도 어중간한 크기다. 그제서야 원인을 생각한다. 토박해서일 거라고 비료를 좀 주어 본다. 그래도 그 모양 그대로다. 콩·열무·땅콩 등은 비료 없이도 잘 자라는데 상치와 쑥갓은 아마도 토양이 맞지 않는 모양인가 보다고 서툰 단정을 내린다.

포기한 후로는 눈길이 자주 가지 않으니 아쉬운 생각도 그만큼 줄어든다. 재미로 하는 농사지만 재미가 좀은 없어지는 셈이다. 그러나 콩이며 땅콩이 원체 잘 자라니 관심이 그 쪽으로 쏠린다. 재밋거리를 찾아 다니는 분별심이 고개를 들고 있음이다.

노오란 꽃망울을 피운 땅콩의 줄기가 왕성하게 뻗어 나갈 즈음 귀에 익은 영농상식이 떠오른다. 줄기를 묻어 주어야 뿌리가 내려 그만큼 땅콩을 많이 수확할 수 있다는 얘기다. 들은 대로 흙을 덮어 주고자 힘겨운 삽질을 꽤나 오랫동안 했다. 파아란 잎사귀를 보는 것만으로도 상쾌한데 노오란 꽃망울을 피우니 이 또한 덤으로 얻는 재미다. 하물며 그 열매이겠는가 싶어 고단한 줄도 몰랐지 싶다.

그러던 어느 날 아파트 주변 공터에 땅콩밭을 일구는 노인과 우연히 농사얘기를 나눌 기회가 있었다. 꽃망울이 꽤나 많이 달린 땅콩 줄기를 묻어 주지 않고 있는 것이 안쓰러워서 딴에는 안다고 "너무 늦기 전에 묻어 주어야 하지 않느냐?"고 한 마디 했다.

그랬더니 그 노인은 첫 해에는 자기도 남의 말을 듣고 묻어 주었단다. 그러나 수확이 시원치 않아서 다시 알아보니 그냥 내버려 두어도 꽃이 진 다음에 그 자리에서 잔뿌리가 흙쪽으로 내려 열매를 맺는다고 하기에 그대로 했더니 수확이 더 많아서 그 후론 내버려 둔다고 하신다. 만약 너무 간격이 좁아서 뿌리를 내릴 수 없을 경우에는 그런 부분만 묻어 주면 된다고 일러주신다.

어느 말이 옳은 건지 이젠 영농서적을 봐야겠구나 하는 생각과 혹시 헛고생한 건지도 모른다는 옅은 아쉬움이 인다. 그 아쉬움이 드리운 공간에 노인의 영농경험담은 씨앗마냥 줄줄 뿌려진다. 영농경험담에 담긴 농사기술이 나의 뇌리에 심어지고 다음 농사철에는 그게 돋아나 수확으로 연결될 것이기에 영농경험담을 펴는 것 또한 농사인 셈이다.

노인은 힘주어 "올해로 농사일도 4년째인데 이제는 남에게 물어볼 게 없어요!"하시며 궁금한 게 있으면 더 물어보라시는 듯하다. 그러니 3년 동안은 부분적인 시행착오가 있었다는 말씀이다. 그리고 노인은 영농서적을 가까이 할 형편은 아닌 듯 싶다. 그러니 남의 경험담과 어깨 너머로 농사를 익히는 데는 3년이면 족하다고들 하는 얘기가 맞는 모양이다.

나도 두어 해 뒤엔 제법 자연스럽게 농사꾼이 되겠구나 하는 자신감이 솟는다. 고집통의 영농에서 올바른 영농으로 첫걸음이 시작되었나 보다. 그제서야 영농얘기에 귀기울이느라 모기에게 물려 꽤나 부풀린 자국이 갑자기 가렵다. 그리고 모기소리가 귀에 거슬린다. 슬그머니 일어서서 노인에게 작별인사를 드린다. 되돌아나오는 이랑엔 노인의 영농사연이 생생히 돋아나오는 듯하다.

전화기 곁을 떠날 수 없었던 사업 탓으로 앉은뱅이(?)가 되어버린 노인은 백보(百步)를 거닐기도 어려웠으나 농사를 시작한 후로는 걸음에 활기가 넘친단다. 그리고 금년 봄엔 채소만으로 70만원을 벌었다며 당연한 듯이 담담히 소득도 밝힌다. 소득이 많은 아들내외가 남보기 부끄럽다고 농사를 만류했으나 높아진 밥그릇으로 식욕을 과시하여 아들내외의 만류를 잠재웠다며 농사 재미에 신바람을 일군다.

나도 위장병이 좀 호전되고 있다며 덩달아 영농예찬을 할 정도로 노인의 영농사연에는 은근한 매력이 있었다. 여느 노인처럼 늘그막에 눈치껏 잡비나 타서 경로당에서 우울하게 세월을 보낼 필요가 없다시니 정신건강 또한 자랑거리가 된다.

쉰을 가까이 바라보는 나이에 시작된 영농으로 나의 노후(老后)도 저런 모습이겠거니 하는 생각이 일자 무직한 위(胃)가 한결 가볍게 느껴진다. 새로운 소망, 어떤 희망이 농사일과 더불어 파종이 된 듯하다. 분명 어느 가을엔가는 이 소망, 이 희망도 좋은 결실로 수확될 것이기에 나도 예농예찬 속에 하루하루가 건강하게 이어지길 은근히 기원해 본다. 그래서인지 텃밭에 선 노인을 뒤돌아보는 나의 입가에 의미있는 미소가 잔잔히 번지나 보다. 그리고 텃밭은 더욱 푸르러 보이고.

−1990. 8. 14−

행복의 텃밭

　이런 저런 망상에 사로잡혀 가만히 앉아 지내는 시간이 많은 나는 심한 위(胃) 무력증으로 오랫동안 고생하고 있다. 그러니 영양섭취가 부실해서 만사가 귀찮을 정도로 지친 나날을 엮느라 허약해 있다.

　허약한 삶이나마 살아가려면 먹어야 하나 먹는 괴로움이 이만저만이 아니다. 식사 후의 포만감과 식곤증 그리고 깜박 졸고 나면 위장기능은 더욱 약화되는 악순환이 계속된다.

　이걸 극복하려면 적게 먹고 식후에 적당한 운동을 해야 하고 약도 꾸준히 먹어야 한다. 그러나 위무력증으로 지쳐 게으른 사람에겐 적당한 운동이 드물고 규칙적으로 계속하기란 쉽지 않다.

　주변에서는 테니스·골프·조깅·수영 등을 권유하나 테니스나 골프는 운동량으로 보아 벅찰 것 같고 수영장은 소독냄새부터가 싫어서 겨우 조깅 정도가 적합해 보인다. 그래서 한동안 제법 부지런히 거닐고 뛰곤 했지만 위무력증의 치료에 별로 도움이 되질 않았다. 나에겐 조깅이 단조롭고 쉬이 싫증이 나서 위(胃)가 가벼워질 때까지 계속하기가 힘에 겨웠기 때문이었던가 보다.

　그러던 어느 날, 산책로 주변에서 텃밭을 일구는 건장한 노인과 자연스럽게 애길 나누게 되었다. 그 분 말씀인즉 가벼운 농사일이지만 비만증이 해소되고 담배도 끊게 되었으니 약이라면 이보다 나은 약이 없고 운동이라면 이 또한 참으로 좋은 운동이라며 농사예찬에 즐거움이 넘친다.

그날 이후 나도 텃밭 일구기에 매달렸다. 삽질하는 운동량에 비례하여 일구어지는 이랑의 면적이 바로 나타나기 때문에 삽질하는 수고로움이 은연중 기쁨으로 쌓여 가고 있었다. 그래서인지 생각한 것만큼 힘들지도 않았고 또 적당히 쉬고 나선 다시 삽질을 하는 꾸준함이 이어졌다.

이따금 시장기를 느낄 정도로 농사일이 위무력증 치료에 위력을 나타내기 시작하자 틈만 나면 텃밭으로 가곤 했다. 쇠스랑을 골프채 삼아 골프를 치러 간다고 농담을 할 여유도 생겼다. 그럭저럭 한 철이 지나자 세 끼 식사가 덜 부담스러워졌고 즐거운 가을걷이에 이어 어느덧 겨울을 맞았다.

그런데 겨울은 서툰 농군에게 무엇을 할 것인지 가르쳐 주질 않았다. 얼어 굳어진 땅파기는 적당한 운동이 되질 못했고 '비닐하우스'는 전문영역 같아서 그림의 떡이었다. 그런 겨울이 다시 위무력증을 불러왔고 봄이 무척 기다려졌다. "겨울이 오면 봄 또한 멀지 않았다."라는 말은 시인(詩人)의 허사(虛辭)로 여겨졌고 "지친 자에게 길은 멀고 깨어 있는 자에게 밤은 길도다."라고 한 법구경(法句經)의 구절이 더욱 가슴에 와 닿았다. 정작 봄을 기다리는 자에게 봄은 꽤나 멀기만 했다.

그런 겨울에 의논할 일도 있고 답답한 심경을 떨치고자 막역한 친구를 찾아 나선다. 일 년 가야 한두 번 만나는 친구, 그나마 말수가 적은 편이어서 만나나 마나한 친구다. 그러나 말이 많으면 정작 쓸 만한 말이 없어서인지 내심(內心) 큰 일이 있으면 그래도 그 친구를 찾게 된다. 이런저런 얘기 끝에 그 친구는 "……하루 세 끼 별탈 없이 먹는 게 큰 행복이데이…… 뭐 특별한 데서 찾으려고 하지 마레이……"하며 나를 유심히 본다. 얘기의 흐름으로 보아 노후문제에 비중을 둔 말임에 틀림없으나 친구는 내 속앓이를 훤히 읽고 있는 것 같아서 정신이 번쩍 든다.

　이 봄 밭이랑에 있노라면 지난 겨울 친구가 일깨워 준 그 말이 자연스럽게 떠올라 즐겁다. 농사일 덕분으로 별탈 없이 세 끼를 먹는 행복감을 나는 체득하고 있기 때문이다. 나이 쉰이 다 되어 겨우 체득한 평범한 일상어(日常語)를 자주 되뇌이면서 그 친구를 생각하는 텃밭은 곧 나의 '행복의 샘터'가 된 셈이다. 행복은 결코 먼 곳에 있지 않고 바로 곁에 있음을 절감하면서 텃밭에서 일구어 낸 행복감이 사계절 내리 모든 일을 즐거움으로 엮게 해 주었으면 한다.

─1991. 5. 18─

노을예찬

　해 저무는 서녘하늘을 바라보노라면 황혼의 산색(山色)이 하도 고와서 온몸에 가벼운 전율이 인다. 자연은 쉼없이 아름다움을 펼치는데 하릴없이 보낸 오늘 하루가 아쉽기 그지없어 가벼운 탄식이 절로 나온다.

　따가운 햇살을 보내며 자잔한 가락으로 이별을 노래하는 미류나무엔 소슬한 가을 바람이 합주를 한다. 황금빛 노을은 말이 없으나 이 가슴엔 끝없는 상념(想念)으로 대구(對句)가 이어진다. 노을은 결코 유혹하는 몸짓을 나투지 않으나 나는 유혹당하고 노을은 함께 가자 하지 않으나 나는 노을을 따라 마냥 가고 있다. 한없이 평온한 아름다움으로 짜여 있는 노을을 따라 꿈꾸듯 정처없이 가고 있다.

　저녁노을은 서서히 모습을 바꾼다. 황홀한 순간은 짧다더니 노을은 어느덧 어둠에게 자리물림을 한 채 산 너머로 모습을 감춘다. 시야에서 사라진 저녁노을이 공허감을 고요히 쏟아 놓고 초롱한 별들의 노래가 흐를 때까지도 망연히 그 자리에 머문다. 저녁노을에 이끌린 환상의 노을을 따라 서녘 산 너머로 함께 나들이를 계속하였나보다. 환상의 노을엔 표현할 수 없는 평온함이 있기에 그 나들이는 시공(時空)마저 안아들였음직하다.

그 언젠가 제2한강교에서 장엄한 낙조(落照)를 바라보며 죽음을 찬미하던 계절에도 저녁노을은 안온한 흡인력으로 나를 삼키듯 끌어가곤 했다. 저 태양을 따라 노을에 싸인 채 죽을 수 있었으면 하는 바람으로 서녘을 향해 넋을 잃고 한동안 망연히 서 있기도 했다. 그 교각(橋脚)난간엔 소슬한 가을 바람마저 안온하게 느껴지게 하는 노을의 마술이 펼쳐지고 있었다. 그리고 영원에 대한 그리움으로 지새우던 연단(鍊鍛)의 계절에 문득 맛본 법열(法悅)도 노을과 맞닿아 있었다.

그 노을을 잊고 도회의 일상(日常) 속에서 방황의 관성과 적응의 갈등으로 찌든 채 얼마나 많은 세월이 흘렀는지 모른다. 그리고 그런 세월 속에 한때 중병(重病)으로 죽음에 직면하게 되었다. 다행히 죽음의 고비를 가까스로 넘긴 안도감으로 지난 세월을 돌이켜 본 즈음 그렇게 열망하던 학창시절의 꿈이 아직도 걸음마 단계에 있다는 안타까움이 증폭되어 뇌리를 떠나지 않았다.

못 다 이룬 꿈에 대한 아쉬움과 그리움은 다시 태어난 기쁨과 더불어 그 꿈을 성취하려는 조급함을 부추기고 있었다. 그 부추김에 밀려 무리한 나머지 다시 병을 얻었다. 투병(鬪病)의 고통은 살아 온 긴긴 뒷모습보다 오늘 하루가 더 소중하다는 절박감을 일깨워 주었다. 그래서 오직 건강회복만을 염두에 두고 번다함과 조급함으로 뒤얽힌 마음을 비우느라 자연(自然)에 가까운 삶을 택하기로 했다.

책상머리에 앉던 시간을 대부분 농사일에 할애하여 가벼운 운동거리에서 점차 중노동을 익히는 동안 번다함과 조급함이 가시고 극심한 위무력증도 서서히 걷히기 시작했다. 건강을 다시 찾아가는 기쁨으로 작업시간은 자연 조금씩 길어지고 있었다. 그러던 어느 날 밭이랑에서 저녁노을을 만나게 된 것이다. 늦게 배운 도둑 날 새는 줄 모른다더니 농사일에 재미를 느껴 작업에 열중하다 보니 시간 가는 줄 몰랐던 게다.

해질 무렵 옅은 어둠이 깔리고 주변이 고요에 묻혀갈 즈음엔 자연은 모두 적정(寂靜)의 본자리로 빨려들 듯 회귀(回歸)하고 있어 무슨 일에든 열중하면 은연중 삼매(三昧)에 들어 몰아(沒我)의 묘미 속에 시공(時空)도 녹아드나 보다.

그 묘미마저 의식치 않고 쇠스랑에 의지하여 허리를 펴는 순간 곱상한 모습으로 다가온 노을은 나를 일으켜 세우고 있었다. 그 아름다움, 그 평온함이 작업삼매에 빠져든 밭이랑에 법열(法悅)처럼 쫘악 밀려온 것이다. 노을을 잊고 살던 계절의 해묵어 찌든 사연이 일시에 사라지고 텅빈 가슴엔 그 옛날의 순수 그리고 안온함이 고요한 열락되어 가슴을 비운 듯 메우고, 채운 듯 비워가고 있었다. 번다한 일상의 고통 속에서 농사일을 통해 예처럼 순화되어가던 이 가슴엔 다시 찾은 노을이 그렇게 반갑고 고마울 수가 없었다.

이른 아침의 신선함을 뽐내거나 한낮의 열정을 아쉬워함이 없이 서녘 태양은 무심한 듯 제 갈 길을 가는 도인(道人)같아 그 여운으로 펼쳐진 노을은 성자(聖者)의 광배(光背)마냥 성스럽기도 하다. 이런 저녁노을에 동화되어 환상의 노을을 꿈꾸는 한 번 뇌에 찌든 삶의 구김살이나 죽음에 대한 두려움은 흔적이 없다. 마냥 평온한 숨결 그리고 대상마저 없는 잔잔한 그리움이 황홀경을 가꾸어 준다.

서툰 농사꾼의 콩밭엔 쭉정이가 더 많아 가을걷이가 황량할 것 같다. 그러나 새롭고 넉넉해진 노을을 다시 만난 기쁨이 온 가슴에 충만되어 있어 올 가을 수확은 여느 풍년 못지 않는 즐거움일 게다. 그래서 비록 그 옛날 오랜 법열(法悅)을 맛보게 한 노을엔 미치지 못하나 죽음을 찬미하던 계절에 평온하나 애잔한 허무감을 안겨주던 노을과도 다른 오늘의 노을을 새롭게 발견한 기쁨이 마냥 이어지길 바란다.

나아가 번다한 도회의 일상(日常)에서 해묵어 찌든 사연을 일순 털어내고 안온한 가슴에 그 옛날의 순수를 잔잔히 일깨워 줄 수 있는 힘을 저녁 노을에서 찾는 이웃이 늘어났으면 한다. 그 때 우리 주변에서 마약이나 각종 범죄 등 부도덕한 사연이 사라지고 무지개빛 행복이 가득찬 따사로운 사회가 될 것이다.

그러기에 이 노을을 다시는 잃지 않으려고 보다 더 자연에 가까운 일상을 찾을 때까지 나의 농사일은 내일도 계속될 것만 같다. 그 법열의 노을을 다시 만나고 싶은 염원과 함께.

—1990. 10.—

결 재 판

소관업무에 대하여 동료들과 협의를 거쳐 윗분의 결재를 받던 시절의 일이다. 처음엔 윗사람의 의사를 좌우한다는 우쭐거림 탓으로 피곤한 줄 몰랐다.

그러나 세월이 갈수록 업무수행능력의 한계를 느끼게 되고 또 주변의 협력과 윗분의 결심을 얻기 위해 설명자료를 만들고 이리저리 설명해야 하는 번다함이 지겨워서 결재판이 싫어졌다. 결재판을 팽개치듯 직장생활을 팽개치고 싶어서 짜증스럽기도 했다. 그러나 결재판을 다시 챙겨서 다듬듯 직장생활을 자신의 모난 성격을 다듬는 수행의 과정으로 승화시키려고 꽤나 노력했다.

그런 세월 속에서 교직에로 자리를 옮기게 되어 사뭇 새로운 희망에 젖는 행복한 순간을 맞게 되었다. 교직은 결재판이 필요 없고 그래서 윗분과의 지리한 짜맞추기나 매번 새로운 설명자료를 만들지 않아도 될 것으로 알았기 때문이다. 처음이라 서툴긴 해도 강의할 자료를 엮어서 설명할 순서를 정하고 졸음에 대비한 약간의 옛날 얘기 같은 것을 준비하면 여유있게 강의에 임할 수 있어서 좋았다. 뿐만 아니라 한 차례 쭈욱 설명만 하고 나면 마치는 종소리가 때맞춰 울려퍼지기 마련이어서 짜맞추기나 좀더 검토해보자는 미룸 따위로 신경쓰지 않아도 되기 때문에 결재판 없는 세상이 그렇게 좋을 수 없었다.

그러나 메뚜기도 한 철이라더니 결재판 없는 세상살이의 즐거움도 한 때임을 알게 되었다. 그건 시험성적을 정리하던 중 학생들의 성적이 나의 강의에 대한 평가라는 사실을 알게 되었기 때문이다. 그리고 동일한 교과내용을 설명하더라도 강의실 분위기에 따라 신바람이 나서 종친 줄도 모르고 떠드는가 하면 종칠 때가 기다려지는 때도 있어서 교직생활이 학생들과의 짜맞춤이요 강의는 매번 새로운 설명이라는 걸 서서히 절감했기 때문이기도 하다.

강의준비를 잘하기란 끝없는 극기(克己)요 강의는 상대가 있는 것이어서 때로는 지리한 입씨름도 있기 마련이다. 그 즈음에사 출석부가 결재판과 결코 다르지 않구나 하고 몰래 탄식하기도 했다.

무슨 일이든 몸에 제대로 배려면 대개 10년 정도 세월이 요한다고 한다. 그 10년 세월 중엔 좌절과 고뇌의 세월이 있기 마련이다. 교직생활에 길들여지기 위한 10년도 지루하리만치 예상하지 못한 기복이 있어서인지 장기근속한 교직자들을 새롭게 대하게 된다. 이젠 나도 교직생활이 몸에 밸 만큼 세월이 흘렀건만 나는 출석부를 팽개치고 싶은 충동에 사로잡히곤 한다. 그건 오랜 위무력증으로 쇠잔해진 건강탓도 있겠지만 너무 편해서 무기력해진 것 같은 생활자세에 대한 자성(自省)의 계기를 마련하고 싶은 몸부림이기도 하다.

그래서 근래에 틈틈이 농사일을 익히고자 땅파기에 매달리는 시간이 늘었다. 그건 당장 출석부를 팽개치기 위해서라기보다 위무력증을 치유해내기 위한 몸부림이라고 보는 게 더 정확하다. 그

러나 밭이랑에 서면 한없는 평온함이 있어 나의 뇌리엔 출석부를
팽개칠 날을 순간순간 그려보곤 한다.

가꾼 만큼 정직하게 결과가 나타나는 농작물을 보면 나의 삶의
현주소가 한없이 부끄럽다. 새롭게 태어나고 싶은 소망이 간절해
진다. 힘에 겨운 줄 알면서도 힘써 땅을 일구어 본다. 땀으로 젖
어드는 계절의 향기도 자연 그대로다.

또한 건강회복이 주된 목적이어서 농사를 제대로 모르고 그저
남의 흉내를 낼 뿐 농사에 생계를 의존하고 있지 않기 때문에 결
과에 대한 계획된 계산, 이른바 경제성에 대한 관념이 없다. 그래
서 새싹이 신기할 뿐 결과에 연연하지 않는 홀가분함이 좋기도
하다. 농사에 관한 한 내겐 결재판도 출석부도 없다는 말이다. 그
러니 자연 출석부를 팽개치고 교직을 떠나 밭이랑에서 살고 싶어
지는 거다. 농사일이란 때맞춰 씨뿌리고 가꾸면 되는 일이거니 해
서 상대방이 없는 홀가분함도 꽤나 매력이 되나 보다.

그런데 근래에 '우루과이라운드'로 농산물수입개방과 국내농산
물가격의 폭락 등의 우려가 증폭되고 있어 최소한 나만이라도 자
급자족의 범위를 넓힌다는 미련스런 자위를 한순간 하게 되었다.
건강위주의 농사일에 약간의 경제성을 염두에 두기 시작한 거다.
그날 이후 농사일이라는 게 그저 자연을 벗삼아 한가롭게 여유자
적한 삶을 보장해주는 것이 아니라 상대방이 있는 고된 일이라는
걸 서서히 알게 되었다.

이를테면 그 동안 가꿔 본 채소도 꽤나 힘든 과정을 거쳐야 먹
음직하게 자란다는 걸 알았다. 그리고 우루과이라운드에 밀리고
있는 농민의 현실이 밀도있게 이해가 된다. 비록 서툰 농사꾼이긴
하지만 투입된 노동시간과 수확된 채소류의 값을 가늠해보면 시

간당 품삯이 너무 적어서 더욱 서글픈 생각이 든다. 단지 위무력증을 치유한다는 데 의미를 부여하던 때와는 달리 농사의 경제성에 제법 눈을 뜨게 된 거다. 그래서 채소값이 비싸다는 얘기는 온당하지 못하다며 아내를 타이르고 농부의 수고로움과 상인의 횡포를 저울질해 설명하곤 한다.

뿐만 아니라 계속되는 가뭄이나 잦은 비로 농사가 엉망이 되는 때엔 농사일에도 분명 결재판이 있다는 생각이 든다. 현재로선 결정적인 영향은 일기(日氣)에 의존되기 때문에 하느님 결재를 받고 있는 셈이다.

남이 하는 일은 쉬워보이듯 어깨 너머로 바라본 세상과 뛰어들어 헤쳐보는 세상은 사뭇 다른 법이다. 학생들이 화염병을 던지고 사회적·정치적 개혁을 힘주어 떠들 수 있는 것도 아직은 어깨 너머로 세상을 바라보는 행복한 시절의 환상에 다소간 싸여 있기 때문이 아닌가 한다. 그들이 세파를 헤쳐나갈 때 너무 쉬이 기(氣)가 꺾이지 않았으면 하는 바람 때문에 연민의 정이 지나쳐 광폭한 혁명투쟁도 학생운동으로 위장, 미화되고 있듯이 나의 농사일도 사치스러운 상념에 싸여 미화되었던가 보다.

내 여린 어깨에 실린 농사일이 마냥 즐거운 여유만 있는 것이 아니라 더욱 엄격한 하느님의 결재에 좌우된다는 사실이 자연에 대한 외경심과 더불어 나의 근시안을 새삼 깨닫게 한다. 결재판이 없는 세상일이란 없다는 걸 절감하니 출석부를 팽개칠 일이 더욱 난감해진다. 농사일이 신성한 하느님 결재사항이라는 자위(自慰)에도 불구하고.

(1991. 9 ; 1992 세계일보 신춘문예 수필부문 당선작)

당선소감

수순과 반전

'주어진 삶'에 수순(隨順)하면 한없이 편안할 터이나 사람들은 나름대로 목표를 설정하여 '자신의 삶'을 엮으려고 하기에 그 간극으로 인하여 괴로운 사연이 많은 것 같다.

「경찰과 찬송가」에 등장하는 주인공 소피는 겨울을 따스하게 보내고자 교도소에 가려고 온갖 몸부림을 한다. 그 몸부림이 여의치 않아 허탈한 마음에 찬송가는 어린 시절의 순수를 일깨우고 다시 태어나게 하지만 끝내 그는 교도소에서 겨울을 보내게 된다. 어쩌면 그 겨울에 주어진 삶은 교도소행이었는지 모른다. 애써 가고자 할 땐 멀어지고, 돌아서려는 즈음엔 교도소로 반전(反轉)되는 그의 삶이 내겐 많은 교훈을 주었고 끝없이 반전되는 나의 삶에 위안을 주곤 한다.

지난 십 년 동안 나는 주어진 틀 속에서 타성에 젖은 교직자로 은연중 길들여진 건 아닌가 하는 회의에 빠져 있다. 그래서 제도의 틀에 묶이지 않는 진정한 교육자로 다시 태어나고 싶은 열망으로 이 가을엔 교직을 꼭 떠나보리라 작정했다. 어느 쪽이 나에게 주어진 삶인가는 분명 하느님의 결재 사항이지만 객기를 부려 보기로 한 것이다. 그러나 학내(學內)사태로 지금껏 교직에 묶여 있다.

떠나려 하니 묶이는 걸 보면 새로운 애착을 갖는 순간 떠나게 되겠구나 하는 반전의 가능성이 밀려온다. 반전되어 주어진 삶을 깨닫게 되기까지 얼마간의 공백기에 '수필가'라는 호칭은 분명 아름다운 꿈을 엮어주기엔 안성맞춤일 것이다. 아버지의 직업란을 무엇으로 메울까 하는 딸아이의 고민도 해결해 줄 수 있겠기에 말이다.

뽑아주신 심사위원께 감사드리며 그분들의 일깨움을 길잡이로 삼아 밭이랑에서나마 성숙의 문턱을 넘어보고 싶다.

심사평

권경술(權景述)씨의 「결재판」은 정통수필의 한 전형 같은 무게와 단아한 지혜를 함께 갖추고 있다. 지나침도 자기비하도 아닌 이런 균형은 역시 연치와 실제 삶의 체험에서야 얻어지는 조화(調和)로 여겨진다.

—李祭夏·金宇鍾—

수 필 가

　막연하나마 교단을 떠나야 할 때가 된 것 같다는 생각으로 속
앓이를 한 지도 어언 3년이나 되었다. 그러면서도 정작 떠나지 못
한 건 그 속앓이가 아마도 교직자에서 교육자로 탈바꿈하는 과정
의 시련일지도 모른다는 낙관적 미련을 은근히 확인하고 싶어서
였을 것이다. 무슨 일에나 적응하는 과정에는 모종의 시련이 있고
그걸 극복하여야만 성장이 가능하기에 말이다.

　그러나 때로는 교직이 갖는 타성을 합리화하고 있는 건 아닐까
하는 회의와 자성(自省)을 하기도 한다. 그럴수록 교육자로서 부
족된 아쉬움이 증폭되어 가급적 빨리 사직하기로 작정했다. 그저
한 삼 년 종교서적이나 탐독하면서 지난 삶을 돌이켜보면 내일을
좀 덜 부끄럽게 가꿀 수 있을 것 같아서이다.

　그런데 예기치 않은 복병(伏兵)을 만난 거다. "아빠, 교수 그만
두면 무얼 하실 건데요?"하며 딸아인 아빠의 직업란을 무얼로 메
꾸어야 할지 걱정을 한다. 나는 농사일에 적응하기 시작한 즈음이
라 "농사지어야지 뭐!"하고 대수롭지 않게 답하며 딸아이의 표정
을 살펴본다.

　딸아인 무언가 아쉬운 듯 이해하기 어렵다는 몸짓을 한다. 아이
들끼리 '너희 아버지 무얼 하시니?'하고 물어보면 대답이 궁해서

인가 보다 싶어 "누가 아버지 직업 물어보면 '농업'이라고 하면 돼!"하곤 당당한 모습을 보여 주느라 한바탕 웃었다. 직업에 귀천(貴賤)이 없다는 얘기를 덧붙여서 말이다.

이튿날 동료 교수에게 딸아이 얘길 하면서 농토는 있으니 교직을 떠나도 농장 이름만 잘 지으면 될 것 같다며 또 한차례 웃었다. 이름하여 백운(白雲) 농장, 반 정보 남짓한 농토이지만 자칭 '백운 농장주'라고 소개하면 그럴싸하지 않겠느냐고 반문해 본다. 그랬더니 동료 교수는 "농장주라고 하면 남들이 부동산 투기꾼으로 압니다. 교수하던 사람이 농장주가 무업니까? 아이들 기분도 좀 생각해야지……원……"하며 답답해한다.

그 순간 난감해 하던 딸아이의 표정이 떠올라 직업란의 빈 칸을 무엇으로 메꾸어 주어야 할지 망설여진다. 평소 농사를 짓거나 아니면 거리의 철학자를 자처하며 '호두빵' 굽는 일도 마다하지 않을 거라고 입버릇처럼 말하곤 했는데 딸아이가 거리의 철학자를 이해하기 어렵듯이 어린 딸아이의 기분을 내가 미처 생각지 못했던가 보다.

이런저런 생각 중에 마침 일간신문에 신춘문예 모집공고가 났기에 '수필가'가 되면 국민학생인 딸아이에겐 그럴싸하게 여겨질 것 같은 생각이 들었다. 수필집을 출간했다고 해서 수필가가 되는 게 아니라 소정의 등단과정을 거쳐야 한다는 걸 뒤늦게 안 터라 헛일하는 셈치고 묵혀둔 글을 서너 편 챙겨서 다듬어 보냈다.

문학수업을 받지 못한 나로서는 설마 했더랬는데 당선되었다는 전화를 받게 되니 뭐가 뭔지 한동안 멍청한 기분이 들었고 세 편 중 어느 작품이 당선작인지가 퍽이나 궁금했다. 내 생각으로 '노을 예찬'이 가장 잘 된 작품으로 여겨졌기 때문에 당선작은 응당

'노을예찬'일 거라고 생각했다.

그러나 의외로 제목마저 잊고 있었던 '결재판'을 당선작이라고 알려 왔을 때 나는 또 한번 놀랐다. 역시 나는 아직 수필다운 수필을 제대로 모르고 있음이 분명하다는 부족된 아쉬움에 한순간 짓눌리지 않을 수 없었다. 그 아쉬움을 떨치고자 큰 소리로 "백만 원짜리 글이나 읽어보자."며 내용마저 잊고 있던 '결재판'을 찾아서 서둘러 읽어 본다.

노을예찬이 나에게만 밀도있는 작품이라면 '결재판'은 더불어 쉬이 공감할 수 있는 내용이었다. 글 쓰는 이의 주관과 심사하는 분의 객관적 평가 사이에는 모종의 차이점이 있어 보인다. 아무튼 과분한 심사평을 몇 차례 읽어도 무슨 말인지 이해가 되지 않을 정도로 그건 나의 작품에 대한 평(評) 같지가 않았다.

글을 쓰는 솜씨와 평(評)하는 재주는 상당히 다르다는 걸 절감하면서 심사한 분의 전문영역을 존중하여 그대로 받아들이기로 했다. 서툰 나의 글이 "정통수필의 한 전형 같은 무게와 단아한 지혜를 함께 갖추고 있다."함이 도무지 믿어지지는 않지만.

이젠 교단을 떠나 농사를 지어도 딸아이의 걱정을 덜어줄 수 있는 '수필가'가 되었으니 마음 턱 놓고 농사꾼이 되어도 더러 좋은 수필을 쓸 수 있을 것 같다. 그러나 '칠십에 능참봉'을 마다하지 않는 사람도 있다지만 쉰이 다 된 나이에 신인(新人)으로 문단을 두드린 것 자체가 부끄러운 일이 아닌가 하는 의문과 앞으로는 글 쓰기가 힘들어질 거라는 주변의 염려가 도사리고 있어 당분간은 좋은 수필을 쓰긴 어렵지 싶다.

이제 수필가라는 간판을 걸고 서툰 농사꾼으로 자족하고자 하나 어느 쪽에서 보아도 양두구육(羊頭狗肉) 꼴이어서 웃음거리가 되지나 않을지 염려된다. 그러나 서툰 농사꾼을 하느님이 봐주시듯 서툰 글꾼을 뽑아주신 심사위원의 일깨움을 길잡이 삼아 즐겨 글을 쓰는 '수필가'가 되었으면 한다. '수필가'라는 이름을 얻게 된 것은 딸아이 덕분에 내 인생여정에서 예기치 못했던 사고같은 사연이긴 하지만.

-1992. 1.-

열 등 의 식

　나는 그녀를 한 때 미스 리버(Miss River)라 불렀다. 그녀의 성(姓)은 '강(姜)'씨였지만 '강(江)'씨로 부르는 편이 더 정감이 있었나 보다. 어쩌면 그녀는 강(江)같은 그 무엇을 나에게 한껏 일깨워 준 여인이었기에 그 호칭이 더욱 자연스러웠는지도 모른다.

　깔끔한 글씨, 주변의 궁금증을 돋우기에 충분한 연애편지(?) 그러나 누구에게 보여주어도 전혀 쑥스럽지 않는 잔잔한 맑음으로 짜여진 사연들. 그리고 항상 평온한 숨결을 갖게 하는 말씨. 깡 말라 있으나 이웃에 대한 푸근한 염려로 결코 메마르지 않은 이야기를 엮어내는 여유. 이런 그녀를 대할 적마다 나는 더욱 왜소해지는 것만 같았다. 그게 싫어서 엉뚱한 투정을 부려보기도 하고 내가 좀더 많이 알고 있음직한 얘기거리를 찾아 보기도 했다.

　그러나 그런 억지는 곧 흥미를 잃게 하고 어느 결엔가 그녀의 이야기 속에 잠겨들어 나를 잊곤 했다. 쉼 없이 흐르되 전혀 부담스럽지 않는 잔잔한 강물처럼 그녀의 얘기가 바로 그러했기 때문이리라.

　동갑내기인 그녀를 처음 만난 것은 대학 1학년 가을이었다. 나는 공과(工科)가 적성에 맞지 않아서 법과(法科)로 옮겨 볼까 하

302

는 번민과 방황에 휩싸여 있을 때였고 그녀는 명문대학 시험에
합격하고서도 갑작스런 가정형편으로 등록을 할 수 없어서 가사
(家事)를 돌보며 진학의 꿈을 끈끈히 가꾸고 있을 즈음이었다.

우연한 기회에 예기치 않은 장소에서 그녀가 베풀어 준 친절에
보답하기 위해 함께 간 친구의 주선으로 우린 그녀와 더불어 가
을 하늘을 바라볼 수 있었다. 흔한 데이트도, 연애의 경력도 없는
나로서는 짝사랑에 대한 허망감으로 찌든 후여서인지 그 자리에
의무적으로 동참한 이상의 별다른 감흥도 호기심도 없었다. 그리
고 그날의 만남은 꽤나 오래 이어졌지만 이렇다 할 기약도 없이
끝났다.

그녀를 다시 만난 것은 이듬해 어느 봄날 서울 남산(南山)에서
였다. 나는 법과대학생으로 새로운 꿈에 도취된 때였고 그녀도 진
학의 꿈을 이룬 여대생이 된지라 그간의 방황을 떨쳐버린 감흥이
서로 교차되는 즐거운 만남이었다. 그러나 제각금 은근히 제 얘기
하느라고 그때까지만 해도 그녀의 좋은 점을 제대로 간파하지 못
했다.

그날 이후 우린 서로 편지를 쓰기 시작했다. 나의 편지는 그간
의 방황과 짝사랑에 찌들려서인지 미래에 대한 희망보다는 치졸
하고 짜증스러운 내용을 악필로 마구 흘려내린 낙서에 불과했다.
그 낙서는 개인적인 불만과 그 연장선상에 있는 사회적·정치적
비판 등으로 온통 저주스러운 삶의 편린들을 퍼담고 있었다. 그건
이제 마악 시작된 연애편지라기보다 헤어지기 위한 구실을 찾는
끝마무리 편지 같은 것이었지 싶다. 어쩌면 짝사랑으로 찌든 분풀
이를 은연중 그녀에게 하고 있었는지도 모른다.

그러나 그녀의 편지는 나의 그런 태도나 사연을 탓하는 구절이

나 낌새가 전혀 없었다. 내가 띄운 편지의 내용을 더듬어 반추해 낼 수 없을 정도로 자연의 아름다운 질서나 계절의 감각 등 주변의 일상을 유연한 필치로 설명하곤 했다. 그녀의 편지는 나의 편지에 대한 답장이라기보다 항상 새롭게 시작하는 순수함을 잔잔히 일깨우는 사연뿐이었다. 웅덩이에 던진 돌멩이는 그래도 한동안 동심원을 그리나 강물은 그 파장마저 일순에 안아들여 잔잔하듯 그녀에게 내던진 나의 편지는 고요히 수장(水葬)되었는지 한 점 파문도 찾아볼 수 없었다.

그런 그녀의 편지를 받는 동안 어느 결엔가 내게도 변화가 생겼다. 불만스런 광기(狂氣)가 다소 순화되고 글씨만이라도 좀 바로 쓰고자 마음을 가다듬기도 했다. 외모와는 달리 칼날 같고 불 같은 성미로 빚어지는 내면의 갈등이 나의 단점이라는 게 점차 냉확해지고 그걸 고쳐야겠다는 생각이 간절해지기 시작했다. 그리고 편지가 오감에 따라 그녀의 고마운 사연을 기다리는 즐거움이 일곤 했다.

그러나 가까운 거리에 있으면서도 대학 4년 동안 정작 그녀를 만난 것은 너댓 차례에 불과했다. 감수성이 예민한 나이에 그녀의 해맑은 편지와 평온한 숨결 그리고 쉼없이 흐르듯 이어지나 지루하지 않는 얘기에 빠져들면서도 왜 그녀를 자주 만나지 않았는지조차 생각해보지 않은 채 20여 년의 세월이 흘렀다.

그 세월 속에 나의 뒷모습을 회상하며 틈틈이 써 둔 글들을 모아 수필집 '구종인간(九種人間)'을 출간하게 되었다. 문학수업을 받지 않은 내가 몇몇 문인들로부터 곱상한 평을 듣게 되자 이는 소쿠리비행기일 거라고 반신반의하면서도 그게 다 종교에 심취한 결과일 거라는 생각이 일었다. 생각이 이에 이르자 나는 문득 그녀의 해맑은 편지와 평온한 숨결 또한 그녀의 신앙생활의 소산이었음을 절감하게 되었다. 성가대원으로 활약한 그녀의 노래솜씨 그리고 고전음악에 대한 해박한 식견도 신앙생활의 한 단면이었을 것이라는 생각이 든다.

그러자 그녀를 그리워하면서도 자주 만나지 않았던 이유가 나름대로 분명해지기 시작한다. 그 당시 종교나 신앙에 대해 거의 문외한(門外漢)이었던 나로서는 신앙생활에 자리한 그녀의 평온한 숨결이나 해맑은 편지는 도저히 흉내낼 수 없는 어떤 피안(彼岸)이었고 그게 짝사랑같은 열등의식을 은연중 심화시켰기 때문이 아니었던가 한다. 그녀를 이성(異性)으로 사랑할 수 없었던 이유 또한 그러했으리라 여겨진다.

게다가 남존여비의 낡은 유산을 배경으로 남자라는 깡만으로 버티기엔 그녀는 너무나 멀어 보였고 발돋움하며 모시고 살아 갈 정도로 나의 깡기가 순화될 것 같지도 않았던 것 같다. 그래서 만남보다는 편지를 받는 편이 한결 마음 편했고 '고시공부'라는 주변의 핑계가 그 열등의식을 감추는 방패구실을 했음직하다. 그 핑계가 전화나 편지마저도 뜸하게 하고 졸업할 즈음엔 그나마 소식도 끊어져 버리게 했나 보다.

이제금 옛 사연은 그리움을 일깨우고 때늦은 감탄과 열등의식을 되뇌이게 한다. 그리고 종교가 지닌 무한한 토양과 위대한 모성(母性)을 새롭게 발견한 감회에 젖는다.

내가 종교에 심취할 즈음 봉은사 뜨락에서 만난 여인에게 띄운 일상(日常)의 안부편지를 어깨 너머로 읽은 어느 여고생이 나를 시인(詩人)이라며 반기던 전화음성이 다시금 울려 퍼지는 듯하다. 문학을 좋아라 하지 않았던 나를 "아아 시인이시군요!"하며 추켜 놀리는 줄만 알았던 옛 사연이 부끄럽게 밀려온다. 어쩌면 나의 수필은 그녀의 편지가 촉매가 되고 훗날 나의 신앙생활이 토양이 되어 서서히 싹이 튼 것인지도 모른다.

　이제 부끄러운 열등의식이 지난 사연에 대한 고마움으로 전이(轉移)되면서 잔잔한 파문을 일군다. 그 파문을 마냥 간직하고 있기엔 아쉬움이 너무나 크고, 그리운 옛 사연을 찾아 나서기엔 지난 세월이 큰 짐이 되고 있다.

—1990. 4. 15—

장 날

창원시에 사는 즐거움 중 하나는 닷새마다 서는 상남 장터를 한 바퀴 둘러보는 일이다. 어릴 적 추억 속의 장터 분위기와는 다소 다르지만 그래도 순박한 모습을 대할 수 있고 때로는 옛 생각에 잠겨 선한 그리움을 맛볼 수 있어서 좋다. 풍물이 많이 바뀌었지만 그래도 낫, 쇠스랑 등 농기구며 각종 씨앗과 곡물 그리고 과일 등은 옛날 그대로다.

매일 꼭 같은 위치에 늘상 그 모양으로 펼쳐지는 요즈음의 시장은 분명 편리하다. 그러나 닷새마다 서는 장터엔 한정된 주변 사람과의 만남이 고작인 시장과는 달리 날짜를 헤아리며 기다리는 설레임과 변화가 주는 신선한 맛이 있어 좋다. 아쉬움이 있다면 반지르르한 넓은 마루에서 예스러운 국밥 맛을 볼 수 있었으면 하는 거다. 그래서인지 장터를 거닐 제면 옛맛으로 군침이 돌 때도 있다. 그 군침이 인공 감미료에 앗긴 구미(口味)를 생각나게 한다. 우리의 것을 잃은 지 오랜 이즈음 우리 맛에 대한 그리움을 내게 은밀히 일깨워 주는 장터에 예스러운 맛을 이어 오는 국밥집이 하나쯤 있었으면 얼마나 좋으랴 싶다.

닷새마다 지역 주민들이 모종의 잔치를 함께 즐기는 듯한 감흥을 이 국밥 맛 속에서 찾아낸다면 요즈음 같이 단절과 경쟁으로 삭막해지는 사태를 잠재우는 데 도움이 될 것 같기도 해서 말이다.

그런 아쉬움과 그리움을 일구어 주는 장터에로의 나들이가 내 삶의 소중한 부분이 된 지 어언 3년째로 접어든다. 위장병을 치유하기 위해 텃밭을 일군 뒤부터 농기구며 각종 씨앗에 더욱 익숙해져서 장터엔 자연스럽게 단골이 정해졌다. 서툰 농군이어서 낫이랑 쇠스랑을 여러 개 망가뜨리긴 했지만 서서히 농군다운 면모가 생성되겠거니 하고 위안을 삼는다.

그리고 가꾼 대로 정직한 모습을 보여주는 농작물을 바라보며 인간으로서의 내 삶이 어느 정도 바르고 진실된가를 생각할 때 부끄러운 감회에 휩싸이기도 한다.

농사에 관한 기본 지식마저 염두에 두지 않은 무계획한 영농인데다가 요령부득이어서 노력에 비해 수확은 분명 시원치 않다. 농약을 전혀 사용하지 않아서 엉망이 되어버린 밭이랑을 지켜보며 내가 먹는 농산물의 위상을 농약과 연계하여 실감한다. 농약을 사용한다면 곤충 등 많은 생명을 죽이게 됨은 물론 사람 또한 온전치 못할 것이고 사용하지 않으면 먹을 게 거의 없을 거고, 그래서 틈틈이 퇴비를 마련하는 등 유기농법에 관심을 갖게 되나 보다.

그러니 농사일은 내게 더욱 힘겨운 바라서 농민의 노고에 대해 감사하는 마음이 은연중 자리잡게 된다. 겨우 채소, 콩, 호박, 감자, 고구마 등 손쉬운 작물을 조금씩 일구면서 힘겨워할진대 정작 농사를 생업으로 하는 분들의 노고는 이만저만한 게 아님이 분명하다.

그래서인지 농산물에 대해선 값이 비싸다는 생각이 싹 사라져버렸다. 하긴 한 톨을 심어서 20배 이상 수확하는 농작물이 허다

하다. 한 톨의 강냉이나 깨알이 싹터 제대로 영글면 100배 이상의 수확이 예상된다. 그래서 농사에 대해 마치 백 배 장사를 하는 것 같은 착각을 하기 쉽다. 직접 농사를 지어보지 않은 사람은 한 톨의 씨앗이 영글기까지 농사 짓는 이의 노고가 얼마나 지중한가를 모르기 쉽고 또 풍작으로 인한 가격 폭락을 염두에 두지 않기 때문이리라.

농사를 짓게 되면 몸은 고달파도 자연과 더불어 사는 순박한 삶에서 살아가는 재미를 알게 된다. 이를 통해 농사는 분명 돈으로만 평가될 수 없는 무형의 가치가 내재되어 있음도 알 수 있다. 그것이 없다면 농사는 예찬의 대상이 아니라 저주의 대상이 될지도 모른다.

한 됫박의 녹두를 수확하기 위해 파종에서부터 수확까지의 노력과 긴 기다림이 오천 원으로 평가될 때 한 시간 특강에 십만원을 받아 쥐는 나의 손이 그리고 그런 삶이 한없이 부끄럽게 여겨진다. 그나마 비오는 장날은 떨이를 기다리는 파장이나 다름없어 농산물 가격은 더욱 가슴을 졸이게 한다. 금년 들어 상남 장날엔 비가 자주 와서 더더욱 그러하다.

오늘따라 상남 장터엔 또 비가 내린다. 그래도 비를 탓하는 이는 없다. 그러나 두 아낙의 대화 한 토막이 하늘을 울릴 것만 같다.

"글쎄 농사 짓는 사람을 미쳤다고들 하더라만, 아니 이걸 오백 원에 파는 우리는 미친년 아닌가?!"

"그러게 말이요!"

큼직하게 잘 자란 가지 7개씩을 가지런히 쌓아 놓은 아낙과 복숭아를 파는 여인 사이를 서성거리고 있던 나의 귓가엔 두 여인

의 대화가 소나기보다 억센 비바람이 되어 스치는 것 같다. 건강
상 이유로 놀이삼아 하는 나같은 사이비 농군이 이러할진대 농사
를 생업으로 하는 농부의 귓가엔 그리고 그들의 가슴엔 어떤 폭
풍우가 이어지고 있을는지 감히 상상하기조차 어렵다.

  옛 사연에 대한 추억과 아쉬움으로 지난 삶을 돌이켜보곤 하는
나에게 장터는 오늘의 고된 삶을 진하게 토해내며 꿈을 깨라고
질책하고 있는 듯하다.

  보랏빛 꽃망울로 신비로움을 한껏 고조시키다가 어느 결엔가
여리고 밋밋한 자태를 자랑하는 가지가 탐스럽게 자라면 자연의
묘용(妙用)에 취해 그간의 노고를 잊고 묘한 즐거움에 휩싸인다.
신비감에 이끌린 즐거운 마음으로 조심스럽게 어루만지다가 겨우
꺾어 본 그 가지가 돈으로 환산될 때 내가 즐기던 기쁨은 자못
비애로 급변된다.

  한 톨의 씨앗이 꽃망울로, 그리고 열매로 이어지는 자연의 곡예
를 지켜보는 즐거움은 돈으로 환산될 수 없다. 그리고 그 즐거움
은 소비자에게 덤으로 팔 수도 없는 것이어서 농산물의 가격은
오직 물질적 가치로 평가될 수밖에 없을 것이다. 사람의 물질적
가치가 1달러 미만으로 평가되듯이 말이다.

  그러나 사람의 전인적(全人的) 가치가 무한하듯 분명 한 톨의
농산물의 천연적 가치 또한 무한할 것이다. 그렇다고 예서 농부의
삶이 행복감으로 마냥 윤택해지지만은 않음을 어쩌랴! 하니 품삯
도 제대로 나오지 않는 농사를 짓는 오늘의 농민은 분명 미친 사
람일 게다. 이런 미친 사람들에게 생명선인 목줄을 대고 있는 여
타의 사람 또한 미치광이가 아닐는지 의아스럽다.

  우리 모두의 삶이 미치광이의 그것이 되지 아니하도록 삶의 본

지를 예로부터 '농자천하지대본야(農者天下之大本也)'라고 일깨운 사연과 연계하여 새롭게 조명해보아야 할 때인가 한다.

장터를 휘감아 도는 역기류에서 우릴 지혜롭게 하는 사연을 계속 찾아 나갈 때 우리의 삶은 행복감으로 윤택해질 것 같다. 이를테면 물질적 풍요로움과 기계적 편의로 정서가 메마른 도회인의 삶을 염두에 둘 때 '도회인의 메마른 정서와 물질적 풍요'를 '농민의 무형적 즐거움 및 경제적 빈곤'과 상호 융화시킬 수 있는 지혜가 아쉽다는 말이다.

장터엔 분명 그런 지혜를 일깨우는 어떤 저력이 있어 보인다. 장터엔 잔칫집처럼 북적대며 어우러져 한 솥밥을 먹는 것 같은 즐거움이 있고 모종의 일체감을 느끼게 하는 그 무엇이 있다. 그 자연스러운 어우러짐 속에서 창원 시민만이라도 무형적 즐거움을 맛보는 도회인이 되어 주었으면 하는 바람이 인다. 다음 장날을 헤아려 보는 나의 일상(日常)은 기다림이 갖는 모종의 즐거움이기에 닷새마다 서는 장터가 영속되었으면 하는 바람으로 또한 이어지고 있다.

－1991. 8.－

밀 밭 에 서

견비통 탓인지 밀알이 탐스럽게 익어 있어도 거두어들일 엄두가 나질 않는다. 그렇다고 낟알이 떨어지도록 마냥 미루어 둘 수도 없다. 조심스럽게 낫질을 하니 무거운 어깨가 서서히 풀린다. 어느 결엔가 수확에 열중하느라 견비통을 잊고 이곳저곳 떨어져 있는 이삭까지 열심히 챙긴다.

재미삼아 몇 이랑 가꾼 밀밭인지라 통털어 돈으로 환산하자면 농군의 일당에도 태부족이다. 그래서인지 어느 농가에서는 보리의 수확을 포기하고 불을 지르는 장면이 TV를 통해 소개되기도 했나 보다. 돈으로 계산할 수 없는 정성을 쏟아 일구어온 자신의 작품인 농작물을 애써 태우는 농부의 심정이 오죽하랴만 경제성에만 급급한 눈물겨운 처사를 하느님만은 너그럽게 용서하실는지 의문이다.

한 순간의 어두운 상념을 떨치고자 허리를 펴고 먼 산을 본다. 산과 하늘의 만남이 시원스럽고 곱상하다. 다시 허리를 굽혀 애써 밀알을 거두어야 하는가 하는 게으름이 살포시 고개를 든다. 팽개쳐 버려둘까도 생각한다.

그러자 여린 싹으로 지난 겨울의 추위를 이겨낸 강인함과 씨알을 일구어낸 열정이 새롭게 밀려온다. 한점 게으름없이 스스로의 소명에 충실한 밀알들의 집단 항변이 쏟아지는 것 같다. 그들을 거두어 주어야 하는 이유가 너무도 명확해진다. 그것은 결코 돈으로 계산될 수 없는 무한한 가치를 거두어 들임이리라. 다시금 낫질을 한다. 이삭도 부지런히 주워 모은다.

이곳저곳 흩어져 있는 이삭 하나하나를 굳이 챙기는 뜻은 아흔아홉 마리의 양(羊)과 더불어 길잃어 외로운 한 마리의 양을 저버리지 않는 성자(聖者)의 마음에 닿아있음을 본다. 성직자는 성자의 말씀을 곧잘 읊조린다. 그러나 그 말씀을 그대로 행동으로 옮기는 경우는 드물다. 농부는 성자의 말씀을 읊지는 않으나 성자의 마음을 행동으로 보여주고 있음을 나는 오늘 이 밀밭에서 이삭줍기를 통해 비로소 알게 되었다. 행동으로 말하는 성자(聖者) 같은 농부를 우리는 가까이에 두고 있다.

그러나 수전노 같은 황금만능의 '경제성'이라는 자(尺)로 그들의 삶을 측정하고 있는 어리석음 탓으로 그들을 홀대하고 있다. 부디 '농자천하지대본(農者天下之大本)'이라는 일개움이 오늘의 성자를 새롭게 발견하는 계기가 되었으면 한다.

그리하여 장사치들이 단대목 만난 듯이 '휴거의 해'나 '최후의 심판'을 우려먹는 사이비 성직자들의 종말론이 종말을 고하고 농부처럼 성자의 마음을 행동으로 보여주는 참다운 성직자가 대거 출현되었으면 한다.

—1992. 6. 12—

꿈은 아름다워

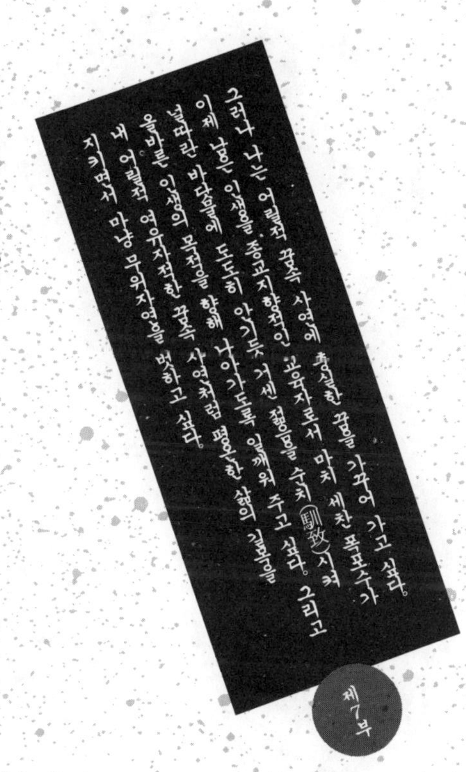

그러나 나는 어릴적 꿈꾸족 사여에 충실한 꿈을 가꾸어 가고 싶다.
이제 남은 인생을 종교지향적인 꿈유자로서 마치 세찬 폭포수가
넓따란 바다숲에 도도히 아기듯 거센 절음을 순치(馴致)시켜 그리고
올바른 인생의 목적을 향해 나아가도록 일깨워 주고 싶다.
내 어릴적 여유자적한 꿈족 사여처럼 평안한 삶의 길표을
지키면서 마냥 무위자연을 벗하고 싶다.
제7부

꿈

　어떤 물체를 보려면 여러 조건이 구비되어야 한다. 먼저 대상인 물체가 있어야 하고 보는 주체인 나와 그 물체간에 어느 정도의 간격과 빛을 요하고 나의 눈과 관련 신경이 모두 정상적인 기능을 발휘해야 한다.

　그러나 꿈속에서는 이런 조건이 제대로 갖추어지지 않아도 더욱 선명하게 보인다. 뿐만 아니라 꿈속에서도 설탕은 달고 불은 따스하며 그녀는 더욱 예쁘기만 하다. 꿈속 사연은 '호랑이 제 말 하면 온다'는 속담과 더불어 육식(六識)에 대한 우리의 인식을 뿌리째 뒤흔들어 놓는다. 그리고 우리의 삶 자체가 꿈이 아닌가 하는 의문도 덤으로 안겨 준다.

　꿈은 신비스럽고 아름다우며 환상의 나래를 한껏 펴게 해주는 무한한 가변성을 지니고 있어, 왕자가 되고 싶어하는 이에게 왕자 꿈을 꾸게 한다. 미래에 대한 희망적 설계도 현실적 조건은 충족되지 않으나 꼭 실현될 것만 같고 곧 현실 속에서 그대로 체험하고 있는 것 같은 감동을 안겨주는 점은 꿈속 사연과 다를 바 없다. 그래서 미래에 대한 희망적 설계를 꿈이라고들 하나 보다.

　그러나 희망적 설계가 발명이나 발견이라는 현실로 이어지기까지는 환상적인 꿈이라고 따돌림을 당하기 일쑤다. 희망적 설계가 환상적인 꿈에 머물다가 망각 속으로 매몰당하느냐 하니면 현실로 낚여 나오느냐는 꿈꾸는 이의 의지와 정성에 달려 있다. 에디슨이 말한 1%의 영감과 99%의 노력도 같은 맥락에서 이해됨직하다.

과학의 영역에서는 환상적 꿈으로 여겨진 사연들이 테크노피아의 현실로 줄곧 이어지고 있다. 꿈이 꿈이 아니라 꿈이 곧 현실이고 그래서 우리의 삶이 혹시 꿈이 아닌가 하는 의문에 대한 일말의 해답을 제시해 줄 것만 같다. 테크노피아는 분명 삶의 편의는 제공해 준다. 그러나 삶의 감동까지 보장해 주지는 않는다.

그런가 하면 범죄와 질병, 전쟁과 공해, 부정과 부패, 폭력혁명과 독재, 퇴폐와 향락 등 사회적 병리현상을 치유할 희망적 설계는 아직도 환상의 단계에 계속 머물러 있는 것만 같다. 아마 사회적 병리현상을 치유할 꿈을 꾸는 사람의 열의와 정성이 부족된 탓일 게다.

천지개벽과 최후의 심판이 운위되는 20세기말의 암울함과 환태평양시대의 종주국이 될 것이라는 21세기의 꿈이 교차되는 이 시점은 분명 무한한 가변성을 지닌 꿈을 새롭게 꾸는 사람이 절실히 필요한 때이다.

‘꿈’이 있는 곳에 ‘좋은 뜻’이 있고, ‘뜻’이 있는 곳엔 ‘길’이 있기 마련이다. 부디 우리 젊은이들이 이 새로운 꿈을 잘 가꾸어 주었으면 해서 나는 꿈 얘길 나눌 젊은이를 기다린다. 감동이 없는 삶은 결코 행복한 삶이 될 수 없기에 인류에게 감동을 줄 수 있는 새로운 꿈을 함께 꾸었으면 해서다.

-1989. 7-

꿈에 가본 나라

꿈에 가본 나라는 조금도 생소하지 않았다. 다만 어딜 가나 빈 자리가 하나 둘쯤은 남아 있었던 점이 특이했다. 예컨대 차를 타거나 음식점, 극장, 화장실 등 어딜 가나 제일 좋은 자리가 한둘은 비어 있어서 마치 내가 귀빈(貴賓)으로 초청된 듯 지극한 환대를 받는 사연으로 꿈은 짜여져 갔다.

국가원수가 참석하는 중요한 행사나 국정관계회의 때에도 말끔한 최상석 한 자리는 비어 있었다. 웬지 그 사리엔 잎을 수 없어서 머뭇거려진 점이 앞서 자유스럽게 여행하던 때와는 사뭇 달라 내가 불편을 느낀 유일한 사연이었다.

귀국에 앞서 불편했던 기억을 정리하고자 안내인에게 내가 앉질 못한 말끔하게 비워둔 자리에 대한 궁금증을 털어 놓았다. 그 안내인은 “우리나라에는 위로는 국정(國政)에서부터 사생활에 이르기까지 반드시 빈 자리를 둡니다. 이는 나보다 노약자나 더 급한 사람 또는 존귀한 분이 꼭 있을 터이기 때문에 이 분들을 위하여 혹은 존경의 뜻으로 사양하려는 것입니다.

국정에 있어 현재의 대통령도 자기보다 더 영명(英明)한 정치지도자가 꼭 출현하기를 바라는 뜻에서 그리고 항상 생동하는 민의(民意)가 수렴되는 공간으로 삼고자 스스로 윗자리를 사양하고 권한대행자처럼 항상 겸허한 자세로 국정을 처리하고 있습니다."
라고 일러주었다.

그 순간 참으로 기이한 나라, 알 수 없는 나라에 온 외로운 여행자가 되었으며 묘한 긴장감과 깊은 회의에 휩싸였다. 빈 자리의 무게가 엄청나게 느껴졌으며, 그 무게만큼이나 그 나라의 국민들은 모두 중후한 인물로만 여겨졌고 빈 자리마다 거리낌없이 마구 앉았던 자신의 경망스런 행동이 한없이 부끄럽게 여겨져서 몸 둘 바를 몰랐다.

막중한 국정에서 최상석을 비워 둘 수 있을 만큼의 여유와 저력, 그리고 짐작조차 하기 어려운 더 깊은 뜻을 헤아리지 못한 채 꿈나라의 여행은 끝나 버렸고, 아쉬움과 그리움으로 다시금 여행을 하고자 한 밤을 억지잠으로 설쳤다.

꿈나라에의 초대 이후 나는 그와 같은 이상국가를 그려보는 즐거움에 도취되었다. 그리고 정치에 대한 과잉기대와 정치가의 오만으로 찌든 현실에 이 꿈소식을 이식시켜 종교, 과학, 교육, 경제 등과 상생적(相生的)으로 연계된 이상적 정치를 열망하게 되었다.

그래서 최근 우리에게 희망을 안겨준 신선한 정치적 충격이 정치일변도로 과열되지 않고 부디 과학, 경제, 종교, 교육 등과 빈 자리를 함께 할 수 있는 여유를 갖게 되었으면 하는 바람이다.

—1987. 7—

[후기]종교 영역에서 메시아나 재림 예수, 정도령이나 미륵부처님의 출현을 기다림은 지존(至尊)의 자리를 비워 둠이 되고, 모든 사람이 스스로 그러한 지존의 자리로 나아가도록 촉구함이 된다.

그런 관점에서 볼 때 오늘날 사이비 성직자가 스스로를 재림예수나 정도령임을 강변함은 빈 자리의 본지를 모르는 소이인가 한다.

그리고 경제 영역에서 노사간에 각각 빈 자리를 의식한다면 극단적 쟁의는 생길 여지가 없겠고, 정치영역에서 빈 자리를 두면 극좌나 극우의 극단적 행동이나 여소야대의 역기능 그리고 근로자나 학생을 정치의 장(場)으로 끌어들이는 어리석음 등은 해소되리라 본다. 과학자가 빈 자리를 의식할 때 공해나 대량살상을 야기하는 발명은 사라질 것이고, 교육이 빈 자리를 일깨울 때 학원은 스승과 제자의 본디 모습을 되찾을 것으로 본다.

-1989. 5-

아홉 종류의 사람〔九種人間〕

인간은 이분법(二分法)에 의한 분류가 주를 이룬다. 이 이분법에 의하면 ① 남자와 여자, 남편과 아내, 부모와 자녀 등 조화 내지 상애(相愛)의 대상을 맞잡아 놓은 것과 ② 부처와 중생, 성직자와 신도 등 자비와 발심을 연계시키는 분류 그리고 ③ 부자와 가난한 자, 귀한 자와 천한 자, 동양인과 서양인, 자국민과 외국인 등 대립을 유발하는 유형 등이 있다.

이 중 문제의 진원은 항상 세번째 경우로서, 이 대립적 이분법은 갈등·배타·투쟁 관계로 유도되어 현대위기로 거론되는 남북문제·동서문제로 확대 심화되고 있다. 그래서 우리들 대부분은 이 대립·갈등으로 인한 번민에 휩싸여 불안한 하루하루를 이어가고 있음은 주지하는 바다.

그리고 인간을 '꼭 있어야 할 사람'·'있으나마나한 사람'·'있어서는 안 될 사람'으로 삼분(三分)하는 경우도 있다. 그런데 이 삼분법은 극단적으로 인구의 증가와 식량난 그리고 자원고갈 등을 이유로 '있어서는 안 될 사람'의 대량학살을 합리화하는 끔찍한 사태가 예상된다.

이는 국가이익을 빙자한 전쟁보다 처참할 것이며, 집권자의 의도에 따라서는 '꼭 있어야 할 사람'의 입과 뜻을 꺾고 자의에 의한 독재를 가능하게 하여 정치적 암흑기를 맞이할 위험이 있다.

따라서 이 삼분법은 지극히 위험하고 무책임한 분류방법임을 알아야 한다.

이에 이분법과 삼분법의 결함으로 인한 현대위기 내지 미래의 당혹할 문제점을 해결하기 위한 방안의 하나로서 구분법(九分法)을 일깨우고자 한다.

이 구분법에 의하면 인간은 그 본성(本性)인 바르고[正], 참됨[眞]을 어느 정도 올바르게 깨닫고 실천하느냐에 따라 ① 금수인간(禽獸人間) ② 학자(學者) ③ 철인(哲人) ④ 달사(達士) ⑤ 이인(異人) ⑥ 신인(神人) ⑦ 지인(至人) ⑧ 도인(道人) ⑨ 각자(覺者)등으로 구분된다.

즉 오욕충족에 급급함이 동물과 다를 바 없는 '금수인간'과 동서고금의 많은 학식을 쌓아 동물적 행동은 삼가하나 동물적 심리가 잠복되어 있는 '학자', 우주원리와 인간의 근본을 알고자 노력하여 어느 정도 앎이 생긴 '철인', 나름대로의 앎이 사(事)와 물(物)에 병용하여 통하고 달함이 있는 '달사', 그 행적이 세간과 출세간에 초연한 '이인', 언행이 신묘하고 초인적인 행동을 하는 '신인', 신묘의 경지를 다 터득하여 그 경지에 스스로 만족하고 이에 머물러 있는 '지인', 유무의 상대적 대립상에 흘러 생사의 고통 속에 헤매는 중생을 구제하는 도에 능통한 '도인', 생사를 초월하여 생사에 자유로운 해탈을 증득한 '각자' 등이다.

이 구분법(九分法)에 의하면 금수인간과 학자계층에서는 자신의 독점적 오욕충족을 위한 이기적 다툼이 예상된다. 그러나 철인 이상의 계층에선 상위 지향적 수행과 상위자의 계도로 대립·갈등은 있을 수 없다.

또한 이들은 금수인간이나 학자 등에 대해서는 연민의 정을 갖고 자비심을 나툴 뿐이므로 그들과의 대립도 있을 수 없다. 그리고 금수인간이나 학자계층도 그들보다 상위계층의 인간이 있다는 것을 알게 되면 상호간 도토리 키재기식 대립보다는 점차 상위지향적 수행에 관심을 갖게 되고 이들에게 귀의(歸依)하고자 할 것이다.

그렇게 되면 인간계에는 자연히 새로운 위계질서가 정립되고 종래 오욕 충족을 위한 투쟁이나 전쟁이 지양될 터전이 마련되는 잇점이 있다. 즉 구분법(九分法)은 인류의 고질적 악업(惡業)인 전쟁(戰爭)의 지양과 자아의 완성 및 실현을 위한 명확한 인생목표의 제시에 그 의의가 있다 하겠다. 우리 모두 구종인간(九種人間) 차원에서 스스로 자신의 위치를 점검하고 인생목표를 새롭게 정립하는 계기를 삼았으면 한다.

—1987. 4—

꿈의 상향(上向)

어린아이에게 "넌 커서 뭐가 될래?" 하고 물어보면 대개는 서슴없이 "대통령."이라고 말한다. 이 아이가 좀 더 자랐을 때 다시 물어보면 다소 머뭇거리면서 '장관' 혹은 '장군'이라고 말한다. 다 자란 후에는 '의사' '변호사' '교수'등으로 답한다.

성장함에 따라 자질과 능력이 계발되고 안목은 넓어지나 꿈은 작아져서 대학 졸업 즈음엔 마땅한 회사에 취업이라도 되었으면 좋겠다고 생각한다. 취직이 되면 월급은 많이, 노력은 적게, 승진은 빨리, 그래서 다분히 소시민적 사고와 행동으로 점차 자신을 잃어가는 이른바 '꿈의 외적(外的) 하향(下向)' 속에 살아간다. 그나마 소시민적 생활마저도 여의치 않으면 문득 자신의 주변을 돌이켜 보며 인생이 덧없음에 놀라 탄식한다. 흔히 출세한 사람들마저도 그 직(職)을 떠남에 있어 소시민보다 더 큰 갈등과 허무를 느끼는 듯하다.

그러면 해피엔드로 끝나는 영화의 마지막 장면처럼 우리네 인생도 무한한 감동을 지닌 채 새로운 시작으로 즐겁게 끝날 수는 없을까? 인생여정은 실로 무엇을 위한 노력이며 끝내 무엇을 얻게 되는가? 살아 있지만 시시각각 죽어가고 있는 아쉬움과 안타까운 몸부림, 못다 이룬 사연에 대한 탄식의 뒤범벅 이것이 인생여정인가? 살아온 길을 돌이켜 후회하지 않을 삶을 자부할 수 있는 사람은 과연 몇이나 될까? 한 포기의 풀, 한 마리의 나방도 그 출생의 사연이 있을진대, 만물의 영장인 인간의 삶이 어찌 아쉬움과 후회와 탄식으로 끝을 맺게 되는가?

이런 의문을 새로운 바람으로 전환하려면 꿈을 내적(內的)으로 상향(上向)시켜야 할 필요가 있다. 이 꿈의 내적 상향은 어려운 것이 아니다. 개개인의 직업 내지 여건에 대한 인식만 새롭게 해도 쉬이 성취된다.

예컨대 직업은 ① 생업의 수단 ② 사회적 역할의 분담 ③ 천부(天賦)의 사명완수 등 세 가지 기능을 강조한다. 그러나 세 번째 기능이 갖는 피동적 소극적 직업관을 탈피하여 ④ 직업은 인생수업의 방편(方便)이고, 직장은 인생수업의 도량(道場)인 줄 알면 종래 직업의 귀천이나 직위의 고하 등은 개개인의 역량과 소질에 상응하는 수행의 수단에 불과한 것임을 알게 된다. 이는 종래 의타적·신앙적 직업관을 자립적·자각적(自覺的) 직업관으로 일대 전환시킴을 뜻한다.

이 단계에 이르면 종래 직위의 높고 낮음이나 수입의 많고 적음에 연연하던 직업의 귀천관(貴賤觀)은 사리지게 된다. 나아가 개개인은 자신의 직업이야말로 자기에게 가장 적합한 인생수업의 장(場)이라는 긍지를 갖게 된다. 이 장을 성실히 가꾸고 이에 충실하면 금수인간이나 학자에서 철인·달사 나아가 신인(神人)·도인(道人)에로 꿈의 상향을 맛볼 것이다.

바라건대 꿈의 외적 하향으로 위축될 것이 아니라, 다들 한 생각 바꾸어 현재의 직업이나 여건에 대한 부정적 스트레스와 금수인간적 꿈의 하향을 말끔히 씻고 구종인간(九種人間) 차원에서 꿈을 상향시켜 하루하루 즐거운 인생을 엮어나가 마침내 자아완성의 벅찬 열락(悅樂)을 만끽할 수 있었으면 한다. 이에 국가는 국민 모두가 꿈을 상향시킬 수 있도록 획기적인 교육정책의 개혁은 물론 상향된 꿈을 성취할 수 있도록 뒷받침할 제도의 정착에 지혜를 모아야 할 것으로 본다.

-1987. 7. -

자 랑 거 리

거짓말 같지만 부산사람들이 서울 다녀온 것을 자랑삼아 이야기하던 때가 있었다. 12시간 이상 걸리는 중앙선 보급열차로 지리하게 이어진 여정인데도 서울 나들이가 흔치 않아서 자랑할 만했던가 보다. 그러다가 한동안 미국 갔다온 걸 자랑하는 사람들로 분분하더니 요즘은 해외나들이를 자랑하는 사람도 드물거니와 귀를 빌려주는 사람도 별다른 흥미를 느끼지 않을 정도로 시들해진 것 같다.

자랑거리도 유행을 타는지 출신학교·학위·먹성·힘·미모·배경·사회적 지위 등 다양하기도 하다. 그중 지속적인 자랑거리로는 돈벌이 얘기가 으뜸인 것 같다. 그러나 지금과 같은 성장속도라면 머지 않아 돈벌이 자랑을 하지 않게 될 전망이다. 다들 먹고살 만하면 돈 자랑은 자식 자랑이나 아내 자랑처럼 제자랑이라는 걸 알아 삼불출로 따돌릴 것이기 때문이다.

그때쯤엔 무얼 자랑하게 될까? 그리고 자랑거리가 없으면 무엇으로 명예욕을 충족시키며, 무엇에 희망을 걸고 삶의 보람을 찾게 될까? 사회복지제도가 잘된 나라일수록 자살률이 높고 일하기보다는 실업수당을 받아 여행이나 즐기겠다는 파렴치한이 증가한다고 한다. 이는 애써 이룩한 고도성장 위에 도사리고 있는 새로운 시련이 아닐 수 없다. 빈곤은 분명 불편한 것이긴 하다. 그러나 부(富)가 그 불편을 제거해준다고 해서 우리의 삶이 곧 행복해지는 것은 아니다.

오늘날 인류가 지향하는 고도 경제성장은 빈부격차와 상대적 빈곤감을 심화시키고 마약남용과 성범죄의 급증 등 무분별한 욕망충족의 방랑으로 귀착될 위험이 있다. 고도 경제성장은 이제 인류에게 어둡고 외로운 여정이 되고 있다 함이다. 그래서 지금부터라도 의(義)로운 동반자가 꼭 필요하다. 그 동반자가 우리의 새로운 자랑거리가 될 것이다.

그 동반자란 물질 아닌 정신, 이른바 인간과 우주의 근본에 대한 자각 그리고 이에 입각한 새로운 인생목적의 정립과 그 실현으로 사료된다. 이는 그간 과학과 경제〔物〕는 고도로 발달되고 또한 성장되었으니 이제 정신이 개벽되어야 물(物)과 심(心)이 조화로운 균형을 이루어 물심불이체(物心不二體)인 인간이 그 본성(本性)을 회복할 수 있기 때문이다.

그때쯤엔 과학기술의 노우하우(Know-How) 이상으로 종교적 노우하우가 더 높은 평가를 받을 것으로 예상된다. 그리고 종교적 영역에 탁월한 우리 민족은 달사나 신인(神人)을 부러워하고 도인을 자랑할 것이다. 또한 고도 경제 성장으로 어둡고 외로운 여정에 지친 선진 과학국에서도 새로운 자랑거리에 깊은 관심을 갖게 되어 우리나라의 도인(道人)을 서로 뫼시려 할지 누가 알겠는가! 바야흐로 '빛은 동방에서'라 한 예언이 실현되는 것으로 말이다.

−1987. 4. 12−

구종인간(九種人間)과 인간성회복(人間性回復)

　범죄와의 전쟁을 선포하고 6공 나름으로 최선을 다하고 있다고 한다. 그러나 성폭행·살인·강도 등 흉악범죄가 지난 넉 달 사이 8만여 건이 되는 등 지난 해 같은 기간에 비해 오히려 증가하고 있어 세상 살기 겁난다고들 한다. 이에 대해 전문가들은 '몰인간성' '정권말기의 권력누수현상' 내지 '가치관의 상실' 등을 그 원인으로 보고 대책으로서 '인간성회복'과 '도덕재무장' 운동이 시급하다고들 한다.

　더구나 범죄와의 전쟁에 솔선하여야 할 경찰간부가 몰염치한 범죄를 저지르는가 하면 감사원 감사 결과 금년 5월말까지 171개 기관에 비리공직자가 713명이나 적발되었다는 사실이 우리를 더욱 당혹하게 한다. 우리 사회는 공무원의 부정과 비리 그리고 이를 모방한 각계각층의 사회적 부조리와 범죄가 뒤엉켜 가고 있는 것 같다. 그리하여 머지않아 부실공사로 인한 건물이 무너지듯 국가가 무너지는 것은 아닌지, '타워링'에서 보듯 국가가 온통 불타고 있지나 않은지 염려된다.

　더욱 큰 문제는 이런 파국적 현실을 타개하여야 할 정치가나 관계전문가들이 제시하는 인간성 회복이나 도덕재무장이 늘상 겉돌고 있다는 사실이다. 예컨대 인간성을 회복하려면 먼저 '인간성'이 무엇인지를 명확히 하여야 하고 이에 대해 국민 대부분과 공감대가 형성되어야 하는 바, 필자가 알기로는 '인간성'에 대해 이렇다할 공감대가 제대로 형성된 나라는 아직껏 없는 것 같다. 이는 세계 어느 나라나 범죄가 끊이질 않고 있으며 또 범죄 중 가장 큰 범죄인 전쟁(戰爭)이 국가간에 지금도 계속되고 있는 탓 으로 미루어 알 수 있다.

그런데 인간은 하느님이 만든 피조물에 불과하고 따라서 인간 은 조물주인 하느님의 뜻에 따를 뿐이라는 주장에 의하면 인간성 의 정립은 더욱 난감해진다. 비유컨대 이는 인간이 만든 기계류와 같은 물품이 인간을 알 수 없듯이 피조물인 인간은 조물주인 하 느님을 알 수 없다는 극단의 논리로 비약될 수 있기 때문이다. 알 래야 알 수 없는 하느님, 그 하느님의 뜻을 피조물인 인간이 어떻 게 알 수 있겠으며 하느님의 뜻에 따른다는 말 자체가 황당하기 이를 데 없음에야 인간성을 논의하는 것은 망발에 불과하다.

그리고 창조론에 의하면 오늘날 인류 현실 또한 하느님의 뜻이 기 때문에 범죄의 증가나 각종 비리와 부조리 등이 몰인간성에서 비롯된다거나 이를 이유로 인간성을 회복하여야 한다는 주장은 하느님의 뜻을 거역하는 것이 된다. 만약 '금단의 열매'를 따먹기 이전의 상태로 복귀하는 것을 인간성 회복이라고 한다면 하느님 의 말씀을 거역하고 시험한 배은망덕하고 부족된 피조물을 창조 한 하느님은 전지 전능한 존재가 아니라 불완전한 존재가 되고, 불완전한 존재인 하느님이 제시한 금기(禁忌)를 인간이 지켜야 한다면 이는 억울하고 불안할 따름이다. 따라서 인간성 회복은 인 간이 무책임한 피조물로서가 아니라 창조적 주체로서 스스로 자 신의 행위에 대해 책임을 져야 한다는 전제하에 논의될 수 있는 사안임을 먼저 명확히 인식해야 할 것이다. 이에 필자는 인간이 창조적 존재라는 견지에서 인간성과 그 회복에 대해 언급하고자 한다.

인간성에 대한 그간의 주장 중 인간의 성품은 생래적으로 악(惡)하다는 성악설에 의하면 굳이 인간성 회복을 운위할 필요가 없겠다. 이는 오늘날 인류의 현실은 아직 덜 흉악하니 더 흉악한 사회가 되어야 한다는 취지로 인간성 회복을 논의하는 것이 아니기 때문이다. 그리고 성선설(性善說)의 입장에서는 분명 인류의 현실은 죄악투성이므로 본래의 착한 성품을 회복하자는 주장이 나옴직하다.

그러나 성선설에 의하면 선과 악의 구분은 상황에 따라 상대적인 면이 없지 않아 성악설을 뛰어 넘지 못하는 한계가 있다. 뿐만 아니라, 착한 정도는 다양하나 이에 상응하는 인간상(人間像)을 정립하지 못하고 있기 때문에 사회전체가 어느 정도의 선을 지향하는지 그 목표설정이 모호해지는 아쉬움이 있어 다람쥐 체바퀴 돌듯 반복되는 선악의 체바퀴에 휘말려 별 진전이 없는 결함이 있다. 이에 필자는 성선설을 제껴두고 성정진설(性正眞說)에 입각하여 이에 상응하는 인간상을 동시에 제시하고자 한다.

성정진설(性正眞說)에 의하면 "……인간은 바르고(正) 참(眞)된 존재……(……人者 正也 眞也 心無虛忘 身行正眞 左丿 爲正 右乀 爲眞 當行正眞 故名爲人：天地八陽神呪經)"이고 이에 상응하는 인간상으로는 구종인간(九種人間)을 들 수 있다. 즉 인간은 그 본성이 바르고〔正〕 진실됨〔眞〕을 어느 정도 올바르게 깨닫고 실천하느냐에 따라 ①금수인간 ②학자 ③철인(哲人) ④달사(達士) ⑤이인(異人) ⑥신인(神人) ⑦지인(至人) ⑧도인(道人) ⑨완인(完

人/眞人·佛·仸) 등 구종(九種)의 인간상으로 구분된다는 말이다.

여기서 우리는 스스로의 삶은 과연 어느 정도 바르고 진실된가를 돌이켜보고 자신은 구종인간 중 어느 단계에 해당되는지 곰곰히 생각하게 될 것이다. 그리고 회복되어야 할 인간성이 무엇이며 현 인류가 처해있는 인간상은 구종인간 중 어느 단계인지 또 인류가 지향하고자 하는 인간성회복은 어느 단계인지를 생각해보면 인간성회복은 한결 구체적이고 명확한 준거가 제시됨을 알 수 있을 것이다.

또한 회복되어야 할 인간성이나 인간상을 제시함이 없이 더구나 구종의 인간상마저도 생소한 상황에서 제기된 인간성 회복운동은 겉돌 수밖에 없었음도 이해할 수 있을 것이다. 이런 관점에서 볼 때 그간 논의된 인간성 회복은 장님 코끼리 만지는 것과 별다를 바 없었고 이로 미루이 장님이 제각금 제 주장을 펴듯 정치가나 교육가 여타의 전문가도 장님 같은 주장을 펼 뿐 공감대 형성은 불가능한 상황이었음을 알 수 있다.

이제 우리는 인간성회복을 위한 새로운 도전을 시도해야 할 때다. 인간은 바르고 참된 존재라는 성정진설의 내용을 보다 구체화하고 구종인간상에 대한 연구를 보다 체계화하여 이를 토대로 새로운 인간상을 정립하고 이에 맞추어 교육목표조정을 위한 교육개혁이 절실히 요청되는 중요한 시기에 처해 있다. 우리 개개가 자기 자식만을 위해 재산을 축적하는 것보다 우리 모두의 삶이 바르고 참되게 하는 가치관을 정립하고 그 가치관이 구현되도록 분위기를 조성하는 것이 더 큰 유산이 됨을 깨달을 때가 온 것 같다.

부디 젊은 세대는 이념의 종언, 가치관의 혼돈으로 극도의 개인주의나 퇴폐적 향락에 빠지지 말고 이 새로운 가치관에 도전하는 신선한 충격을 기대해 본다. 그리고 기성세대는 과거의 역사를 이유로 변명만 일삼지 말고 자신의 위치를 구종인간상을 통해 확인하는 용기를 다지기 바란다. 진정한 인간성 회복을 위한 전환기를 마련하는 계기가 여기서 비롯될 수 있겠기에 말이다.

—1992. 6. 26—

공(空)과 만(滿)

  왁자지껄한 학내축제가 끝난 다음날 어둠이 마악 깔리는 교정을 문득 거닐고 싶었다. 일부 미진한 뒷정리를 하는 학생들의 일손이 마냥 한가로워 교정은 황혼녘의 들판 같은 분위기를 일군다. 고요를 더해오는 어둠을 가로지르는 학생들의 화음이 간간이 일었다간 가라앉으며 순간순간 적정(寂靜)을 돋운다.

  축제의 열기로 들뜬 뜨락은 서서히 고요로 터갈이를 한다. 점점 짙어가는 어둠은 학생들의 일손을 거두게 히고 교정을 더욱 두터운 고요 속으로 안아들이는 것 같다. 나도 그 고요에 안긴다. 마냥 머무르고 싶다. 짙어가는 어둠과 고요는 묘한 흡인력을 지녔나 보다.

  교정은 어둠뿐 텅 비어 있고 그래서 어둠으로 꽉 차 있다. 또한 교정은 고요뿐 텅 비어 있고 그래서 고요로 꽉 차 있다. 나를 잊고 있으니 나 또한 비어 있고 나를 따로 의식하지 않으니 온 공간이 나로 꽉 짜여 온다. 어둠 속으로 거닐어 본다. 내가 서 있던 공간은 분명 비워지는 듯 어둠으로 채워지는 것 같다.

  그러나 어둠 속에선 나 역시 어둠 그 자체여서 어둠은 비워지지도 채워지지도 않은 채 그대로다. 그래도 어둠을 이동시킨 것 같은 망상에 사로잡혀 계속 거닐어 본다. 함이 없는[無爲] 느낌이 표현 또한 궁(窮)하게 한다. 일체가 비어 있으되 굳이 비어 있음을 내세우지 않으니 온통 하나됨이리라. 그래서 충만됨인가 한다.

그 고요와 어둠 그리고 공(空)과 만(滿)에 취하여 한껏 부푼 나들이를 하는 나의 망상을 식용개구리는 별난 울음으로 깨트린다. '비어 있다'함도 '꽉 차 있다'함도 '비어 있음이 곧 꽉 차 있음이라'함도 모두 옳지 아니함을 일깨우는 할(喝)마냥!

본래 한 물건도 없는데〔本來無一物〕'비어 있다'함은 무엇이며 '차 있다'함은 또 무슨 망발이랴! 하물며 '빔과 참이 둘이 아니라'함은 일러 무엇하리!

유정설법(有情說法)과 무정설법이 어우러지니 묘용(妙用)이 이에 더하랴 싶다. 어둠에 안긴 고요 속에선 진리(眞理)의 체(體)인 무위(無爲)의 적정(寂靜)에로의 회귀가 용이하여 쉬이 삼매(三昧)에 든다. 그 삼매 속에 법열(法悅)의 맑음이 피어오른다. 어둠에 안긴 고요 속에 환히 번지는 법열이 머무름도 거님도 마냥 즐겁다. 요란한 잔치 후의 적막이 우리를 쓸쓸하게만 하는 것이 아님을 예서 절감한다.

−1990. 6. 10−

환 상 예 찬

　장막에 가린 무대 안쪽으로 치달린 궁금증이 환상(幻想)을 영글게 하듯, 담 너머로 이따금 보이는 댕기머리 처녀는 그 뒷모습만으로도 마냥 선한 그리움을 좌악 깔아놓음직하다. 그래서 그러한지 먼 산 너머엔 아름답고 평화로운 꿈이 있을 것만 같아 오늘도 지친 시선은 나들이를 한다.

　막연히나 잡힐 듯한 그리움이 일고 한순간 그 꿈에 끌려 산 너머 어디론가를 헤맨다. 내가 어디에 서 있었는지, 또 얼마나 시간이 흘렀는지 전혀 아랑곳없이 마냥 환상의 나래에 실린 평화로움만 이어진다. 어릴 적 사연도 춤추듯 밀려오고 전생(前生)사연 같은 황홀감도 피어오른다. 도시 딴 세상에 막 태어난 기분이로되 전혀 낯설지 않고, 만나는 이 없어도 외롭지도 않다.

　꿈길 같은 환상적 나들인 마치 꿈이 언제 시작되었는지 헤아리기 어렵듯 그 첫발을 기억해 낼 수가 없다. 그리고 그 나들이는 왜 꼭 아쉬운 순간에 끝나야 하는지 알 수 없다. 아무튼 고요하고 긴 한숨으로 되돌아온 시야엔 먼 산(山)은 그저 산(山)일 뿐 달라진 건 없다.

　그러나 심신(心身)은 가뿐하다. 마치 산 넘어 평화로운 동산으로 직접 산행(山行)을 한 듯하다. 환상의 힘은 이래서 위대한가

보다. 마치 꿈속 사연에 심취하여 새로운 발명을 해내는 영묘한 슬기처럼. 그러기에 되돌아온 일상(日常)도 그 영묘한 슬기의 힘을 빌어 환상의 나래에 실을 수 있다면 평화로움으로 엮어진 하루하루가 얼마나 즐거우랴!

하지만 누구에게나 오늘의 삶은 쫓기듯 번다함이 많아 편치않고 내일(來日) 일은 알 수 없으매 하, 그래도 지난 날이 그립고녀! 그러나 지난 날은 돌이킬 수 없고 이따금 기록 속에 남아 있거나 기록보다 더 영롱한 생각 속에 떠 있는 것. 그리고 그 생각 속에선 슬프고 괴로웠던 옛적 사연마저도 그립고 아름다운 추억이 되게 한다. 이는 심화된 생각이 환상으로 전이(轉移)되어 찌든 슬픔의 기억을 '추억'이라는 마술적 다리미로 판판하게 펴주기 때문이리라.

내일(來日)도 생각 속에 자리한 것. 그래서 미래(未來)는 잡히지 않아 무지개 같은 환상적 아름다움이 싹트고 그런 꿈에 감싸이게 하는 것.

그러나 오늘은 과거의 몇몇 찌든 편린들의 일부가 지금껏 이어져서 현재의 시공(時空)과 맞짜여 시시각각 변멸(變滅)을 연출하는 환화(幻華)련만 어찌나 생생한지 우리를 꽉 붙들어 맨다. 그래서 현재는 이따금 숨막히는 긴박감과 위기감이 감돈다. 과거의 찌든 편린이 재생(再生)된 경우일수록 시시각각 변멸하는 환화(幻華)에 때맞춰 적응하지 못하고 그 위기감에 갇혀 자구책(自救策)이랍시고 어리석게도 고뇌의 너울을 겹겹으로 싸아간다.

그래서 오늘은 괴롭고 내일(來日)도 새로운 오늘이 되면 여전히 찌든 사연이어서 오늘은 늘상 괴로움이 만발한 늪이 된다. 우리에겐 정녕 내일은 없다며 지친 넋두리와 탄식으로 공명(共鳴)

된 사회는 고해(苦海)의 세찬 파도 속에 부침하고 있다. 과거의 삶을 '역사적 교훈'이라는 거창한 표현을 빌어와 오늘의 삶을 즐겁게 건져보려고 미래(未來)에의 설계를 펴나간다. 그 희망적 설계에 얹혀 그나마 답답한 현실을 잠시나마 잊는 숨구멍으로 삼으면서 오늘을 각박하게 살아간다. 이게 우리 삶의 현장이다.

그런데 이 숨막히는 '오늘'은 영롱한 생각 속에서 아름다운 추억을 건져내는 '과거'와 무지개 같은 환상적인 꿈을 엮어내는 '미래' 사이에 갇혀 있다. 앞뒤로 환상에 싸여 화사하게 떠 있는 또 하나의 환상일 수 있다 함이다. 때때로 오늘의 괴로움을 떨치고자 우리의 생각은 과거의 추억 속으로 또는 미래의 희망적 꿈으로 환상적 나들이를 하며, 때로는 진한 눈물로 때로는 희망적인 기쁨으로 괴로움의 파도를 넘어 경쾌하게 떠가게 하는 마술을 지닌 듯함도 아마 그래서일 게다. 우리의 이 오늘도 하나의 환상이기 때문일 거라는 말이다. 오늘을 오늘로 인식하게 하는 것도 우리의 생각이요, 과거를 아름답게 그리고 미래를 환상적으로 꿈꾸게 하는 것도 그 '생각'이니 더더욱 그러함직하다.

우리의 삶이 과거건 오늘이건 미래건 모두 이러할진대 오늘 하루하루도 환상적인 즐거움으로 맞이하고 즐겁고 즐겁게 엮어나감직하다. 그래서인지 옛사람은 하루하루가 새롭고 또 새롭다고 노래했다. 생각하기에 따라 꿈꾸듯 경쾌한 즐거움으로 짜여진 환상적인 나날의 삶이 우리 현대인의 인생여정(人生旅程)이 되게 할 수도 있겠기에 행복을 가깝게 끌어온 듯하다.

내일(來日)일은 알 수 없고 오늘의 삶은 편치 않으며 지난 날은 그립다. 오늘의 삶이 내일엔 쬐금 그립고 먼 훗날엔 아주 그리운 사연되어 오늘 일은 무엇이건 용서받을 수 있을 것이라는 나

약한 희망이 이따금 우리를 유혹한다. 그 유혹에 안주한 나머지 때로는 될 대로 되어라 하는 자포자기마저 합리화하기도 한다. 그러나 이것은 결코 즐거운 추억도 현명한 미래의 선택도 될 수 없다. 더구나 오늘을 환상적 즐거움으로 밝게 엮는 길은 더더욱 아니다. 그건 오늘을 버리는 것이요, 또한 자기를 버리는 것이다.

영명한 생각 속에 즐거운 추억의 보따리인 과거와 환상적 꿈의 다발인 미래를 연결짓는, 그래서 환상과 환상에 싸인, 환상과 환상을 이어주는 오늘 또한 환상일 수 있다 함은 그저 일시적 상념의 유희로 삼자는 뜻이 아니다. 생생한 오늘의 삶 그 자체를 환화(幻華)로 바로 보아 아름다운 꿈을 꾸듯 즐겁게 살자 함이다. 그래야 훗날 이미 과거가 된 오늘을 돌이켜 보는 추억의 장(場)이 더욱 즐겁겠기에 말이다. 마치 간밤 꿈 속 사연이 즐거울 때 오늘 아침이 더욱 상쾌한 것처럼.

하나 우리 주변은 온통 번다한 괴로움으로 점철되어 있다. 전쟁은 예나 지금이나 상존(常存)하고 범죄와 질병은 나날이 심화되어가며 빈곤 또한 도처에 널려 있다. 이 모두가 시시각각 변멸하는 순간순간의 환화(幻華)인 오늘을 '현실'이라는 그물로 엮어 고정시키려는 어리석음 때문에 야기된 것이다. 마치 다람쥐가 시시각각 이동하고 있는 구름을 한순간 겨냥하여 거기에 맞춰 알밤을 저장하듯 돈타령 일색인 우리의 삶—그게 투기든 투자든—또한 그러하지 않은지 돌이켜 볼 일이다.

오늘을 즐겁고 아름답게 엮으려면 다람쥐 알밤 저장하는 격인 돈타령과 이로 인하여 빚어지고 있는 범죄와 전쟁 그리고 빈부의 격차와 위화감 등등을 직시해야 한다. 오늘의 삶이 환상적인 미래에 맞닿아 있듯이 금생(今生)은 내생(來生)으로 이어지는 과정이다. 금생(今生)은 호흡과 심장의 박동이 멎는 죽음으로써 모든 것이 끝나는 게 아니라, 내생(來生)으로 이어지기에 금생을 즐겁고 유익하게 엮어야 한다. 오늘과 오늘의 연속인 '금생'을 즐겁고 유익하게 엮기 위해 오늘 하루하루를 올바로 세워야 할 것이다. 그래서 '오늘'을 즐거운 환상적 나래에 실어 보고자 한 이 글 또한 하나의 환상이 되어 주었으면 한다.

―'90. 12. 15―

꿈과 삶

대여섯 살 적 일이다. 내가 임금이 되면 어쩌나 하고 혼자 꽤나 고민했다. 이상한 꿈을 꾸고 난 후엔 더욱 그랬다.

그 꿈은 느닷없이 질펀한 가락이 울리고 이에 맞추어 유연한 춤이 이어지는 주연(酒筵)으로 시작된다. 그러다가 색동 소매자락의 넓은 깃이 한순간 내 눈에 꽉 차오면 왠지 지겹고 귀찮아서 '난 임금하기 싫다.'고 바둥대다가 꿈을 깨곤 했다. 그러나 누구에게도 이 꿈 얘기만은 하게 되지 않았고 꿈속 사연은 웬지 짜증스럽기만 했다.

그런가하면 시원한 폭포수가 널따랗게 이어지는 물가 수양버드나무 아래 고요히 좌정(坐定)하고 있는 늙은이로 변한 꿈을 이따금 꾸었다. 그땐 여유자적하고 평온하여 마냥 나른한 꿈에 젖은 채 아침을 맞았고 꿈을 깬 서운한 아쉬움이 일곤 했다.

그러다가 국민학교에 입학한 후로는 새로운 환경 탓인지 이상한 꿈을 꾸는 횟수가 줄어 들었다. 그리고 아예 꿈을 잃은 중학교 땐 "이박사가 대통령을 저렇게 오래 하면 내 차례가 언제쯤 돌아오나'하는 막연한 궁금증이 일곤 했다. 임금하기 싫다고 고민하던 어린아이 적 꿈이 대통령이 못되면 어쩌나 하는 걱정으로 바뀐 건 무슨 숙명적인 사연이 있는지 아직껏 알 수 없는 일이다.

그후 수학여행 땐 갑사(甲寺)로 들어가는 길목에서 "왜 온 길로 다시 가느냐?"고 의아해서 뇌까린 적이 있었다. 처음 들른 곳이 그처럼 낯익은 길임을 어쩌랴! 분명 첫 길인데도 뭔가 이상타는 생각은 그 후로 나의 총기가 흐려지는 건가 하는 걱정과 뒤범벅이 되곤 했다. 그리고 현실적인 꿈을 익혀야 하는 대학생이 된 후로 나는 법관을 거쳐 정치가가 되어야겠다는 평범한 생각으로 제법 법과대학생다운 생활을 했다.

그러나 한일회담 반대데모에 즈음한 비상계엄선포에 크게 실망했다. 그 당시 나는 학생들의 반대데모가 외교상 더욱 유리한 여건 형성에 도움이 될 거라고 생각했다. 그런 학생들의 우국충정어린 데모를 비상계엄의 선포 요건인 '적(敵)의 포위공격'으로 몰아세운다는 건 납득이 가질 않았다.

생각할수록 정치 현실은 뭔가 내가 동경하는 정치와는 거리가 먼 것만 같아 정치가가 되려는 꿈이 무산되는 허무감을 맛보기 시작했다. 중간과정인 법관이 된다는 것도 무의미하게 여겨졌다. 허무감과 갈등으로 세월을 꽤나 허송했다.

그런 세월 속에서 이상적인 정치가 실현되려면 교육이 제대로 되어야겠고, 그러기 위해선 훌륭한 교육자가 있어야겠구나. 그럴진대 법관이 되는 것보다 교육자가 되어야겠다는 생각이 일었다. 그래서 감수성이 예민하고 순수한 고등학생을 가르치는 선생이 되어야겠다는 생각으로 교육대학원에 진학하기로 했다.

면접시험에 즈음하여 "법과대학을 졸업하고 왜 교육대학원에 진학하였는가?"하는 질문에는 소신껏 연설조로 진학동기를 설명하였다. 백발이 성성한 노교수가 "나는 됐어!"를 연발하며 흐뭇해하신다. 모처럼 기분이 후련해졌다. 그러자 젊은 주임교수가 "대학원 공부는 돈이 있어야 되는데……"하며 너줄한 잠바차림의 나를 떠 본다.

학비(學費)는 있다고 힘주어 말했지만 법과대학에 진학할 때에도 면접시험 때 돈타령이더니 교육자를 양성하는 곳에서도 돈타령인가 싶어 기분이 상한다. 이런 사람에게서 무얼 배울 것인가 싶어 우울한 생각이 날이 갈수록 증폭되어 끝내 등록을 포기했다. 기대했던 교육자상이 무너져 버린 공허감으로 며칠이 지나자 진학동기에 비추어 볼 때 등록하지 않은 이유가 떳떳하지 못한 것 같아서 더욱 울적해졌다.

도대체 삶이 무엇이기에, 무엇을 위한 삶이기에 이처럼 방황의 늪에서 헤매는 것일까? 인간의 근본이 무엇인지도 확연히 모르는 주제에 내가 무엇을 교육시키겠다고 교육자가 되고자 했을까? 나 자신의 존재 의의가 명확하지 않은데 건방만 늘었구나 하고 자신을 되돌아보는 순간 인간의 근본을 알고 싶은 영원에 대한 그리움으로 끝없는 방황의 문턱을 넘고 있었다.

긴긴 사색의 나들이와 도인(道人)을 찾아 일깨움을 갈구(渴求)한 세월은 법열(法悅)을 안겨 주었지만 확연한 경계 앞에서 겉도는 안타까움은 어쩔 수 없었다. 주변의 기대와 실망, 쉼없이 흐르는 세월 속에서 종교를 통한 나름대로의 인생관이 정립되었을 땐 승(僧)도 속(俗)도 아닌 그래서 이쪽도 저쪽도 멀기만 했다. 그러나 성직자의 길이 더욱 멀리 느껴졌을 즈음 취직이라는 세속살이에 뒤늦게 꿰어들어 세월의 흐름따라 다니다 보니 밥벌어 먹는 교직자(敎職者)가 되어 있었다.

교육자(敎育者)가 되고자 한 옛 꿈이 속화되어 예기치 않았던 곳에서 직업으로서의 교직을 맡게 되니 부끄러움이 인다. 그 부끄러움에 밀려 다시금 영원에 대한 그리움이 고개를 든다. 그 그리움으로 나는 담당교과목인 노동법(勞動法;有爲法)을 다른 규범인 종교[無爲法]와 연계시키는 데 관심을 갖게 되었다. 즉 진(眞)과 속(俗)을 연계시키는 교육자로 탈바꿈하고자 한 것이다.

어린 시절 꿈속 사연이 정치와 종교의 뒤범벅이었듯이 내 삶의 과정도 정치가가 되려던 소박한 꿈이 교육자를 거쳐 성직자로 탈바꿈되는 뒤범벅의 늪을 향해 가고 있는 셈이다. 꿈속 사연과 현실이 연계되는 감흥이 인다. 그래서 무위법과 유위법을 엮는, 즉 종교와 정치(의 반려인 法)의 뒤범벅에 맛을 들이고 있는 이즈음 나는 어린 시절의 꿈속 사연에 흥미를 느끼게 되었다.

내 어릴 적 꿈속 사연은 계룡산 갑사(甲寺)에 이르는 길목처럼 분명 금생(今生) 사연은 아니다. 그 질펀한 가락과 춤은 라디오와 텔레비젼을 통해 사춘기 이후에 현실로 접하게 되었고 시원스러운 폭포수가 널따랗게 이어지는 물가의 수양버드나무는 불혹(不惑)이 지난 지금껏 생생하게 접해 보질 못했다.

어쩌면 임금의 꿈도 도인(道人)의 생활도 아직은 내 운명의 다음 장(章)에 간직된 채 펼쳐질 날을 기다려야 하는지 모른다. 꿈은 허망한 환화(幻化)인가, 전생(前生) 기억의 한 편린인가, 아니면 현생의 예고이런가! 도시 꿈속에서 꿈꾸는 것 같아 망연하기만 하다.

그러나 나는 어릴 적 꿈속 사연에 충실한 꿈을 가꾸어 가고 싶다. 이제 남은 인생을 종교 지향적인 교육자로서 마치 세찬 폭포수가 널따란 바닷물에 도도히 안기듯 거센 젊음을 순치(馴致)시켜 올바른 인생의 목적을 향해 나아가도록 일깨워 주고 싶다. 그리고 내 어릴 적 여유자적한 꿈속 사연처럼 평온한 삶의 길목을 지키면서 마냥 무위자연을 벗하고 싶다.

그리하여 진(眞)과 속(俗)이 둘이 아니듯이 종교와 정치가 합일되는 영역을 나 자신의 꿈과 삶에서부터 터득하여 우리 모두의 것이 되도록 기원해 본다. 그때 비로소 인류의 영구평화가 실현될 수 있을 것이기에 나는 멋진 꿈에 한껏 취해 즐겁고 또 즐거운 나날을 찬탄하련다.

—1988. 5.—

판 권

하산, 그 다음 이야기

1992년 10월 5일 초판 발행
1993년 9월 30일 초판 2쇄

지은이/ 권경술
펴낸이/고병완
펴낸곳/불광출판부

138-190 서울 송파구 석촌동 157-2

대표전화 420·3200
편 집 부 420·3300
FAX   420·3400

등록번호 제 1-183호(1979.10.10)
※ 잘못된 책을 바꾸어 드립니다.

값 5,000원

ISBN 89-7479-304-0